LE MONDE GALLO-ROMAIN

LE ROI DES CENT ROIS

CHUTE DES GAULES — CHUTE DE CÉSAR

PAR

M. Arthur PONROY

DEUXIÈME ÉDITION

PARIS
E. DENTU, éditeur, galerie d'Orléans, Palais-Royal

POITIERS	**CLERMONT-FERRAND**
DAUVIN, rue des Halles	F. THIBAUD, 10, rue St-Genès
TOULOUSE	**MARSEILLE**
DELBOY père, 70, rue de la Pomme	E. LEBON, rue Paradis, 43

1873

LE ROI DES CENT ROIS

CHUTE DES GAULES — CHUTE DE CÉSAR

LE MONDE GALLO-ROMAIN

LE
ROI DES CENT ROIS

CHUTE DES GAULES — CHUTE DE CÉSAR

PAR

M. Arthur PONROY

DEUXIÈME ÉDITION

POITIERS
IMPRIMERIE DE A. DUPRÉ
RUE DES HAUTES-TREILLES, 13

1873

LE
ROI DES CENT ROIS

RÉCITS DU TEMPS DE JULES CÉSAR.

LIVRE PREMIER.

SOMMAIRE : La Forêt et les Marécages. — Le Chef à la vue perçante et le Fils du sanglier. — Les Têtes romaines. — La Femme Helvète, compagne du soleil, chez les Gaulois Bituriges. — Un descendant de Bellovèse. — Sa Maison. — Les Chefs gaulois à l'assemblée des Carnutes. — Le Feu sacré. — La Lumière sur les hauteurs. — Beïltheut cherche un patron.

I.

Les molles clartés de l'aube naissante blanchissaient à peine le front sévère d'une vaste ligne de forêts, étagées à perte de vue, le long des rives torrentueuses du fleuve rapide et bruyant qui traversait d'orient en occident la cité (1) des Gaulois Bituriges.

(1) Dans le monde gallo-romain et même celtique, la cité n'est autre chose que l'agglomération particulière à chaque peuple. *Civitas Æduorum, civitas Biturigum, civitas Arvernorum* est la nation des Édues, des Bituriges ou des

L'eau jaune et haute semblait crier et rire à la fois. Mille cascades sonnantes se ruaient à travers mille obstacles, l'abordant avec furie, le traversant avec souplesse ou le fuyant avec grâce.

Un brouillard blanc comme la neige enveloppait à perte de vue le lit frémissant du fleuve; en deçà des sables, qu'il avait l'air de chasser de ses eaux impétueuses, s'étendait un immense marécage où les touffes de roseaux d'un vert pâle se distinguaient à peine avec leurs brunes quenouilles qui se trahissaient dans la vapeur du matin.

Le paysage était plein de tristesse, mais aussi plein de grandeur.

Le ciel était d'un gris monotone ; pas un souffle d'air n'agitait au loin les saules ou la cime des chênes sacrés ; de longues volées de canards sauvages promenaient en sifflant dans le crépuscule leurs triangles capricieux, et, par moments, on entendait hurler dans le mystère des forêts profondes les loups déjà préparés à la poursuite des daims ou des chevaux sauvages.

Le marais lui-même était dominé par une colline en pente douce qui remontait en se perdant à demi dans l'ombre, bien qu'on pût apercevoir à mi-côte un mur de pierres et de madriers entre-croisés, qui

---

Arvernes. *Pagus* est la division provinciale ; *urbs* est la ville ; *oppidum* est la place de guerre et de refuge. Postérieurement, la division en diocèses répondit exactement à la division en cités. Prenons-en note en vue des démonstrations **ultérieures**.

paraissait protéger quelques constructions d'un aspect sinistre et certainement redoutable.

Au pied de la colline, une voie étroite, inclinée au sortir d'un ravin, longeait le marais et se perdait à travers la brume.

Un bruit léger se fit entendre d'abord ; puis des pas rapides, quoique mesurés ; et un groupe de cinq cavaliers parut à l'inclinaison de la route. Tous étaient enveloppés de manteaux rayés de blanc et de noir ; leurs longues jambes serrées par des courroies entre-croisées jusqu'aux cuisses pressaient les flancs de leurs chevaux très-élégamment harnachés ; leur front était ombragé de casques légers et sans visières, et à leur flanc gauche pendait un énorme glaive légèrement recourbé. Le plus apparent de tous était d'une stature colossale ; il avait de longues moustaches d'un rouge ardent ; sa peau était coupée de rides profondes ; et quand il relevait vers les cieux tristes et sombres ses yeux verdâtres ombragés par d'épais sourcils blancs, il n'était pas possible de dire ce que ces regards contenaient de plus éloquent à titre de menace arrogante ou de prière désespérée.

Le pommeau de sa selle était fait d'une tête de loup merveilleusement préparée ; les pattes de l'animal sauvage se rattachaient avec une riche agrafe d'argent sur le poitrail du cheval, lequel, à son tour, avait le front surmonté d'une sorte de cimier aussi d'argent qui miroitait dans le crépuscule.

Quant au cavalier, il portait sur la poitrine une

profusion de colliers en or, en corail et en dents de loup ; ses mains étaient chargées de bagues ; et, sous ses cheveux relevés sur la nuque, et trop rouges pour ne pas être teints, il était facile d'apercevoir de larges pendants d'oreilles.

— Ils l'ont voulu, murmurait-il en poussant de grands soupirs qui se perdaient dans la brume, ils l'ont voulu !... Je me montrerai une dernière fois dans la ville abominable qui achève d'épuiser son calice de décadence ; je les reverrai en face, ces grands d'Awe-Righ (1) qui, depuis déjà tant de siècles, se sont montrés si petits. Je les verrai, ne fût-ce que pour leur prédire le malheur qui les menace ; ne fût-ce que pour les forcer à mettre le pied dans le fleuve de sang qui les enveloppe de ses replis ; je les verrai, ne fût-ce que pour leur dire qu'il n'y a plus de Gaule, quand ce sont les Gaulois eux-mêmes

(1) Faisons tous nos efforts pour arracher nos vieux noms nationaux à la tyrannie du barbarisme latin que leur infligea la conquête. Tout nom d'origine celtique est qualificatif ; et c'est seulement depuis César que la métropole des Gaules s'est appelée *Avaricum*, dénomination traînante, lourde et pénible, qu'il faut prononcer *Avarikoum*, si l'on veut lui laisser tout le luxe tonique de la prononciation italienne. Le vrai nom de l'illustre ville, c'est *Awe-Righ*, de Awe, qui signifie eau, et de *Righ*, qui est le signe suprême du commandement et de la puissance. Awe-Righ veut donc dire *la ville du commandement qui est au milieu des eaux*, ou, si mieux on l'aime, LA REINE DES EAUX.

Cette explication, si simple, si claire, si parfaitement significative, ne ressort pas, à vrai dire, de la lecture des *Commentaires*.

qui ont permis à la bise grecque et latine de souffler sur les grandes ombres d'Ambigat et de Bellovèse.

Tout d'un coup les chevaux de l'escorte firent halte en soufflant avec force. Les cinq cavaliers se redressèrent, au bruit étrange et sinistre qui se faisait entendre dans la profondeur du marais.

— Que se passe-t-il là-bas?... dit le vieux chef en imprimant à son cheval une volte-face précipitée.

— Seigneur, dit l'un des compagnons du Gaulois, tu te nommes Sennakerigh, *le chef à la vue perçante;* ne vois-tu rien à travers la brume?..

— Hélas! dit le voyageur, cent dix-sept hivers voués à l'amertume, au dédain, au reproche, suffiraient à fatiguer une vue meilleure que ne le fut jamais la nôtre. Je ne vois que des roseaux qui s'agitent, des gerbes d'eau qui croisent l'air et des brumes qui commencent à se dissiper.

— Regarde encore ! dit le plus jeune des voyageurs qui venait de pousser son cheval.

Alors les roseaux s'ouvrirent, un cavalier en sortit, monté sur une sorte de cheval sauvage qui s'enfonçait à tout moment dans la vase jusqu'au poitrail, et en sortait avec des mouvements frénétiques qui le faisaient ressembler à quelque apparition surnaturelle. Ses longs crins balayaient l'eau fangeuse, puis se redressaient comme pour envelopper d'un fantasque tourbillon les formes de son épouvantable fardeau; puis il bondit, bondit encore; et bientôt, inondé de sueur et d'eau, les naseaux fumants, la tête haute, il s'arrêtait frémissant, docile au mors que pressait d'une façon savante la main de son bizarre cavalier.

Celui-là n'avait de manteau qu'une vieille peau d'urus toute déchirée; ses jambes, à demi-nues, étaient à peine protégées par des lambeaux de bottines en peau de chèvre, qui lui montaient jusqu'aux cuisses sous une saye de couleur bleue étroitement serrée au corps. Son casque de fer grossier était surmonté de deux ailes d'aigle déployées ; de sa nuque s'échappait une touffe énorme de cheveux roux et longs ; sa figure était tachée de sang, son épée à demi-rompue ; et de la main droite il portait encore d'une façon fière et arrogante le tronçon d'une lance brisée. En travers de son effroyable monture se tenait une femme qui semblait morte ou évanouie, et dont les longs cheveux dorés ruisselaient jusque dans les roseaux... et — car il ne faut point hésiter en des descriptions que l'histoire affirme fidèles — il y avait de chaque côté de sa selle rustique un groupe de têtes coupées, toutes dégoûtantes de sang, de têtes rases et sinistres qui semblaient encore menaçantes, même au milieu de la mort.

— Des têtes romaines !... cria le vieux Sennakerigh avec une joie sombre et ardente.

Puis toute la troupe s'élança au-devant de l'étrange héros qui portait ainsi ses trophées.

Le jour venait peu à peu ; le front des bois se parait de verdure ; l'eau du fleuve se laissait voir rongeant ses rives, charriant des arbres tout entiers et déchirant les îlots ; la brume se dissipait peu à peu, et le premier rayon de soleil glissait à travers les maisons de forme arrondie que protégeait le rempart.

— Le nom d'un brave est bon à connaître, dit le vieillard en s'approchant, et tu peux dire ton nom à des braves. Comment te nommes-tu, mon fils ?

— Bathanat ! répondit le terrible aventurier d'une voix rude et rauque.

— Je le veux bien, repartit le vieillard avec feu, et si tu es *le fils du sanglier*, j'ose dire que, par l'horreur que tu traînes après toi, tu fais honneur à ton père. Tu as donc trouvé des ennemis à la portée de ton bouclier ?

— J'ai surpris des fourrageurs de la légion de Labiénus. J'en ai tué quatorze sans recevoir une blessure ; j'ai coupé des têtes tant que j'ai pu ; puis une bande nouvelle est survenue ; ils m'ont blessé et poursuivi ; mais mon cheval est plus rapide que la lumière, et, il y a dix heures à peine, j'étais chez les Carnutes de la Loire, aux environs de Génabe, qui frémit d'impatience, toute prête, dit-on, à se révolter.

— Se révolter ! dit le vieillard en souriant avec dédain, eux, ces Gaulois dégénérés, qui ne valent pas mieux que les traîtres de Bibracte, les ambitieux de Hergawbia (1), ou les débauchés d'Awe-

---

(1). Her-Gaw-Bia, de Heer, *tumulte guerrier*, gaw, *place*, et bia, *pente*. Her-Gaw-Bia, par corruption latine *Gergovia*,

Righ ! Va, mon fils, ils ne se révolteront point, car ils ont l'échine faite au bâton, comme le cou fait à la chaîne. Mais puisque tu as la main teinte de sang ennemi, il sera dit que je descendrai le premier de cheval afin de serrer la tienne... bien que je sois un chef puissant et que tu paraisses un pauvre homme.

Cela dit, le rude vieillard mit pied à terre avec une promptitude toute juvénile, puis il vint tendre la main au guerrier et lui dit avec intérêt :

— Tu portes une femme avec toi ?

— Oui, seigneur, c'est une femme.

— Morte ?

— Vivante... au moins je le crois. Nous étions une trentaine de démons qui avons fait un coup de main sur le camp de Labiénus. En nous sauvant, après la fête, nous avons rencontré cette jeune dame qui allait à cheval, accompagnée de quelques serviteurs ; nos gens ont tué les serviteurs, et moi j'ai pris la jeune dame. Nous avons fait cette capture vers le coucher du soleil ; mais comme ma captive me chargeait d'outrages, je l'ai jetée en travers sur mon cheval, et la nuit, la fatigue, la peur lui ont fait perdre les sens.

— Et tu la mènes ?

— Chez moi.

— Que veux-tu en faire ?

---

signifie donc *la place de guerre qui est en pente* ; ou *qui est protégée par une pente*. Prenons-en note à cause de tant d'erreurs qu'il va devenir urgent de relever.

— La tuer, répondit le sauvage avec bonhomie. Elle a des cheveux superbes que je vendrai très-cher aux grandes dames d'Awe-Righ ; et, quant à sa tête, je la clouerai à ma porte au milieu de mes trophées.

— Est-ce une Romaine? dit Sennakerigh.

— Je ne le crois pas, seigneur ; son langage est semblable au nôtre, quoique avec un accent étranger.

— Morte ou vive, dit le vieux chef, veux-tu me la vendre ? Il serait mal séant qu'une tête de femme fût clouée à la porte d'un guerrier.

— Oh ! dit l'autre d'un air tranquille, le vent et la pluie sont bons ouvriers ; et avec eux, le temps aidant, l'égalité se fait bien vite entre les têtes. Regarde-la, elle est fort belle... Eh bien ! reviens la voir dans l'espace de sept ou huit lunes, entre un large front d'urus et cette tête d'adolescent romain que tu vois pendue à ma selle... Je te défie de reconnaître celle de ces deux têtes qui avait l'habitude de s'avancer pour prendre un baiser, de celle qui avait l'habitude de le laisser prendre en ayant l'air de le fuir.

— Bathanat, repartit le Gaulois, après la ruine des ennemis de ta patrie, dis-moi ce que tu aimes le mieux ici-bas?

Bathanat repartit en se redressant sur sa formidable monture :

— Le vin.

Sennakerigh baissa la tête et frémit. Puis il poussa un grand soupir, et reprit :

— Eh bien ! donne-moi cette femme évanouie, et je te rendrai en échange une outre de vin récolté sur les coteaux des Massaliotes. Puis je t'inviterai à la fête qui va se faire chez moi en l'honneur de vingt-quatre de mes arrière-petits-fils qui, arrivés à l'âge des armes, demandent à m'être présentés. Tu mangeras à ma table, tu seras mon hôte pendant toute une année si tu veux, et je te donnerai l'argent que tu pourrais recevoir des dames d'Awe-Righ pour les cheveux de ta captive.

— Malheur à toi, si tu me fais l'outrage de t'en dédire !... cria Bathanat enthousiasmé, en sautant de cheval à terre : une outre de vin des coteaux Massaliotes, une année d'hospitalité et de belles pièces de monnaie gauloise comme aubaine complémentaire... Si j'avais su, je t'aurais amené ici toutes les coquines italiennes qui suivent le camp de Labiénus.

Et déjà le farouche enfant des forêts gauloises tenait dans ses bras la pauvre femme qu'il emportait vers son oppidum, et il venait la déposer sur une peau d'ours qu'achevaient d'étendre sur l'herbe mouillée les compagnons de Sennakerigh.

C'était une femme de vingt-huit ans à peu près, de haute stature, et dont le visage ne ressemblait pas absolument à la face droite et sculpturale des filles de la Gaule asiatique.

Elle avait le front couvert et légèrement arrondi ;

ses yeux clos étaient protégés par de longs cils d'un blond si pâle qu'on eût pu les croire blancs ; ses sourcils étaient fins et soyeux, son nez court et peu en harmonie avec la majesté de sa stature, sa bouche grande et irrégulière. Sa peau était d'un blanc de lait, semée de quelques marques de rousseur, son menton plus élégant qu'énergique, le tout éclairé d'une rare et magnifique expression de douceur et de tristesse attrayante. Dans ce visage, plus remarquable encore par le charme que par la beauté, il y avait quelque chose de l'enfant heureux qui cherche la joie, quelque chose aussi de la femme qui n'a connu la vie que pour puiser à longs traits à la source de ses mécomptes.

Sennakerigh était à genoux ; de ses deux bras il enveloppait la riche taille de l'étrangère ; il lui réchauffait les mains dans les siennes, et il disait à demi-voix :

— Le froid de la nuit l'a saisie ; le mouvement du cheval l'a brisée ; faites du feu, mes enfants, faites du feu et sauvons-la... ce n'est pas là une Romaine.

Bathanat brisa un silex, en fit jaillir des gerbes d'étincelles sur un amas de feuilles sèches, et bientôt un feu clair et vif fit monter un flot de pourpre aux yeux de la pauvre femme.

— Revenez à vous, ma fille, dit Sennakerigh avec douceur, nous ne sommes point vos ennemis. Bientôt vous aurez des compagnes pour vous servir et vous aimer. Mais n'ayez aucune crainte ; ce sont des pères qui sont près de vous, de braves Gaulois qui savent respecter dans toute femme la mère qui les a nourris, l'épouse qui les a aimés. Encore une fois, ne redoutez rien de nous et ne tardez pas... Il est temps de revenir à la vie.

Déjà l'étrangère ouvrait les yeux, des yeux petits, mais d'un bleu céleste, comme diamantés par des jets de flamme intérieure. Un étonnement profond se lisait sur sa charmante physionomie, un étonnement enfantin ; puis bientôt elle poussa un cri et murmura, en se voilant la figure de ses mains :

— Si je suis déjà dans la mort... ce n'est pourtant pas là mon père.

— Vous êtes encore dans la vie, ma fille, répondit le vieillard avec bonté, et je vois, avec douleur, que vous n'espérez plus y retrouver votre père.

— Je suis orpheline !... dit en tressaillant la jeune femme.

— Vous y retrouverez au moins votre époux.

Et, d'une voix sourde, ardente, pleine d'horreur et même de reproche, la jeune dame répondit :

— Je suis veuve.

— Votre fils ?... ajouta le Gaulois.

Alors, la fière femme se leva comme une Pythonisse en colère, un flot de sang lui monta au visage, et d'une voix brûlante elle s'écria :

— Mon fils !... mon fils !... Ô pauvre fleur brisée sur sa frêle tige... je n'ai plus qu'à te venger.

— J'ai cru comprendre, murmura Bathanat, que les Romains de Labiénus lui ont arraché son fils et l'ont tué comme un pauvre agneau.

— Vous parlez la langue des peuples d'origine celtique, ma fille, dit Sennakerigh avec intérêt, mais vous la parlez avec un accent qui n'est pas le nôtre, bien qu'il ne me soit pas inconnu. Vous venez du pays des Helvètes ?

— Oui, dit l'étrangère avec un accent déchirant, je viens du pays des Helvètes, et je n'y retournerai jamais.

Puis elle se mit aux genoux du vieillard et reprit :

— Le nom de mon père et celui de mon mari sont lourds à porter l'un et l'autre ; ne me forcez point à les révéler. Contentez-vous aujourd'hui de savoir le mien.

— Vous vous nommez ?

— Beelissane.

— Nom charmant et digne de vous, qui vous devait une meilleure fortune... Beelissane... *compagne du soleil !*... Eh bien ! regardez-le qui se lève sur votre front pur et jeune... Et prions tous le Dieu unique et inconnu, le Dieu des Gaulois qui ont été grands, que ce premier flot de lumière soit pour vous comme le signe sacré d'une vie meilleure. Vous qui avez perdu votre père, ayez la foi qu'il est encore des pères qui seront heureux de vous compter au nombre de leurs enfants ; et vous êtes encore assez jeune, assez belle, assez pleine de jours heureux pour ne pas faire déjà divorce avec la pensée d'un nouveau mariage, qui vous rendra plus d'une fois l'enfant que vous avez perdu.

Beelissane fit un geste de répulsion et murmura presque tout bas :

— C'est sans amour que je suis devenue épouse ; et, aux tristesses de mon cœur, je sens que je n'aimerai jamais. Je ne vis plus que pour me venger.

— De qui ? dit à voix basse Sennakerigh.

Beelissane répondit de même :

— De cet indigne descendant de la maison Julia qui se fait appeler César.

Le vieillard poussa un cri de joie ; il serra un moment la belle femme helvète sur son cœur ; et, foudroyant du regard le terrible Bathanat, il s'écria :

— Et tu voulais clouer à ta porte la tête de cette femme-là, toi, misérable brute gauloise, plus vile que le cheval qui te porte !... Cependant, je te pardonne à cause de ta docilité, et tu auras deux outres de vin en signe du prix que j'attache au présent que tu me fais de cette admirable tête.

Et le patriarche reprit en remontant à cheval :

— Que l'un de vous, mes amis, donne son cheval à cette jeune dame, et reprenons ensemble le chemin de l'oppidum. Me voilà revenu d'Awe-Righ. Les grands pourront osciller sans moi entre la honte qui les pousse et la peur qui les arrête ; ils pourront pérorer à leur aise sur la querelle des Arvernes et des Édues, et poser leur main innocente entre l'enclume d'Arriowist et le marteau de César. Ces hommes qui sont mes compatriotes m'irritent et me font pitié... Je retourne sous mon toit avec les femmes qui parlent de vengeance.

— Vous ne savez pas, disait Bathanat aux Gaulois qui l'interrogeaient avidement, tout en remontant la colline au pas mesuré de leurs chevaux ; vous ne savez donc pas que le jour de la délivrance va se lever à la fois aux quatre points du territoire. Nul de vous, n'est-ce pas, qui n'ait entendu parler d'Acco, ce vaillant chef des Senons qui ne voulut pas reconnaître le lâche tyran Cavarin, nommé et imposé par César ? Acco se mit en révolte ouverte ; Cavarin, épouvanté, se sauva derrière les légions de César, puis il se réfugia chez les Rhémes pour les soulever à leur tour. Mais, vous le savez, les Rhémes sont devenus, à la façon des traîtres Édues, les satellites du peuple romain. César et ses créatures se montrèrent à l'assemblée des Rhémes, irrités, menaçants, terribles. Là ils demandèrent la tête d'Acco... et... chose horrible à dire ! la tête d'Acco fut jetée à ces loups de race latine, qui l'emportèrent en hurlant de joie.

Cependant on peut dire que la vraie Gaule n'attendait que cette dernière injure pour se soulever à la façon d'une mer en furie. César avait à peine quitté les Gaules, que les Senons, d'accord cette fois avec les Carnutes, levaient l'étendard de la révolte. Que s'est-il passé dans le mystère profond des forêts saintes ?... Je n'ai pas pu le savoir. Toujours est-il vrai qu'à Génabe, où j'ai pu pénétrer ces jours derniers, pas un Gaulois qui ne se prépare, pas un Romain qui ne tremble. Moi, on m'a dit de remonter vers le nord et de courir sus aux fourrageurs de

Labiénus. J'en ai tué tant que j'ai pu, et ce n'est pas ma main qui s'est lassée... c'est mon glaive qui s'est brisé. Ainsi, toute la Gaule est en feu, et je pense que l'illustre Sennakerigh a tort de ne pas poursuivre sa route vers la capitale des Bituriges (1).

Le patriarche n'avait pas perdu un mot de ce discours brûlant et rapide. Il s'arrêta un moment,

---

(1). Si l'on voulait pousser aussi loin que possible l'exactitude archaïque, il faudrait dire Bith-Righ, peut-être même Beath-Righ. En langue celtique, le radical Beath ou Bith est une de ces désignations mystérieuses qui sont synonymes de toute-puissance et de *fécondité par les eaux*. Le Beath celtique est donc *le génie fort et heureux venu de la mer*. Pour la brillante imagination hellénique, tout ce qu'il y a de beau sort de l'onde ; Vénus elle-même naît d'une vague, et rien de plus naturel chez un peuple qui divinisait la mer. Le Beath celtique n'a pas un autre caractère. Nul doute, en ce cas, que la cité des Beath-Righ ne fût le *sanctum sanctorum* de la haute civilisation asiatico-celtique, et le milieu où vinrent s'organiser les monarchies fédératives du premier temps, révélées par les missionnaires druidiques qui étaient venus *par la mer*. Par son radical et par sa désinence, ce nom de Beath-Righ est donc le plus grand que jamais ait pu porter un peuple. Le crépuscule latin fit de ce grand nom *Bituriges*, et la triste nuit moderne en a fait *Berrichon*. Remarquons, en outre, que le *Beath* celtique se confond à peu près dans sa signification avec le *Beatus* latin, le français *Béatrix*, et d'autres mots réservés par le langage populaire.

Inutile d'ajouter ici que ces démonstrations tirées du caractère expressif des langues ne font que corroborer le récit de Tite-Live, qui très-vraisemblablement n'avait aucune notion, aucun instinct même de linguistique gauloise.

et, levant la main d'une façon très-solennelle, il dit :

— Quand il me semble que les Gaulois dorment, je les aime encore assez pour aller à eux et les éveiller. Mais s'ils se réveillent, comme tu le dis, Bathanat, qu'ils marchent vers moi comme ils le doivent... Je suis prêt à les entendre. A l'heure où viendra expirer, aux pieds du descendant de Bellovèse, la querelle des Arvernes et des Édues, la Gaule sortira de ses ruines et César sera châtié.

Mais déjà la troupe vaillante touchait aux premiers ouvrages du rempart, et le vieillard, désignant une étroite ouverture, disait à la jeune femme helvète :

— Le malheur vous enveloppe de son prestige, ma fille ; mais l'hospitalité gauloise va vous mettre au front une couronne que nos peuples en décadence ne parlent pas encore de briser.

Et le centenaire ajouta en s'effaçant pour laisser passer Beelissane :

— Compagne du soleil, entrez chez moi, et ramenez-y l'espérance, ramenez-y la lumière.

La belle dame helvète fit un pas, pendant que des cris de joie retentissaient derrière les murs de la rustique forteresse.

II.

Que s'était-il donc passé pour qu'en l'automne de la cinquante-troisième année avant notre ère, toute la Gaule parût se préparer à l'une de ces luttes suprêmes qui relèvent les nations de leur abaissement passager, ou les plongent pour des siècles de honte et de souffrance dans la géhenne où elles vont puiser le germe d'une vie plus haute et meilleure ?

Nous allons essayer de le dire.

Résumons en quelques pages rapides l'histoire de notre chère et grande patrie, en ces époques, qu'il faut examiner bien plus encore avec les forces de l'intuition intellectuelle jointe à l'interprétation des monuments, qu'avec les faiblesses d'une démonstration écrite qui se brise incessamment et se dérobe de toutes parts.

Nier dans les Gaules une race première, une race en quelque sorte inhérente à la constitution naturelle de cet admirable coin du monde, c'est à peu près nier l'évidence.

Toute humanité vient sans doute du berceau asiatique ; nul plus que nous n'en a la foi profonde. Après le déluge, les races maudites et les races fidèles se répandent ; les unes restent en Orient pour y préparer les peuples destinés à connaître Dieu ; les autres s'enfuient jusqu'aux glaces du pôle, ministres d'erreur et de violence, mais susceptibles de rédemption.

Aux uns la lumière, le soleil, la chaleur, la fécondité.

Aux autres la nuit, la neige, le froid, la souffrance.

A ceux-ci le blé, le fer, le cuivre, les armes, et ce sentiment de la conquête qui est le signe positif d'une mission qu'il importe de mener à bien.

A ceux-là le gland, le fruit sauvage pour nourriture, et cette timidité farouche qui s'enivre de sa misère, et n'admet pas même qu'on puisse la secouer en la fuyant.

Les naturels de la terre celtique viennent sans doute eux aussi des races premières, mais leur prise de possession remonte à une époque absolument antéhistorique. Il importe donc de les considérer dans leur misère et leur abandon comme les premiers-nés, les premiers occupants, humbles créateurs de l'âge de pierre.

L'âge de pierre est-il, oui ou non, sur le sol gaulois, une vérité incontestée ?

Au demeurant, il n'est guère possible de le mettre en doute en présence des monuments.

Mais aussi est-il possible de supposer même que *les hommes des bois* du premier âge, avec leur tatouage bizarre, leurs casse-tête en silex, leurs hachettes et leurs couteaux de pierre, leurs épieux durcis au feu, leurs peaux de bêtes pour tout vêtement, et leur vénération pour le chêne qui les nourrissait, fussent les mêmes que ces superbes Gaëls, venus avant les Kimris, et en formidables nuées des plateaux de la haute Asie ?

Quoi donc ! les peuples de l'Orient cultivé se seraient dérangés de leur œuvre pour apporter à l'Occident des flèches en silex, des haches en granit, et la vénération du chêne dont le fruit ne leur était pas utile !

Non ; et la doctrine qui ne voit dans la gestation des monarchies gauloises qu'une pure expansion sans contre-poids des migrations asiatiques, n'y regarde point d'assez près.

Les Celtes, qui se nommaient ainsi dans leur langue, *nostra galli*, dit César, ne pouvaient donc pas être les mêmes que les illustres *galls-gaëls* dont le nom lui-même signifie *émigrant, étranger*.

S'il est vrai que toute grande création nationale se fasse par un dualisme, par un double mouvement de conquête active et de soumission bénévole, constatons que la vie organique des Gaules ne put s'affirmer que par prise de possession.

Donc, aux premiers temps, nous voyons une race celtique, purement et absolument sauvage, n'ayant de maison que le creux des arbres et des rochers, de vêtement qu'une peau de bête, d'armes que la hache de pierre, l'épieu et la flèche de silex ; de nourriture que l'herbe des bois, le fruit des chênes, un peu de poisson, plus rarement le gibier des forêts, peut-être même, hélas ! et en même temps, l'abominable festin de victoire, suivi de quelque danse furibonde autour du prisonnier de guerre massacré.

Rien de vrai sans doute comme le triste et rude axiome qui dénonce l'homme comme *le bourreau de sa propre chair*. Dans les époques de culture et de société, l'homme, il est vrai, ne dépèce plus son *prisonnier de guerre* avec une hache et un coutelas ; mais il n'en fait pas moins sa substance avec la substance de son semblable tombé ou vaincu.

Nous estimons donc que si l'humanité cultivée ne saurait se soustraire au sentiment inné de la destruction du semblable par le semblable, il n'en pouvait être autrement aux époques toutes primitives qui ont précédé la période qu'on est convenu d'appeler barbare.

Le Celte *autonome*, le Celte qui passait sa vie à ramasser le gland et à tuer des porcs sauvages, ne saurait donc être le même homme que le Gaël oriental, qui semait le blé, possédait des troupeaux domptés, travaillait le fer, mangeait des œufs, du laitage et possédait le superbe oiseau venu avec lui d'Orient, importé d'Asie, et qui lui-même portait le nom de *gall...gaël*, *gallus*, étranger.

Or, dans la Celtique primitive, il n'y avait point de charrues, point de vaches, point de brebis, point de coq et point de poule, point de fer et point de froment.

Nous restons donc persuadés que c'est dans un état de pure sauvagerie, peut-être même d'anthropophagie, que nos premiers pères durent être trouvés par les explorateurs venus d'Orient, qui n'apportaient point aux peuples qu'ils venaient enseigner la religion du chêne, mais bien la religion du Dieu unique, le blé, la charrue, le cuivre, le fer, le coq et la poule (1) ; en un mot, toute la civilisation supérieure des grands peuples de race fidèle.

Et si les premiers prêtres ou mages, voués à l'enseignement des peuples nouveaux, mêlèrent à leur corps de doctrine religieuse et poétique la vénération du chêne, il ne faut voir là de leur part qu'un acte de haute habileté, une soumission toute spirituelle aux idées et aux besoins du peuple qu'il s'agissait de conquérir.

L'*homme des bois* adorait le chêne, parce que le fruit du chêne lui était nécessaire, exactement comme les Égyptiens adoraient l'oignon, le chat ou l'ibis. Or, que les missionnaires orientaux se donnassent la mission de supprimer au Celte l'idole taillée, rien de mieux. Supprimer le culte du chêne eût été plus difficile ; car, même pendant que les

---

(1) Remarquons ici qu'en fait de conquêtes fécondes, morales, spirituelles ou même matérielles, c'est toujours la religion qui les donne. Les Druides nous donnèrent le coq ; les Jésuites, plus généreux, introduisirent dans les Gaules le coq d'Inde. Mais qui ne voit d'ici que la présence du coq, oiseau d'Asie, dans les Gaules, en dit plus sur l'histoire des Gaules que dix volumes de recherches patientes ?

premiers champs gaulois se couvraient de blé, le gland demeurait encore, pour la masse de la population, la nourriture usuelle.

Et faisons observer ici que tout en conservant au chêne un caractère sacré, les instaurateurs du culte nouveau n'entendirent pas du tout se faire, comme on le croit généralement, les pieux ministres du chêne.

Leur fière pensée fut plus haute, plus intellectuelle, plus philosophique, plus en rapport avec le caractère de leur mission. Ils acceptèrent le nom de Druides, non à cause du mot grec Δρυς (1) qu'ils ne connaissaient peut-être pas, mais à cause du substantif celtique *Dé* qui signifie Dieu, et du verbe encore irlandais *Rhouydhym*, qui signifie *s'entretenir*. *Derhouyd*, et par contraction *Druid*, ne veut donc pas dire l'homme du chêne, mais bien l'homme qui s'entretient de Dieu.

Par les druides donc, ministres de la civilisation asiatique, les Celtes furent enseignés ; ce furent les druides qui leur donnèrent la pierre levée qui est

---

(1) Pour les Asiatiques, en effet, le grec était une langue néfaste. Il y a du vrai dans la vieille tradition qui prétend que les vaincus d'Asie étaient venus chercher un asile en Gaule, et que les Gaulois de la grande époque étaient les descendants de Priam, héroïques héritiers d'Ilion. N'oublions pas que les temps modernes ne se règlent pas par une autre loi que les vieux temps, et que les vaincus de l'Angleterre révoltée furent les premiers fondateurs de la moderne Amérique.

d'origine biblique ; ce furent les druides qui leur enseignèrent le Dieu unique ; qui leur apportèrent tous les éléments de la civilisation patriarcale. En Gaule, il y eut donc une première invasion toute religieuse et scientifique ; puis une vaste invasion militaire par les Gaëls ; puis une invasion complémentaire et décisive par les Kimris venus du nord qui, ayant accepté, à leur tour, la foi des Gaëls par le fait d'un chef prédestiné (1), assurèrent pour de longs siècles les fondements d'une civilisation puissante.

Et qui ne remarquerait d'ailleurs que ces divers mouvements de peuples devaient, bien des siècles plus tard, se reproduire par une nouvelle série d'invasions successives ? Et que firent donc les Sicambres de Huldwigh et les Germains de Charlemagne, sinon ce qu'avaient fait douze cents ans plus tôt les Gaëls et les Kimris ?

Or, de même que les Sicambres de Huldwigh et les Germains de Pépin-le-Bref ne s'établirent en Gaule qu'en acceptant la révélation catholique, qui était la seconde âme orientale de la nation, faisons donc cette remarque importante que les Gaëls et les Kimris ne s'établirent eux-mêmes dans les Gaules qu'en prenant à la nation conquise plus peut-être qu'ils ne lui apportaient.

La première grande vie nationale des Gaules est

---

(1) Hu-le-Puissant, qui se fit le serviteur des druides, exactement comme Huldwigh se fit plus tard le serviteur des évêques.

donc à la fois celtique, gaélique et kimrique. Dans la tribu ou clan de l'*Homme des Bois*, l'Asie apporte le sentiment du Dieu unique et du chef unique. De là une civilisation toute-puissante qui, pendant des siècles, va dominer l'Europe et l'Asie, tant du moins que l'accord se maintiendra entre la sauvagerie conquise et l'intelligence conquérante (1).

Les Gaulois arrivèrent donc à leur plus haut degré de puissance par un vaste système de monarchies religieuses et militaires groupées autour d'une monarchie centrale, qui semblait être le ressort de toutes les autres. Ainsi se montre la monarchie conquérante d'Ambigat, dans et par la suprématie de la nation des Beath-Righ, acceptée avec cette fière soumission qui est l'unique ressort des grands triomphes (2).

Mais était-il permis de penser que chez des peuples arrogants et querelleurs, chez des peuples qui sentaient instinctivement sourdre en eux le vieux

---

(1) Si l'on voulait que nous vinssions fournir ici les preuves de l'orientalisme des vieilles Gaules, elles seraient certainement nombreuses. Prenons-en une entre plusieurs. Dans tout l'Orient, la dignité du chef s'écrit après son nom, Nubar-Pacha, Fuad-Pacha, Ismaïl-Pacha, Ibrahim-Pacha. Dans les Gaules envahies par César, il en est absolument de même, Dumno-Righ, Eporedo-Righ, Ambio-Righ, etc.

(2) Il est heureux que Tite-Live nous ait dit quelques mots de cette merveilleuse fédération des monarchies gauloises. Sans lui, nous aurions à la deviner, à l'inventer ; et tout le monde mettrait en doute une vérité qui est la base rigoureuse de toute étude historique sur les Gaules.

levain des rébellions du Celte sauvage, il fût possible de maintenir à jamais cette cohésion prodigieuse, mais un peu factice, importée par les races étrangères ?

En Gaule, tout ce qui était druide et gaélique tendait à maintenir avec une admirable persistance la cohésion nationale des monarchies fédérées. Mais dans sa grande expansion monarchique, la Gaule, arrivée au plus haut degré de l'arrogance soldatesque, eut bien vite commencé la séparation lente et déplorable de la puissance religieuse et de la puissance militaire. Des espèces d'aristocraties locales se formèrent et se mirent à battre en brèche le druidisme qui s'irritait peu à peu ; puis, dès que les peuples se virent des chefs locaux, ils commencèrent à disputer la suprématie au peuple qui jusque-là en avait été le dépositaire. Les Bituriges furent attaqués par une ligne des Édues et des Arvernes, puis brisés, vaincus et réduits en partie sous la clientèle des Édues, en partie déportés sur les bords de la Garonne, où ils eurent à faire souche nouvelle.

Ce premier anneau de la chaîne monarchique rompu, la pauvre Gaule asiatique commence le cycle de ses décadences.

Une fois la suprématie arrachée aux Bituriges, les Arvernes, les Édues et les Sequanes se mettent à se la disputer les armes à la main. Alors la Gaule tombe dans une anarchie épouvantable ; le druidisme y est sans force, le vieil honneur sans crédit. Les peuples se hâtent d'oublier leur gloire, pour ne plus connaître que leurs détestables arrogances. Partout le nom des rois est proscrit ; de vils aventuriers les remplacent, qui, n'ayant plus que leur fortune à faire, se mettent à persuader aux peuples qu'il est bien plus honorable d'être vendus, décimés, perdus par des chefs de république, que protégés par des rois sages et pieux. Partout l'orgueil des peuples est surexcité, afin que leur querelle devienne le piédestal des petites ambitions. Ce n'est plus en deux que la Gaule est coupée, c'est en dix, en vingt, en trente tronçons noyés de sang et de larmes, qui se tordent pour faire un corps et retrouver une tête.

Et une fois leur isolement accompli, que se passe-t-il au cœur de ces peuples jaloux et stupides qui viennent de s'user à se faire entre eux tant de mal ? Hier, hélas ! leur cœur avili était tout à la haine : le voilà maintenant qui, à titre de châtiment suprême, appartient tout entier à la peur. N'ayant pas même le courage de menacer leurs rivaux, ils ne vivent plus que pour se sentir menacés ; la main lassée, le cœur ulcéré, la tête branlante, le glaive ébréché, peuples rebelles qui n'ont plus de rois, peuples méchants qui n'ont plus de frères, ne sachant plus à qui se fier dans la terreur qui les atteint, sous peine d'être exterminés par leurs rivaux, les voilà condamnés à implorer des maîtres, et à devenir un peuple domestique pour ne pas avoir voulu demeurer un peuple fidèle.

Éternelle honte au souvenir néfaste de ces républiques gauloises qui succédèrent aux monarchies, comme les soubresauts de l'agonie aux attitudes fières et actives de la santé !

Les monarchies gauloises allaient à Rome et aux quatre coins du monde pour y porter la terreur du nom gaélique et l'autorité de sa gloire !...

Les républiques y retournèrent, le cœur bourrelé d'envie et de haine, la tête enveloppée de cendres, le dos courbé, les genoux fléchis ; et quant elles revinrent dans leur patrie, elles y ramenaient en triomphe les Germains d'Arriowist et les latins de César.

Déjà, au milieu de toutes ces querelles, la puissance romaine avait mis le pied sur les Gaules ; la puissance germanique, d'autre part, se mettait en mouvement ; et le chef des rudes Suèves passait le Rhin à la tête d'une armée.

Partout le druidisme irrité se détachait des intérêts de la Gaule. Les uns conspiraient avec les grands pour leur disputer un reste d'influence ; les autres allaient droit au peuple et lui faisaient comprendre l'immensité du danger.

Mais comme s'il eût été dans la destinée des prêtres de porter le premier coup de mort à l'ingrate nation qu'ils avaient initiée au monde du progrès et de la lumière, ce fut un druide dépravé, le Vergobreith des Édues, qui le premier s'en fut à Rome prier César de venir mettre l'accord parmi les républiques gauloises (1).

1. C'est là d'ailleurs presque une habitude chez les Orientaux, et n'oublions pas Soleyman-ben-Arabi qui vint jouer

Il se nommait Divitiac ; et, pendant qu'il adjurait César d'avoir à protéger les Edues contre les Sequanes, les Sequanes s'en allaient trouver Arriowist et le suppliaient de les défendre contre les Edues.

César et Arriowist entrèrent en Gaule tous les deux.

Cependant un nouveau prétendant se levait dans l'Est, et, sentant la Gaule à demi-morte, il semblait avoir conçu la pensée de la ramasser sur son lit d'agonie, avant que le Latin et le Suève se la disputassent les armes à la main.

C'était un chef helvète qui se nommait Orkedorigh, *le roi des cent vallées*. Après s'être ménagé chez les Édues des influences qu'il estimait décisives, il fit lever près de quatre cent mille hommes, au nombre desquels étaient les Boïes (1), aventuriers mer-

---

près de Charlemagne, au viiie siècle, à Paderbornn, le rôle qu'avait joué Divitiac près de César.

(1). Les Boïes... En écrivant ce nom pour la première fois, et antérieurement à quelques révélations du plus vif intérêt, disons dès l'abord que les Boïes n'étaient pas, à proprement parler, un peuple, mais bien une association, une confédération militaire, tout à fait à la manière des Franks qui leur succédèrent, et firent dans les premiers siècles de notre ère ce que les Boïes avaient fait depuis tant de siècles. Les Boïes, ce nom veut dire les *Terribles* ; les Franks, ce nom veut dire les *Briseurs*. Les Boïes transmirent leur sobriquet à un peuple issu de leur association, de même que les Franks devaient transmettre à un autre peuple le nom qu'ils s'étaient donné ; mais leur genèse appartient au principe du compagnonnage militaire. Réservons aussi cette note pour **des démonstrations ultérieures.**

cenaires, et il se prépara à pousser entre les Latins et les Germains une mer de guerriers qui mît les envahisseurs hors de page et, ultérieurement, les envahis.

La pensée ne manquait sans doute ni de force ni de grandeur. Mais César était un semeur de haines et de divisions, qui connaissait trop les hommes pour ne pas être habile à les gouverner par leurs passions les plus mauvaises. Il fit répandre parmi les Helvètes le bruit qu'Orkedorigh aspirait à la tyrannie, et Orkedorigh disparut, se tua, ou fut tué avant le départ de son armée (1).

Privée de son chef, la migration helvète entra dans les Gaules. Elle y fut horriblement battue par César, dans des circonstances qu'il n'est pas indispensable de rappeler.

Puis vint le tour d'Arriowist. Les Édues avaient supplié César de les protéger, en frappant l'allié des Sequanes ; César battit l'allié des Sequanes avec l'aide des Édues ; puis il refoula la migration des Belges, puis les divers peuples qui se présentèrent au combat. Deux fois il passa le Rhin, résolu à tout pour intimider les belliqueuses races du Nord, et les dissuader de venir prendre leur part à la curée que méditait le rude limier de race latine.

---

(1). Le mouvement des Helvètes avait inspiré à Rome une terreur profonde. Cicéron, homme de propos, la dénonce avec effroi dans ses lettres à Atticus. Jules César, homme d'action, l'attaque par tous les moyens et la fait évanouir.

Ainsi fut fait, car autant César se montrait traitable avec les Gaulois dès qu'il les avait vaincus, autant il se montrait implacable avec ceux des peuples gaéliques qui paraissaient tentés de suivre les traces d'Orkedorigh et d'Arriowist.

La tactique de César, c'était de faire le vide autour de la Gaule, afin de ne pas être dérangé dans l'œuvre ultérieure, objet de ses méditations constantes.

Donc, une fois les Helvètes refoulés, les Germains chassés, les Belges vaincus, les Usipètes et les Tenctères assommés, les Eburons anéantis, nous retrouvons César seul, terrible, victorieux, froid comme le marbre, tranquille comme le destin, en face de toute une nation stupéfaite de se trouver ainsi livrée à celui qui venait de la délivrer.

Aussi importe-t-il de remarquer dès à présent que l'œuvre du célèbre aventurier latin ne lui est pas précisément personnelle, et que sa conquête, puisque conquête il y a, est bien moins le travail sain de son génie que le travail morbide d'un grand corps frappé au cœur, qu'il se borna à dépecer, après en avoir éloigné les vautours helvètes et les loups de Germanie.

Et quelle sublimité de génie faut-il donc à un agent de destruction pour tromper un peuple malade, et lui présenter à la façon d'un remède le poison qui va l'achever ?

Et n'est-ce pas une belle œuvre que celle de l'empirique insolent qui se démontre fossoyeur après s'être présenté en qualité de médecin ?

Mais il n'y a pas lieu non plus de trop s'irriter contre un tel homme, dont la prédestination était évidente ; et il serait injuste de lui dénier la qualité de pourvoyeur de tombeaux, car, après leur avoir jeté notre patrie palpitante, il y plongea la sienne déshonorée, en attendant qu'il vînt se heurter lui-même à cet entassement de cadavres qui l'attirait dans son vertige.

Les diverses interventions écartées, et César debout au milieu de leurs ruines, en face de la Gaule étonnée, telle est désormais la situation dans laquelle nous allons voir se débattre la grande Gaule gaélique et kimrique, plus grande que jamais à l'heure où il lui faut mourir. . mourir pour se transformer.

Tantôt César se retirait dans ses gouvernements transalpins ; puis il revenait dans les Gaules et poursuivait, de concert avec ses lieutenants, son œuvre d'invasion et de mort.

Tantôt il donnait aux peuples, en qualité de chefs, des aventuriers tirés de sa domesticité ; tantôt il déportait les fidèles, corrompait les douteux, et menait à sa suite les meilleurs chefs de la Gaule, soit pour les perdre, soit pour les dompter.

Aussi, lors de son invasion dans l'île de Bretagne, et après des débats du caractère le plus saisissant, il avait fait tuer Dumnorigh, le propre frère du méchant druide Divitiac, frère ennemi, cela va sans dire, car Dumnorig, après avoir oscillé un moment entre les caresses de César et la perfidie de Divitiac, avait positivement refusé de suivre le chef latin en Bretagne.

Puis vint la rébellion des Senons, le meurtre d'Acco, dont nous avons déjà parlé, et le frémissement terrible de toute cette pauvre nation qui, à la veille de sa chute, commençait à comprendre ses fautes.

Mais de quel côté organiser la résistance ? sur qui s'appuyer ? en qui avoir confiance, chez un peuple qui se faisait une loi de *ne plus croire* ? Comment pouvaient marcher du même pas tous ces pauvres peuples qui, depuis tant d'années, ne se connaissaient plus que pour se soupçonner et se haïr ?

Les Bituriges, tristes et amers, dédaigneux ou dépravés, ne croyaient plus assez à la Gaule pour se jeter à la tête d'un mouvement de révolte ouverte.

Les Arvernes étaient les obligés du peuple romain.

Les Édues étaient les clients, les zélés du proconsul.

Les Sequanes avaient à se faire pardonner par la Gaule leur appel à l'étranger.

Les Senons étaient particulièrement compromis à cause de Cavarin et d'Acco.

Les Rhèmes étaient tout à César.

De tous les peuples de la Gaule intérieure, les Carnutes (1), étaient ceux qui se fussent le moins mêlés

(1). Carn-utes, le peuple gardien des Carns sacrés, le peuple pieux par excellence.

au mouvement de la décadence. Dépositaires du grand sanctuaire de la religion druidique, il leur sembla que la suprême sagesse et même une souveraine habileté leur commandait de mettre la révolte sainte sous l'invocation à peu près exclusive de l'antique foi nationale. Se jeter dès l'abord dans les bras des Bituriges, c'eût été une humiliation trop grande pour les peuples rivaux ; les autres peuples étaient suspects ou frappés ; il était donc nécessaire que l'initiative parût partir moins des hommes que des dieux, afin que les peuples ne semblassent obéir qu'à la foi commune qui les avait rassemblés.

Puis, il était non moins nécessaire qu'une grande solennité religieuse parût réconcilier à la fin le druidisme avec la Gaule ; et de même, il était urgent que la trahison de Divitiac fût avec éclat désavouée.

Donc il importe maintenant que nos lecteurs nous suivent dans les mystérieuses profondeurs de cette forêt des Carnutes, témoin de solennités si imposantes à l'époque des grandes explosions nationales

Et que le récit que nous allons faire puisse être une réponse suffisante à ceux qui prétendent que les druides, lors de la chute des Gaules, étaient tous complices de l'indigne Vergobreith des Édues ; et puisse notre pinceau se montrer assez chaud et assez fidèle pour faire comprendre que le suprême soulèvement des Gaules fut en accord parfait avec les antiques mœurs, avec le vieux droit de la patrie.

Le soulèvement national de la forêt des Carnutes, plus poétique à lui tout seul que toute la légende helléno-latine, ne fut autre chose qu'une Vendée gaélique, religieuse et nationale.

Par l'intervention druidique, elle parut se mettre sous l'invocation des puissances célestes ; par la nature même du soulèvement et son organisation militaire, elle rendit un éclatant hommage au vieux génie militaire de la monarchie d'Ambigat. Enfin, par le mot d'ordre communément accepté, religieusement obéi, elle proclama que s'il lui fallait mourir, il était noble et légitime qu'elle mourût au moins ainsi qu'elle avait su vivre ; et, résolue à se repentir sur le bord de son cercueil, elle voulut opposer à la confusion mortelle des républiques la présence d'un roi populaire, qui fît au moins l'ordre et la discipline en des milieux où tout était confusion et rivalités, et qui redonnât au moins un saint exemple d'abnégation et de dévoûment à travers ces tressaillements sinistres qui ne contenaient, hélas! depuis tant et tant d'années, que mensonge, égoïsme et vénalité.

Nous allons donc voir la Gaule redevenir un moment religieuse avec les druides, nationale avec le culte de ses vieilles mœurs, monarchique avec le besoin profond qu'elle avait d'être aimée par un grand cœur et servie par un grand caractère.

En attendant que la Muse aux ailes noires, la Muse qui pleure le sang, vienne crier dans la nuit les horreurs d'Awe-Righ et d'Alise, invoquons la Muse aux ailes de flamme, qui parle de Dieu, de la patrie et des **justes qui se dévouent à la sauver.**

III.

L'automne commençait à dépouiller le front des bois ; l'eau des fleuves roulait jaune et haute, charriant des arbres morts et menant leur plainte menaçante à travers les marécages couronnés de chênes géants. Les sentiers à peine tracés se croisaient sous la voûte sonore des arbres dont le front battu par la bise faisait à peine entendre un murmure confus et lointain. De toutes parts se montraient des cavaliers richement armés et vêtus, qui, en groupes de vingt ou trente, paraissaient suivre la même direction en remontant vers le nord. Ils s'abordaient, paraissaient échanger quelques mots rapides ; puis ils reprenaient leur route au pas mesuré de leurs chevaux.

Le soir, il y en eut qui arrivèrent à un oppidum campé sur une colline que contournait un ruisseau.

Ils avaient froid, ils avaient faim. On leur offrit des gâteaux de farine, des fruits et un peu de laitage ; mais quand ils demandèrent du feu, on leur répondit d'une voix tremblante :

— Les feux sont éteints par ordre des pères, jusqu'au jour de la Fête-Sainte (1).

---

(1). Coutume ingénieuse et surtout significative qui indique certainement la parenté des druides avec les mages

Les cavaliers aux colliers d'or ne firent aucune objection, et ils allèrent coucher sur la dure, en murmurant à demi-voix :

— Les druides ont éteint les feux... Il s'agit de les rallumer.

Quelques jours plus tard, ils arrivaient à une région de la forêt où les chênes plus clair-semés et certainement plus esclaves de la volonté humaine, ressemblaient tous à de prodigieux mâts de navire couronnés d'un dôme de verdure. Là, plus de broussailles impénétrables; plus de troncs énormes déchiquetés par les siècles ou par la foudre ; plus de rameaux morts qui encombraient les sentiers et faisaient trébucher les chevaux ; partout un gazon doux et tendre que les rayons du soleil couchant venaient semer de pourpre et d'or.

De toutes parts, l'ombre grandiose des arbres sacrés se répandait à perte de vue ; des milliards de fils soyeux et entrecroisés se jouaient dans la riche lumière où se dessinait çà et là la fière attitude d'un prêtre vêtu de blanc. La nuit venue, il fit froid ; mais les cavaliers gaulois dormirent sur des amas de

---

d'Orient. Toutes les fêtes druidiques avaient le feu pour principe, et il devait en être ainsi chez des peuples septentrionaux qui redoutaient autant la froidure que les Africains pouvaient redouter la chaleur. Pour les Gaulois, le feu n'était pas Dieu, mais bien un agent sacré de la puissance fécondante. Il en résulte que, retiré ou rendu, le feu était pour la religion druidique le bienfait par excellence ou le **châtiment** souverain.

feuilles ; le lendemain le givre pendait aux longues tresses de leurs cheveux et à leurs grandes moustaches rouges ; mais déjà des bruits étranges se faisaient entendre : une sorte de musique ardente et sauvage qui montait à travers les sourires de l'aube.

Alors la forêt tout entière parut s'emplir de clameurs, de hennissements de chevaux ; et déjà semblait s'éveiller une sorte de fourmilière humaine préparée à la célébration de quelque religieux mystère.

De chaque groupe armé un chef sortit, précédé par deux soldats qui portaient un étendard. Les chevaux, les serviteurs, les soldats s'arrêtèrent respectueux, pendant que, de toutes parts, les chefs se réunissaient en resserrant le vaste cercle qu'ils formaient au loin dans les bois.

Bientôt ils s'arrêtaient eux-mêmes en dehors d'une enceinte de pierres debout, de cette enceinte vénérée que le vulgaire ne franchissait pas.

Au centre du cercle ou clachan (1), il y avait une seconde enceinte au milieu de laquelle se dressait

---

(1) Il faudrait des volumes de dissertation, si nous devions approfondir le caractère des diverses sortes de pierres levées Bornons-nous à constater que la pierre levée n'a jamais été un tombeau, mais bien un lieu consacré, église et tribune à la fois. La tradition populaire connaît encore parfaitement dans nos campagnes *la pierre qui danse*, *la pierre qui branle*, *la pierre qui vire*. Les druides, avec un art infini et un sentiment très ingénieux des choses mécaniques, arrivaient à pouvoir remuer avec le doigt d'énormes monolithes dont ils avaient calculé l'équilibre. Les oscilla-

un énorme monolithe posé sur cinq pierres de moindre dimension. Sur cette pierre, l'archi-druide, vêtu de blanc, le front couronné de verveine, la faucille d'or et la boule de cristal pendue au cou, appuyé d'une main sur un long glaive de cuivre, était assis dans une chaise d'airain. A ses pieds une corbeille d'osier contenait des œufs, des touffes de bruyère et de verveine et des rameaux de gui de chêne.

Toute cette enceinte était remplie par les bardes, chefs inspirés de la religion druidique, qui avaient la barbe longue et blanche, et la harpe celtique suspendue autour de leurs épaules.

Au milieu d'eux était un groupe de femmes, jeunes encore, étrangement belles pour la plupart, et tenant entre leurs bras un vase d'airain où, de moment en moment, elles soufflaient sur un brasier.

En avant du siège de l'archi-druide était un groupe de quatre malheureux, pâles comme la mort, chargés de liens, et dont les regards paraissaient révéler une inconcevable horreur.

Toute la première enceinte était remplie par une foule énorme d'eubages et de novices, tous jeunes druides qui n'avaient pas encore été initiés au dernier mystère de la révélation asiatico-celtique.

Enfin, tout à fait en arrière des deux enceintes et

tions de la pierre ainsi mise en mouvement étaient réputées manifestations divines, d'où les noms, conservés jusqu'à nos jours, de *pierre qui danse* et *pierre qui vire*.

du cercle des chefs de guerre, on pouvait apercevoir une foule immense prosternée et respectueuse, qui osait à peine lever les yeux sur la célébration du grand mystère.

Quand le chef des druides se leva, tenant entre les deux mains sa corbeille de fruits et de fleurs, toutes les harpes des bardes parurent frémir en même temps ; et une voix douce et suave se mit à psalmodier un chant monotone, prière tendre au grand Dieu, maître de toutes choses, qui commande la modération dans les triomphes et le courage dans l'adversité :

— « L'homme de l'ancien âge a dit :
» Quand le printemps apporte l'espérance,
» Redoutez-en la folle ivresse,
» L'ivresse qui fait chanceler ;
» Mais quand l'automne apport sa menace,
» Soyez armés d'une résistance fière
» Contre l'hiver qui va venir. »

Alors le grand druide, élevant sa corbeille de fruits et de fleurs, prononça une de ces prières pleines de magnificence et d'autorité que les hommes écoutent volontiers quand ils sentent venir le malheur.

Mais déjà le son des harpes se faisait entendre plus rude et plus rauque ; les yeux farouches des poëtes sacrés s'emplissaient de flammes surnaturelles ; et une voix dure comme la menace, profonde comme la terreur, s'écriait :

— « L'homme de l'ancien âge a dit :
» Eteignez le feu pour l'infâme

» Qui tourne le dos au danger ;
» Eteignez le feu pour le traître
» Qui contre sa patrie ose armer l'étranger ! »

Et, d'une voix en quelque sorte surhumaine, le grand druide s'écria en frappant du pied la pierre sacrée :

— Le feu est éteint... le feu est éteint... le feu est éteint !...

Et une formidable clameur, une clameur de désespoir et d'angoisse se répandit dans les groupes, qui murmuraient la face contre terre :

— Le feu est éteint, le feu est éteint !

— Mais aujourd'hui, continua le prêtre avec une indicible majesté, ce n'est pas seulement le feu de vos foyers, c'est le feu de votre patrie. Gaulois, qu'en avez-vous fait de ce feu sublime dont le haut dieu que nous servons vous avait confié la garde? Aujourd'hui que les vents d'hiver et de mort ont soufflé sur cette flamme superbe qui se voyait d'un bout à l'autre du monde, où est maintenant la lumière qui vous guidait victorieux chez les peuples prosternés devant vos triomphes? Dépositaires infidèles ou impuissants, n'ayant plus le courage de porter le feu chez vos ennemis, vous l'avez tourné contre vos frères ; et le dieu courroucé vous a fait la grâce de l'éteindre ; et vous voilà retombés dans le froid et dans la nuit d'où la foi vous avait tirés... Dépositaires infidèles... qu'en avez-vous fait de cette foi divine qui vous avait rassemblés autour de la pierre sainte ? La foi, vous l'avez niée ; vous avez joué avec elle ; vos chefs naturels et glorieux, vous les avez offensés, chassés, torturés, mis à mort. Vos frères, vous les avez frappés ou vous avez supporté leurs coups... Et pour comble de misère, vous êtes allés implorer contre vos frères le secours des ennemis de votre patrie !... C'est pourquoi chez vous, Gaulois déchus et dégénérés, le feu s'est éteint à jamais peut-être ; c'est pourquoi vous n'en trouvez plus là où le pied des chevaux helvètes, latins et germains en a dispersé la dernière étincelle.

Un moment, ce fut comme une lamentation formidable, un immense concert de gémissements, de cris farouches et désespérés. Tous, tombés la face contre terre, les Gaulois pleuraient et criaient, l'âme remuée par ce rude et fier enthousiasme qui ne les avait pas encore absolument abandonnés.

Le grand druide s'arrêta un moment, sûr de dominer déjà son tumultueux auditoire, et il reprit d'une voix moins sévère et moins violente :

— Eh bien ! le feu qui est une étincelle du Dieu qu'il faut adorer, je viens vous annoncer qu'il n'est pas mort... et que la foi, la vaillance et le repentir peuvent refaire ce que l'impiété, la lâcheté, la trahison ont eu l'art infernal de détruire. Gaulois d'hier, restes mutilés d'une grande nation... vous étiez morts; mais Dieu m'ordonne de vous faire savoir que vous pouvez encore revivre. Semblable à un grand aigle de flamme qui tournoie dans les nuées, le souffle de Dieu peut vous toucher du bout de son aile, et rallumer vos cendres éteintes.... Gaulois tombés, voulez-vous vous retrouver debout?... Gaulois mourants, voulez-vous revivre?...

Et le bruit de trois cents harpes élevées vers les cieux sembla crier avec un emportement sublime :

— Gaulois mourants, voulez-vous revivre ?

Quelle expression vivace et profonde pourrait rendre en traits suffisants l'espèce de furie ardente inspirée par cette brusque éloquence au cœur des chefs et des peuples gaulois?

Les armes, les boucliers se choquaient autour du clachan sacré ; le fer des glaives ou des javelines se dressait dans les rayons du soleil levant ; les étendards gaulois s'agitaient, et dans un lointain immense, la foule se roulait comme une mer en délire en hurlant avec frénésie :

— Le feu ! le feu ! rendez-nous le feu !

— Je vous le rendrai ! s'écria de nouveau le grand druide, mais auparavant j'appellerai l'anathème sur les traîtres qui l'ont profané.

Alors les Eubages se baissèrent, et ramassant les captifs à demi-morts de terreur, ils les posèrent sur le dolmen, aux pieds irrités du druide.

Le prêtre les délia ; puis les touchant de sa baguette sacrée, il dit :

— Celui-là est un Séquane, qui est allé implorer contre les Arvernes le secours d'Arriowist.

Celui-ci est un Arverne qui, sur les pas d'un prêtre maudit, échappé des glaces éternelles, est allé implorer contre les Séquanes le secours de Jules César.

Ce troisième est un Rhème astucieux qui s'est dit l'allié des Romains pour ne pas avoir à les combattre.

Ce dernier enfin est un Édue ivre d'ambition et de convoitise qui, pour ne pas être le second à Bibracte, s'est fait espion chez Labiénus.

Je ne souillerai point de leur sang immonde l'autel où va se rallumer le feu divin ; je ne les frapperai pas et je vous interdis de les frapper... Dieu, au contraire, par ma bouche, vous commande de les fuir et de leur refuser à jamais le feu et le lieu que l'homme doit à son semblable. Qu'ils aillent, ces misérables enfants du froid et de la nuit, traînant après eux l'anathème qui va les poursuivre jusqu'au tombeau ! Qu'ils meurent de froid et de faim sur la Gaule féconde et ranimée ; que pas un foyer ne leur donne asile ; que pas un cœur ne soit pour eux accessible à la pitié ; que vos bouches pieuses répondent à mon anathème... et le feu vous sera rendu.

Déjà les bardes entonnaient un chant nouveau sur l'interdiction du feu, qui était le châtiment le plus terrible prononcé par la colère druidique ; et toute la foule frémissait au cri d'anathème prononcé par le grand druide, pendant que les victimes atterrées murmuraient d'une voix éteinte :

La mort !... la mort est moins dure à supporter que le froid (1).

---

(1). Rien de curieux à étudier comme ces mystères de l'interdiction du feu. En effet, que pouvaient devenir les

Une fois les criminels marqués au front d'un fer rouge et repoussés avec horreur par les exécrations de la foule, le groupe des druidesses monta sur le dolmen ; le druide alluma une torche de sapin à leur brasier et, l'élevant dans les airs, il s'écria :

— Longs jours à la Gaule revenue au monde... Le feu divin brûle encore !...

Alors, pour la première et la dernière fois peut-être, les chefs gaulois se ruèrent dans la première enceinte du clachan, tous tenant à la main ces formidables étendards qui déjà depuis tant de siècles se montraient victorieux aux quatre coins du monde. Les Eubages, loin de crier à la profanation, se retirèrent du côté de la seconde enceinte pendant que le grand druide criait de sa voix la plus tonnante :

— A moi, enfants de la Gaule qui va renaître, approchez-vous du feu céleste, et prononcez le serment terrible que le feu ne s'éteindra plus ! Venez à la source du feu, et si Dieu ne tonne pas de vous voir ainsi pénétrer dans son enceinte, c'est qu'il veut vous voir de près et faire des héros de ceux qu'il aura touchés.

malheureux excommuniés que la colère druidique chassait impitoyablement de tous les feux ? Rien d'admirable, dans les anciennes Gaules, comme la fidélité passionnée aux lois de l'hospitalité. Partout le citoyen trouvait un ami et un gîte ; mais l'interdiction du feu était une loi implacable et rigoureusement observée, plus efficace peut-être que les gibets et les échafauds.

Déjà le vaste dolmen était couvert des étendards gaulois, pendant que d'une voix ardente les guerriers prononçaient le serment de passer trois fois, leur fière enseigne à la main, au travers des rangs ennemis.

Le druide agitait sa torche et reprenait en pleurant d'ivresse :

— Et, afin que le feu ne s'éteigne plus, dès qu'un acte de grande audace aura marqué la révolte, que les feux s'allument sur toutes les collines, afin d'annoncer à la Gaule qu'elle a repris possession d'un feu qui ne doit plus s'éteindre.

Alors les druidesses allumèrent des torches nouvelles à celle que tenait le druide ; et, les yeux éclatants de joie, le front couronné de chêne, les cheveux dénoués sur leurs larges et blanches épaules... elles franchirent l'enceinte consacrée ; et, se jetant hors du clachan, elles allèrent porter le feu aux chefs de famille, qui le reçurent à genoux avec une pieuse ivresse, et se relevèrent prêts à reporter l'étincelle sacrée à leur foyer qui ne brûlait plus.

Puis les druides firent trois fois le tour du clachan mystérieux, au bruit des harpes et des voix qui chantaient la gloire du Dieu père du feu, père de la vie, du Dieu qui confie à l'homme seul l'étincelle sainte, signe vénéré de la toute-puissance, de la force qui crée et de la force qui détruit.

Les chefs de guerre tenaient leurs étendards embrassés, et, prenant à témoin la voûte sonore des arbres sacrés, ils prononçaient de nouveau le serment de rendre à la Gaule le feu de la vie et de la puissance.

Le soir de cette journée qui devait marquer d'un signe ineffaçable les destinées de la Gaule, le grand druide et les principaux bardes qui l'avaient accompagné présidaient une réunion des chefs gaulois qui avait désormais un caractère plus politique et guerrier que mystique et religieux.

Les envoyés des nations gauloises étaient assis sur deux rangs, en rond, sur des peaux de bêtes, et le groupe des prêtres occupait la place d'honneur en ce conseil suprême des grands de la nation.

— Si, en effet, disait le druide, un vrai repentir vous anime ; si vous détestez les rivalités et les haines qui vous ont conduits aux portes de la mort, souvenez-vous donc des vieilles mœurs qui vous firent grands, de la coutume sacrée qui vous liait entre vous avant vos malheurs. Votre premier acte de violence et de désordre a été pour frapper et outrager la nation que vous reconnaissiez comme votre sœur aînée. C'est l'esprit de démence et de jalousie qui vous a lâchement armés contre les Bituriges ; c'est donc par eux qu'il importe de commencer vos actes de soumission et de repentir ; allez trouver les Bituriges, dites-leur que vous venez chercher en eux le souvenir d'Ambigat, et, comme il y a chez eux un homme qui est le dernier de cette grande race, offrez-lui le commandement de toutes les Gaules, afin que toutes les Gaules armées se lèvent comme un seul homme contre l'étranger.

— De qui est-ce que tu veux parler ?... dit un chef séquane avec une certaine hauteur.

— Du chef de guerre Sennakerigh; c'est un homme de l'ancien temps, d'une sagesse profonde, d'un caractère intrépide et aveuglément opiniâtre dans ce qui est juste et salutaire.

— Mais, dit un chef arverne en souriant, les qualités de l'esprit suffisent-elles, quand manquent à la fois la force et le prestige? Sennakerigh a près de cent vingt ans.

— Pourquoi, dit une autre voix, offrir le commandement suprême à un peuple qui a cessé de le réclamer? Irrités hier, amers et découragés aujourd'hui, les Bituriges sont le passé ; et ce qu'il faut à la Gaule, c'est la confiance, c'est la jeunesse, c'est l'avenir.

— La jeunesse est présomptueuse, dit le grand druide en secouant la tête, et prenez garde d'opposer un homme trop jeune à César... car si Sennakerigh a cent vingt ans, César en a cent cinquante.. par l'astuce et les combinaisons sataniques d'une âme étrangère à toute vertu.

— La Gaule a en effet trop de chefs, dit une autre voix, elle ne voudra pas obéir à un chef. Il faut lui donner un roi ; mais il paraît difficile de rendre aux Bituriges une suprématie qui serait une injure grave pour ceux qui les ont vaincus.

— Moi, dit un vieux barde à la figure énergique et fière, je pense que si la Gaule a besoin d'un roi, elle doit se souvenir du guerrier qui est mort en essayant de ranimer le grand prestige des monarchies.

— Nomme-le! dit le grand druide.

— Je nomme l'Arverne Celtill, qui était aussi de race royale, et qui a payé de sa vie le généreux dessein d'arracher la Gaule à ses cruelles divisions.

— Mais il est mort!... dirent à la fois plusieurs chefs.

— Laissant un fils! répondit le prêtre. Par le choix que vous ferez du fils, honorez l'entreprise du père ; et, après avoir fait ici acte de foi, faites acte de monarchie en la personne d'un guerrier de haute naissance qui est jeune, beau, généreux, vaillant, et qui unit le cœur d'un monarque à toute l'intrépidité d'un soldat.

Un profond silence accueillit ces paroles. Pas un chef qui ne se sentît légèrement irrité d'une préférence marquée avec tant d'éclat ; ils avaient pu parler contre l'âge du chef biturige, ils ne pouvaient contester tout haut les rares et précieuses qualités du chef arverne.

— Le fils de Celtill! dit avec intérêt le grand druide, on parle de lui comme d'un jeune homme de caractère indécis, un peu terrifié par le malheur de son père, et qui s'est montré plus d'une fois dans la compagnie de César.

— On se trompe, dit le barde avec fermeté. Le fils de Celtill est prudent, il se laisse voir par tout le monde sans se livrer à personne. Je le connais et j'espère en lui.

Bientôt les chefs osaient à peine élever quelques objections timides, tant ils se sentaient honteux, en un pareil jour, du mal qui les rongeait. Pas un qui ne comprît le besoin profond que la Gaule avait d'un chef unique et suprême ; pas un cependant qui ne se sentît le cœur ulcéré de jalousie dès qu'il fallait se résoudre à créer une puissance et à l'honorer.

— Ah ! si l'odieux César n'avait pas fait assassiner Dumnorigh !... dit un chef édue avec tristesse, Dumnorigh était notre Roi, et nul des nations gauloises qui ne se fût sentie fière d'obéir à Dumnorigh.

— Le frère de Divitiac ! dit l'archi-druide avec répulsion, le complice de l'helvète Orkedorigh !...

— Pourquoi n'avons-nous plus Acco avec nous? dit un chef séquane d'une voix lamentable. Acco était intrépide et audacieux, Acco méritait d'être roi de toutes les Gaules régénérées.

— Les malheureux !... murmura le barde en se détournant, c'est donc qu'ils sont bien malades... s'ils ne vantent plus que les morts !

Bientôt le vieillard sacré quitta l'assemblée, et quelques instants plus tard il y reparaissait menant par la main une belle jeune femme, de haute taille, toute vêtue de blanc en signe de deuil, et qui tenait par la main un enfant de cinq ans à peine.

— Vous avez parlé de Dumnorigh, dit le barde avec hauteur, et moi j'ai cru opportun de vous amener son fils et sa veuve. Voici Beelissane, fille de ce même Orkedorigh, mort en essayant de jeter quatre cent mille Helvètes entre Arriowist et César. Mariée à notre Dumnorigh avant la mort du grand chef helvète, Beelissane fut prise par les légions de César le lendemain de la grande bataille ; puis le victorieux la rendit à son mari ; et il voulut la garder depuis la mort du malheureux chef gaulois. Mais, éperdue de courroux et de désespoir, Beelissane se sauva du camp de César et vint se réfugier parmi les saintes druidesses de la forêt des Carnutes.

— La veuve de Dumnorigh ! crièrent à la fois tous les chefs gaulois, et ils se levèrent tous en même temps comme pour honorer la femme énergique que César n'avait pu séduire.

— Ma fille, dit le barde avec bonté, je vous prie de répéter devant les chefs gaulois ce que vous avez confié à nos druidesses. La Gaule en ce moment cherche un maître, et comme veuve d'un Gaulois de haute race vous avez droit de parler à votre tour.

La belle Helvète mit une main sur son cœur, puis enveloppant de l'autre le cou de son jeune fils, elle dit :

— Quand Dumnorigh revint à sa tente, percé par les épées romaines, mais respirant encore, il m'entoura de ses bras ; et comme si sa dernière pensée eût été pour cette Gaule, qu'il se reprochait d'avoir mal servie, il me dit d'une voix entrecoupée :

— Un roi ! un roi ! un chef suprême... La Gaule ne se sauvera que par un roi ! Honte aux sentiments de jalousie infernale qui ont divisé la Gaule ; anathème aux ambitions viles qui coupent les broussailles gauloises sur les pas de l'étranger !.. Moi, j'ai rampé devant César... il était juste que César me mît le pied sur la tête... Il l'a fait, je ne m'en plains pas ; mais si mon dernier soupir peut être encore entendu de mon malheureux pays, vous, Beelissane, en honneur de votre père, que les ruses de César ont perdu, en souvenir de votre mari qui meurt pour avoir hésité sur le chemin de l'honneur... portez à la Gaule menacée les dernières paroles d'un de ses fils, puni de ses fautes, mais sûr, en mourant, de n'avoir au cœur que le saint amour du bien.

La fière femme s'arrêta un moment ; puis elle reprit en essayant de contenir ses sanglots :

— Comme sa vie s'échappait peu à peu avec son sang, il ajouta d'une voix qui semblait sortir d'une tombe :

— Quand les Gaulois se lèveront irrités ; en demandant à tous les échos un chef, un roi, un ami... vous qui alors serez ma veuve, prononcez hardiment devant eux le nom du seul homme qui puisse imposer son prestige à une nation qui ne veut plus obéir qu'à des demi-dieux. Dites à la Gaule qu'elle aille se mettre aux genoux du fils de Celtill et le supplie de prendre hardiment le titre de Roi des Cent Rois ; qu'elle lui mette à la main un glaive, au front une couronne, et qu'elle sacre en lui le fier génie des Gaules relevées de leur abaissement. Hier peut-être, moi Édue, ennemi des Arvernes, j'aurais caché cette vérité salutaire dans mon cœur jaloux et ulcéré. Mais la mort qui rapproche des dieux rapproche aussi de la vérité. Le jeune Arverne, fils de Celtill, est un homme doué des plus fortes vertus, orné des plus précieux avantages. L'âme qui s'élève à Dieu lit dans l'avenir, et je sais, je vois, je suis certain que le fils de Celtill est le chef, le roi, le maître qui est attendu par la Gaule (1).

Et, ajouta Beelissane, Dumnorigh mourut en disant :

— Si le fils de Celtill ne comprenait pas sa destinée, vous, Beelissane, je vous ordonne d'aller la lui révéler, de la part de Dumnorigh, assassiné par César.

Il n'était guère possible que les chefs Gaulois se récriassent contre l'autorité d'une pareille révélation. Tous courbèrent la tête en disant que puisque Dumnorigh avait eu cette confiance en l'avenir du fils de Celtill, il n'y aurait personne en Gaule qui ne fût prêt à lui obéir.

(1) A part toutefois le conseil donné par Dumnorigh mourant, et que, pour l'honneur gaulois, il est permis de supposer vrai, tout ici est absolument historique. Frère de Divitiac, et jaloux de l'influence de son aîné, Dumnorigh était le principal allié de l'helvète Orkedorigh ; et pendant que Divitiac faisait appel à César, les Séquanes aux Germains, Dumnorigh s'entendait avec le roi helvète dont il avait épousé la fille. Après la destruction des Helvètes par César, Dumnorigh se mit dans la clientèle du vainqueur. Puis la rivalité des deux frères édues ayant pris un nouveau caractère, après des intrigues étranges dont il est difficile d'avoir le dernier mot, César fit tuer Dumnorigh, et ce meurtre-là il l'avoue et s'en vante. Il y a donc toute vraisemblance à tenir pour historique l'intrigue qui fait là base de ce livre. *Is fecit cui prodest*.

Et, comme le vieux barde avait dit à la fille d'Orkedorigh :

— Êtes-vous bien résolue, ma fille, à obéir au vœu d'un mourant ? Irez-vous chez les Arvernes trouver le fils de Celtill ?...

Beelissane répondit avec force :

— J'irai... surtout si j'ai à lui porter le vœu unanime de tous les chefs des nations gauloises.

— Eh bien ! reprit le grand druide, qu'il soit fait selon l'ordre des morts qui est parfois l'ordre de Dieu même. Le choix du fils de Celtill pour chef des Gaules est accompli. Vous, maintenant, nommez entre vous tous deux autres chefs, selon la coutume ancienne, qui, sitôt la Gaule en armes, se jetteront sur une ville tombée au pouvoir des Romains, et y proclameront la guerre sainte. Avec un nouvel Ambigat à Heergawbia, un Sigovèse et un Bellovèse sur le chemin de Genabe, la Gaule peut encore revivre et faire pâlir l'étoile de César.

IV.

Passons rapidement sur les faits que nous connaissons en substance.

Le lendemain de la célébration du grand mystère, la veuve de Dumnorigh était partie accompagnée de cent cavaliers gaulois qui devaient la conduire jusqu'au pays des Arvernes.

Cependant, quelques cohortes de la légion de Labiénus avaient été détachées en toute hâte, dans le but d'observer les Carnutes et de comprimer la révolte naissante. Mais à la nouvelle du soulèvement terrible qui menaçait de faire explosion, les légionnaires s'étaient avancés jusqu'à la Loire, appelés en toute hâte par Furius Cotta qui, sur l'ordre de Jules César, avait fait de Genabe le centre des approvisionnements de l'armée romaine (1).

La cohorte un peu aventurée rencontra le cortége qui conduisait la fille d'Orkedorigh ; les cavaliers gaulois se firent tuer jusqu'au dernier aux pieds de l'héroïne qu'ils s'étaient donné la mission de protéger. Un familier de César, initié à bien des mystères qui se dévoileront bientôt aux yeux de nos lecteurs, brisa son épée devant Beelissane en signe de respect aveugle, et il la supplia de le suivre. L'intrépide Helvète résista ; les légionnaires irrités tuèrent son jeune fils ; et ce fut à peine si, après avoir hasardé

(1) *Genabum,* ken-awe, coude de l'eau, à Gien et non à Orléans. Nous aurons à le démontrer.

vingt fois sa vie, elle put être entraînée, à demi-folle d'épouvante et d'horreur, par quelques esclaves dévoués.

Tous ces faits s'étaient accomplis en moins de huit jours, pendant que deux armées gauloises, selon l'ancienne coutume, sous les ordres de Cotuat et Conetodun (1), s'avançaient ivres de vengeance, l'une sur la rive gauche de la Loire, l'autre sur la rive droite, et par les chemins faciles qui arrivaient à Genabe.

Beelissane, surexcitée par la fureur et la vengeance, eut le courage de marcher encore ; puis ses serviteurs furent mis en fuite par une bande de cavaliers pillards, elle-même ramassée par une sorte d'homme sauvage aux allures farouches, qui la jeta sur son cheval, l'emporta du côté des marais Bituriges et la vendit, comme nous l'avons vu plus haut, pour une outre de vin récolté sur les coteaux des Massaliotes.

La voilà donc libre une fois de plus, cette vaillante

---

(1) *Cotuato et Conetoduno ducibus desperatis hominibus Genabum dato signo concurrunt.*
(*Commentaires*, liv. VII, chap 3.)

Pourquoi César en sa colère appelle-t-il Cotuat et Conetodun deux *désespérés?* C'est donc à dire que Camille, en s'enfermant dans le Capitole pour y braver les Gaulois, était un homme sans aveu ? Non, vraiment, ce n'était pas le désespoir qui armait Cotuat et Conetodun, mais bien, au contraire, *l'espérance*, et la plus sainte, la plus pure, la plus légitime qui fût jamais.

fille d'Orkedorigh, la seule femme de race gauloise à qui César fasse l'honneur de la désigner deux fois dans ses *Commentaires.*

Pénétrons donc avec elle dans la sombre et rude forteresse qui abritait l'une des premières familles de la Gaule intérieure, une de ces familles de race royale demeurées passionnément fidèles au vieux culte druidique, et qui se tenait à l'écart des querelles funestes entre le chef militaire d'origine celtique et le chef spirituel d'origine orientale.

Sennakerigh, précédant Beelissane, l'introduisit sous une longue voûte, puis le cortége déboucha dans une vaste cour où se tenaient une centaine de guerriers et de belles femmes, les unes toutes jeunes, les autres plus mûres. Toutes avaient les épaules nues, le sein à demi découvert ; leurs cheveux blonds ou fauves, relevés en grosses tresses, étaient retenus par des torsades de corail ou même de grosses perles vertes ou bleues. Leur robe était longue et généralement de couleur sombre. Elles avaient des anneaux d'or à tous les doigts, de riches pendants d'oreille et de brillants colliers de perles qui leur descendaient jusqu'à la ceinture. Tous les hommes avaient la tête nue, le corps enveloppé d'une saye d'étoffe à carreaux ou à fleurs. Tous portaient des pantalons enveloppés de courroies de peau ; tous avaient les cheveux longs, pendant sur les oreilles ou relevés en fortes tresses sur le sommet de la tête. Leurs moustaches étaient longues, uniformément rougies par l'eau de chaux, et, seuls, les guerriers qui semblaient commander aux autres portaient une barbe très-longue qui leur descendait jusqu'au ventre.

Parmi les femmes, il n'y avait pas un enfant, car c'eût été une inconvenance sans nom que de faire paraître en public des enfants devant leurs pères et surtout devant le chef vénéré de la famille.

Un jeune Gaulois n'était admis à l'honneur de se montrer à côté de son père qu'à l'âge de porter les armes ; et cette remise des armes, un peu analogue à la prise de la robe virile chez les Romains, constituait l'une des cérémonies les plus touchantes de cette société patriarcale qui, en ses heures de sévère expansion, avait accompli tant de prodiges.

Sennakerigh s'avança vers le groupe des femmes. Il y avait là ses filles, qui portaient avec vigueur le poids de leurs quatre-vingts hivers ; puis ses petites-filles, déjà épouses, déjà mères. Le fier vieillard tenait par la main la jeune Helvète, belle parmi les plus belles, et il dit au groupe heureux qui s'avançait à sa rencontre :

— C'est une fille de plus et une sœur que je vous amène. Vous ne pouvez lui demander son nom, car, étant mon hôte, elle est sacrée à ce titre. Mais il vous est permis de pleurer avec elle, car elle est orpheline, elle est veuve, et les Romains dénaturés lui ont tué son jeune fils.

Sans le respect qui retenait les femmes gauloises à la vue du centenaire, elles eussent certainement étouffé Beelissane sous leurs tendres embrassements.

Un moment elles eurent l'air de vouloir la mettre en lambeaux, parlant un peu toutes à la fois, comblant l'étrangère de prévenances, et ne pouvant s'empêcher de lui demander sinon son nom, du moins quelque chose de ses aventures. Femmes aimables et bienveillantes, femmes gauloises dans toute la richesse de l'expression, rien de charmant comme l'ardente initiative de leur heureux caractère, si ce n'est l'impétuosité presque maladive de leur curiosité indiscrète. Elles voulaient bien aimer, s'enthousiasmer et rendre service...; mais elles voulaient savoir... n'eût-ce été que pour justifier au besoin l'ardeur de leur expansion chaleureuse.

Les Gaulois d'ailleurs, en ce point, ressemblaient fort aux Gauloises; et s'ils parlaient un peu pour se quereller, ils parlaient aussi beaucoup pour se donner à leurs propres yeux un certain degré d'importance.

Les fils, les petits-fils, les neveux vinrent à leur tour saluer Sennakerigh; puis tous le suivirent dans la salle ronde, voûtée en pierre, qui n'avait d'autre ameublement que des armes pendues aux murailles, un immense coffre en bois de chêne, une grande table ronde à peine élevée au-dessus du sol et entourée par des peaux d'ours, de loup ou d'urus, qui paraissaient attendre des discoureurs ou des convives.

Une jeune femme de trente-cinq ans environ, fort belle, donnant la main à un guerrier de quarante ans ou a peu près, s'arrêta devant Sennakerigh.

— Père, dit la jeune femme en s'inclinant, nous ne comptions pas sur votre retour si prompt ; mais les cris de joie que nous avons poussés en vous voyant vous ont déjà exprimé notre bonheur. C'est aujourd'hui que notre fils Beiltheut, revêtu de ses armes pour la première fois, est admis à l'honneur de sortir en la compagnie de son père. Ce serait pour lui un honneur plus précieux, si vous permettiez qu'il parût en votre présence. Beiltheut est jeune et vaillant, et, par la haine qu'il porte aux ennemis de la Gaule, il est digne de sortir de vous.

— Oui, ma fille, dit Sennakerigh en souriant avec bonté, je recevrai aujourd'hui Beiltheut votre fils, et en accueillant le brave que vos flancs ont porté, je vous en aimerai mieux encore, me souvenant qu'il n'y aurait pas de héros pour servir la Gaule, s'il n'y avait de nobles femmes pour leur enseigner l'amour de la patrie et le mépris du danger.

Bientôt les trente fils de Sennakerigh, presque tous vieillards eux-mêmes, apportaient une chaise de fer recouverte d'une magnifique peau d'urus dont la tête énorme retombait en arrière. Le centenaire s'assit, avec Beelissane à sa droite, la mère du jeune guerrier à sa gauche, et bientôt les rangs s'ouvraient à un bel adolescent qui, les yeux baissés, la tête nue, vint fléchir un genou devant le chef vénéré de sa famille. C'était presque encore un enfant ; il avait de beaux cheveux bruns divisés en quatre nattes rattachées sur la nuque. Sa peau était d'une blancheur de lait, sa joue rouge comme un beau fruit mûr, autant par l'émotion que par la richesse d'un sang généreux ; son front était pur, ses yeux baissés vers la terre, sa bouche grande, mais un peu triste, et à peine ombragée par une légère moustache blonde que l'eau de chaux n'avait pas encore rougie.

Beiltheut, dit le vieillard avec majesté, vous avez un nom qui engage, car il indique le feu, agent suprême dont Dieu se sert pour animer toute chose... et il indique en même temps que vous vous mettez sous l'invocation de la force. La force, vous ne l'avez pas encore ; mais celle du corps vous viendra sans faute, si vous avez celle de l'âme.

Puis, posant sa main ridée sur le front du jeune homme, Sennakerigh reprit :

— Enfant, comprenez-vous que la vie n'est autre chose qu'une dette d'honneur, que le brave est toujours prêt à payer?

Le jeune homme fit un léger signe de tête, et le vieillard ajouta :

— Vous aimez votre patrie, vous vénérez vos parents, vous vous faites honneur des traditions de votre famille ; vous aimez le danger qui donne la gloire et vous courez après, comme une jeune fille après le plaisir. Beiltheut, votre mère nous a souvent parlé de vous ; elle dit que le nom romain vous enflamme de colère ; que vous êtes fait pour porter les armes et que vous préférez la mort à une servilité infamante. Je le crois, je le proclame, et, en signe que mon estime vous est acquise à l'avance, je vais vous remettre une épée que j'arrachai autrefois des mains de Marius, sur les bords sanglants de l'Adige ; et que le Dieu des Gaules soit loué si c'est avec cette épée que vous devez frapper César !

Un frémissement d'enthousiasme courut dans toute l'assemblée. La mère de Beiltheut se pencha entre les bras de son mari, dont les grands yeux verts ruisselaient de joie. Les fils de Sennakerigh apportèrent le précieux trophée, une épée courte, encore tachée de sang ; et comme le vieillard l'avait remise entre les mains de l'adolescent, celui-ci se leva, ivre de joie, et serrant sur son cœur le glaive arraché au rude paysan d'Arpinum, il s'écria d'une voix ardente :

— A moi l'épée de Marius !... Père et Seigneur, vous venez de tracer en peu de mots mon histoire... Je la teindrai du sang de César.

Sennakerigh se leva, il embrassa tendrement son arrière-petit-fils, puis lui prenant les deux mains avec bonté, il ajouta :

— Et maintenant, toi qui es un fort de plus parmi les forts, dis-nous au moins quel est le guerrier, quel est le hardi que tu acceptes pour patron ?... A qui vas-tu offrir cette noble fraternité des combats qui emprunte un rayon de gloire pour le rendre en dévoûment et en amitié ? Quel est celui de nos preux à qui tu vas aller dire : Donne-moi un peu de ton soleil, ou permets-moi de mourir dans ton ombre ?

— Moi !... s'écria le jeune Beiltheut avec un sentiment d'ivresse qui touchait à l'égarement, qui je veux prendre pour patron, pour maître, pour ami, pour exemple ?...

— Nomme-le hardiment, s'écria Sennakerigh.

— Je le nomme..., repartit le jeune Gaulois ; je le nomme, afin que son nom déjà sacré par le malheur et par la gloire aille porter l'effroi jusque dans l'antre de la louve romaine... Je le nomme, car il eut pour père un héros méconnu par son ingrate patrie... Je le nomme avec orgueil, car, de tous les guerriers de notre Gaule, lui seul est le grand, lui seul est le sage, lui seul est le prédestiné..., et, avant qu'il soit peu, toutes les Gaules proclameront que le plus illustre nom gaulois est celui du jeune Vergobreith Arverne Celtill, que toute la jeunesse gauloise demande pour chef et pour maître.

Une légère pâleur se répandit sur les joues desséchées du centenaire, il frémit involontairement et répondit à demi-voix :

— Ainsi, c'est à un chef arverne que toi, Biturige, tu veux confier ta gloire !

— Quand la patrie est en danger, répliqua le jeune homme avec force, il n'y a pas plus d'Arvernes que de Bituriges, il n'y a que des Gaulois. Le fils de Celtill est l'objet d'un enthousiasme immense de la part de toute la jeunesse. On le voit beau, et on l'admire ; on le sait brave, et l'on a confiance en lui ; on le dit à la fois juste comme un ancêtre et dévoué comme une jeune mère... Et s'il nous apparaît à tous comme le génie de la Gaule, nous comprenons que c'est par lui qu'elle doit vaincre, ou avec lui qu'elle doit mourir.

Depuis un moment, Beelissane contemplait Beiltheut avec une fixité singulière ; aux derniers mots que prononça le jeune homme, elle fit un pas, et, paraissant dominer une émotion soudaine, elle s'écria :

— Que notre destin à tous s'accomplisse, et puisque vous voulez aller trouver l'illustre chef des Arvernes, jeune homme, vous me conduirez près de ce brave, car j'ai à lui transmettre les ordres de toute la Gaule et la parole d'un mourant.

Et comme Sennakerigh venait de se tourner avec émotion vers la jeune femme, elle dit d'une voix forte et confiante :

— Je suis la veuve de Dumnorigh tombé sous les coups de César. Dumnorigh en mourant m'a ordonné d'aller trouver le fils de Celtill et de lui offrir la souveraine puissance. Puis j'ai assisté à l'assemblée des nations gauloises, et leur décision solennelle a confirmé la prophétie d'un mourant. Le fils de Celtill est déjà aujourd'hui le chef suprême de toutes les Gaules, et j'ai mission de lui en porter la nouvelle.

Il n'est pas bien assuré que cette révélation si précise fut absolument agréable à tous ces grands dont la blessure récente n'était pas fermée encore. Cependant le nom du Vergobreith arverne exerçait un tel empire et imposait un tel prestige, que, là comme sous la voûte des chênes sacrés, le mauvais esprit de jalousie dut se taire devant le sentiment du danger.

— Vous..., s'écria le centenaire avec respect, vous seriez la fille de ce malheureux Orkedorigh qui, capable de combattre César par son courage, ne sut pas résister à ses ruses ! Vous seriez la veuve de ce pauvre Dumnorigh, frère de l'infâme Divitiac, ce détestable druide qui...

— Fût-ce à travers cent légions romaines, s'écria Beiltheut en faisant un pas, veuve de Dumnorigh, je vous conduirai près du roi que les saints druides viennent de donner à la Gaule... Je m'y engage par serment.

Alors les portes de la salle s'ouvrirent avec un fracas terrible. Quatre cavaliers haletants et baignés de sueur se précipitèrent en criant :

— Victoire ! victoire ! le sang romain a coulé, l'œuvre d'audace est accomplie. Genabe est au pouvoir des deux armées gauloises ; Furius Cotta est assassiné ; tous les marchands de race romaine ont été jetés dans la Loire. La cohorte de Labiénus, qui s'était séparée de son chef, est anéantie. Le feu sacré court de colline en colline... la nuit prochaine vous le fera voir.

Ators mille cris presque sauvages ébranlèrent la voûte de pierre. Une forêt d'épées s'agita un moment ; les hommes s'embrassaient en pleurant de joie ; les femmes poussaient des cris de triomphe comme si le dernier des Romains eût été livré à leur rage. Bathanat s'agitait avec une frénésie ardente ; tantôt il venait se rouler aux pieds de Beelissane et lui demander pardon ; puis il baisait les mains de Sennakerigh, et, la bouche écumante, les yeux enflammés, se redressant comme un démon de guerre, il faisait entendre les plus épouvantables défis.

Bientôt cependant tout ce prodigieux tumulte parut s'apaiser un moment. Les serviteurs parurent portant des plats d'argent ou d'étain chargés de viandes succulentes.

Deux outres et une coupe d'or furent posées à côté de Sennakerigh, et bientôt quatre-vingts personnes au moins s'asseyaient sur les peaux de bêtes autour de la table ronde. Plus semblable à un loup affamé qu'à un homme, Bathanat, entièrement oublieux sans doute du nom qu'il portait, se jeta sur une cuisse de sanglier qui fumait sur un plat d'or ; il la saisit à belles dents ; ses voisins de table le frappèrent pour le faire lâcher, il se défendit avec furie ; d'autres se querellaient de la même façon ; il y en eut qui se jetèrent leurs coupes vidées à la figure. Quelques dames gauloises elles-mêmes se mirent un peu de la partie, portant leur poing fermé jusque dans le visage des avides, et défendant de leur mieux le quartier de venaison confié à leur prudence et à leur équité distributive.

Bathanat fut à demi assommé et mis à la porte ; Sennakerigh ne paraissait pas s'étonner le moins du monde de ces façons trop familières. Il ne touchait pas aux viandes et se contentait de manger une sorte de purée verdâtre (1) qui paraissait apprêtée pour

(1) Les Celtes du premier âge, ou *hommes des bois*, étaient pauvres, et le gland était la base primitive de leur nour-

lui seul ; il tendait à ses convives des coupes ruisselantes de vin , mais il ne buvait que de l'eau pure ; et ce fut après avoir rempli sa coupe qu'il l'éleva d'une façon solennelle en paraissant réclamer le silence.

Au tumulte effrayant, un calme profond avait déjà succédé. Sennakerigh s'écria en élevant sa coupe d'or (1) :

— Ce n'est pas avec une liqueur traîtresse que je veux saluer le nom du héros en qui la Gaule a confiance ! Gaulois , c'est le vin qui vous a rendus que-

---

riture. Nul doute que cette substance, essentiellement âpre, dense, résistante et dure , ne contînt , pour des estomacs habitués à vivre de peu, un merveilleux principe de conservation. Le blé apporté par l'Asie changea sans doute du tout au tout la constitution de l'*homme des bois*. Substance plus riche, mais moins solide, le blé fit des chairs plus fortes, un teint plus clair et plus pur, un sang plus vif. Le jus de la treille vint à son tour irriter la matière nerveuse et donner à l'esprit gaulois cette soudaineté , cette promptitude que n'avait pas connue l'intelligence plus calme , plus méthodique du Celte primitif. Le blé et le vin développèrent l'expansion vitale, mais il est à croire que, par contre, ils concoururent puissamment à en abréger la durée.

(1) L'or, l'argent, les métaux précieux étaient connus des Gaulois qui , travaillant le fer et l'airain, vêtus avec une grande richesse, n'étaient pas du tout des barbares vivant dans des huttes , comme on le croit naïvement d'après la tradition helléno-latine mal comprise. César ne se fût pas mis en frais pour conquérir des huttes de terre ; et la gloire de tuer quarante mille êtres inoffensifs entre les formidables murailles d'Awerigh n'eût pas suffi à payer les créanciers de l'illustre aventurier latin.

relleurs et irréfléchis ; c'est le vin qui , en irritant tous vos sens, a fini par les ramollir ; moi qui, n'ayant jamais bu que de l'eau , en suis arrivé déjà au premier quart du deuxième siècle de mon âge, permettez que ce soit une coupe d'eau pure à la main que j'appelle sur vous la clémence du dieu des batailles. Grâces soient rendues à ce dieu juste, s'il nous envoie un vengeur ; puisque la Gaule a désigné pour chef suprême l'Arverne Celtill, homme de grande race, je prends les dieux à témoin que je m'associe au choix de la Gaule : que le Vergobreith Arverne soit notre chef, et que le peuple Biturige soit le premier à lui obéir !

Pas un mot, pas un murmure ne vint se mêler aux paroles du chef illustre qui associait ainsi sa nation au choix des nations réunies. Puis il se pencha vers Beelissane et lui dit à demi-voix :

— Pendant que vous irez à Heergawbia, en compagnie du jeune homme qui vient de se donner à vous, je marcherai vers Awc-Righ, car il me semble que l'heure est propice pour une grande et suprême lutte qui va étonner le monde.

Dès que la nuit fut venue, de nouveaux cris se firent entendre ; et comme toute l'illustre compagnie s'était élancée sur les hauteurs de la colline qui dominait la forteresse, Bathanat monta sur un arbre, et, d'une voix qui ressemblait au mugissement d'un bœuf irrité, il se mit à crier en s'agitant comme un frénétique :

— Le feu ! le feu ! voici le feu !

En effet, à travers les clartés mourantes et indécises du crépuscule, vingt, trente, quarante, cinquante feux semblaient tourbillonner sur la ligne lointaine des collines qui se dessinaient dans la brume. Tous les feux offraient une teinte rouge et sinistre du plus effrayant caractère ; puis çà et là de nouveaux feux s'allumaient, et l'on entendait au loin comme l'imperceptible murmure de voix qui montaient vers les cieux, ou de sifflements terribles qui déchiraient l'étendue (1).

— Feux rouges !... signe de carnage, cria Bathanat en s'agitant au sommet de son arbre, pendant que vingt guerriers apportaient des charges de ramures, des branches d'if ou de mélèze, et les entassaient au pied de l'arbre dont l'intrépide Gaulois s'était fait un observatoire. Puis, ils jetèrent des essences sur les rameaux, afin de donner au feu une teinte plus sinistre ; et bientôt des tourbillons de flamme sanglante venaient lécher les pieds du Gaulois et l'envelopper d'une lumière qui avait quelque chose de fantastique, presque de surnaturel.

Le rude enfant des forêts ne semblait pas s'aper-

(1) Le musée de Clermont-Ferrand contient un grand nombre de sifflets gaulois, coupés dans la longueur d'un tibia de cheval ou de bœuf. Mis en jeu sous une impulsion énergique, ces instruments produisent un bruit aigu et sinistre, un peu analogue au sifflement des locomotives ; hier encore, en Bretagne, le sifflet gaulois a bien souvent appelé aux armes le *blanc* asiatico-celtique contre le *bleu* helléno-latin.

cevoir du danger qui le menaçait. La main posée sur le front, la tête en avant, le corps balancé à la cime de l'arbre, il se penchait en criant :

— Quarante, cinquante, quatre-vingts, cent feux terribles et sublimes... Le feu sur toutes les hauteurs, en signe que les saints druides ont rendu le feu à la Gaule !

Cependant le feu brûlait les vêtements du Celte farouche qui ne craignait que le froid ; les flammes montaient jusqu'à sa face ; il semblait ne pas les sentir et il continuait sa mélopée ardente, son invocation au dieu du feu.

Puis tout d'un coup ses yeux se portèrent sur le brasier qu'il sembla contempler un moment avec le plus arrogant sourire. Il ne se pressait pas de descendre, il se penchait au contraire dans la flamme, et il criait de sa voix rauque :

— Le feu sacré réchauffe les braves, mais il ne les brûle pas!

Bientôt, cependant, la flamme lui ayant effleuré le visage, et sans doute l'étouffant à demi, il poussa une clameur épouvantable, puis il se précipita dans le brasier, s'y débattit un moment, et en sortit le sourire au visage, enveloppé d'étincelles, les vêtements tout en feu ; puis, faisant un geste de triomphe, il secoua les charbons enflammés qui faisaient crépiter les tresses énormes de ses cheveux roux ; et il reparut parmi les guerriers, calme comme une nymphe qui sort de l'onde et secoue en souriant les perles de la rosée qui ruissellent de son sein et de ses épaules.

Pendant ce temps, Sennakerigh disait tout bas à Beelissanne :

— Que voulez-vous que devienne la Gaule de ces temps dépravés, puisque moi-même, qui suis un homme de l'ancien âge, je n'ai pu me défendre d'un sentiment de colère jalouse en voyant ceux qui sortent de moi ravis du plus chaleureux enthousiasme au nom de notre jeune rival. Mais si je n'ai pas eu la force de repousser la mauvaise pensée, j'ai du moins le courage de m'en punir. La Gaule a parlé par la voix de ses chefs et de ses prêtres, et nous lui devons tous obéissance. Allez, veuve de Dumnorigh, et dites au fils de Celtill qu'en mon nom et au nom de ceux qui reconnaissent mon autorité, je m'associe au choix de la Gaule... Que le chef arverne se lève et marche... Les Bituriges le suivront, je vous en fais le serment.

V.

Une fois son outre de vin tarie, le superbe *Fils du sanglier* avait demandé la faveur insigne d'accompagner Beelissane et Beiltheut dans leur voyage au pays des Arvernes.

En vrai Gaulois tranquille et insoucieux, Bathanat ne se souvenait déjà plus des projets funestes qu'il avait nourris contre sa belle captive ; il ne voyait plus en elle que l'ennemie de César, et tout spécialement la femme de haut renom reçue et fêtée chez les grands, que Bathanat regardait encore comme des demi-dieux.

Mais à peine la petite escorte avait-elle dépassé la première ligne de forêts qui s'étendait le long des grands marécages bituriges, que Bathanat venait s'incliner devant Beiltheut, et lui disait d'une voix émue :

— Seigneur, ne me permets-tu pas d'aller remettre mes trophées aux anciens qui m'ont appris à détester le nom de César ?... De l'autre côté de ces grands saules, il y a de pauvres huttes gauloises où vivent encore des hommes riches d'honneur et de liberté. Permets-moi de les rejoindre et de leur dire les nouvelles.

Dire les nouvelles, en effet !... c'était déjà, pour les Gaulois du dernier siècle avant notre ère, une de ces occupations de premier ordre qui ne souffraient ni tempérament ni obstacle ; et il faut voir certainement un des traits les plus caractéristiques de la vie de nos vieux nationaux dans ce besoin fébrile et incessant d'échanger leurs inquiétudes et de s'en partager le fardeau.

César le raconte en ses Commentaires ; et, sous ce rapport-là du moins, il n'est guère permis de trouver le narrateur en flagrant délit de mensonge.

— Va, brave homme, dit en souriant Beelissane, et si tu rencontres parmi les tiens la jeune épouse qui prépare ton repas, et le bel enfant qui te sourit, porte-leur de ma part ce collier de perles bleues et vertes, afin qu'ils ne remarquent pas qu'il manque une tête à tes trophées.

Bathanat rougit jusqu'aux yeux, puis il repoussa le collier que lui tendait la belle dame, et il répondit d'un ton pénétré:

— Si tu le leur offrais toi-même, il aurait pour eux plus de prix.

L'arrière-petit-fils de Sennakerigh murmura, d'une voix discrète, quelques mots à l'oreille de Beelissane, puis il regarda un moment le rude Celte aux traits farouches, et il lui dit :

— Le Celte des bois est le frère du Kimris des grandes villes (1), et il n'est point déshonorant à celui-ci de passer le seuil de celui-là.

---

(1) Insistons encore une fois sur la présence dans les Gaules de deux nationalités particulières, la Celtique et la Gaélique fortifiée par la Kimrique. Mais insistons tout spé-

Alors Bathanat poussa un grand cri de joie ; les ailes déployées de son cimier frémirent au vent de l'automne, et, pressant du talon les flancs de son cheval sauvage, il partit pour aller prévenir les hommes de son village de l'honneur qui les attendait.

Une heure plus tard, Beelissane, Beiltheut et leur suite s'arrêtaient en face d'une légère éminence qui semblait le dernier gradin de vastes collines bien boisées, et qui s'arrêtait brusquement au cours capricieux d'un ruisseau.

Toute la hauteur était comme enveloppée par un grand mur en pierres sèches, entre-croisé de madriers ; puis, à l'intérieur du rempart, s'élevaient une centaine de huttes rondes, dont le contour était formé par un mélange de rameaux et de terre glaise, et dont le toit en chaume ou en bruyères semblait fixé autour d'un pieu planté au centre du grossier édifice.

On entrait dans ces espèces de tannières par des portes en branchages très-basses, seule issue pour la lumière et la fumée. Dans le lointain, on apercialement sur ce point que la conquête fut bien plus encore de consentement et de persuasion que de contrainte. Les Celtes reçurent avec joie la civilisation apportée ; seulement, à l'apogée de ce magnifique mouvement, il y eut désaccord, il y eut déchirement ; les rivalités s'établirent, toute relation se pervertit, et le néfaste génie helléno-latin profita des divisions de la Gaule, comme il avait su profiter, à bien des siècles de distance, des divisions de l'Asie.

vait les blancs contours d'un peulvenn de grande dimension ; sur le flanc du village, il y avait de belles prairies où paissaient librement les chevaux des guerriers de la tribu ; et dans les intervalles des huttes, qu'on ne pouvait appeler des rues, se promenaient gravement des coqs à la mine hardie, et même quelques grands chiens qui déjà grondaient à l'approche des étrangers.

Quand Beelissane et Beiltheut parurent dans l'intérieur du village, le premier être vivant qu'ils y aperçurent ce fut leur ami Bathanat, planté comme une statue colossale à la porte de sa hutte. Il tenait à la main une lance d'une longueur démesurée ; un vaste manteau de peau tannée et couverte de peintures bizarres lui tombait des épaules ; ses bras étaient nus, larges, ornés de bracelets de cuivre et tout parsemés d'un tatouage extraordinaire. Derrière lui et comme collée à la porte de la hutte, il y avait une jeune femme aux traits anguleux et un peu farouches, qui tenait un bel enfant pendu à son sein découvert. A leurs pieds, trois ou quatre autres enfants, qui paraissaient fous de terreur, contemplaient d'un œil hagard le groupe étranger qui venait troubler leur solitude.

Aux pieds du terrible Bathanat, il y avait la grappe de têtes romaines qu'il appelait ses trophées ; et déjà de toutes les huttes sortaient des vieillards, des guerriers qui venaient se grouper autour de leur vaillant compagnon.

Beelissane voulut embrasser la jeune épouse de Bathanat ; elle lui passa autour du cou le collier de verroteries bleues et vertes qui lui était destiné, pendant que la rude Gauloise murmurait d'une voix profonde et gutturale :

— Quand viendra l'heure du grand combat, la femme du guerrier ne restera point en arrière ; elle mènera ses enfants avec elle, ses chiens, ses bœufs ; et du haut de sa basterne elle saura frapper le lâche qui viendrait y chercher un refuge.

— Les Romains chez nous !.. murmurait un vieillard d'une voix dure et méprisante, les Romains campés sur la Loire et sur le Rhône !... Ah ! ah ! quand arriveront-ils au moins sur le territoire biturige ?

— Non !... non !... recevez-en le serment terrible, hurla Bathanat de sa voix de stentor, ils ne sont plus campés sur la Loire... mais bien couchés dans le fond.

— Qu'ils se montrent au pays biturige !... cria une autre voix pleine d'emphase, qu'ils s'y montrent !... Les Bituriges ne sont pas les Séquanes ou les Édues... et le vent de la trahison n'a pas encore soufflé à travers nos forêts sacrées.

Mais déjà, au milieu de ces imprécations, un bruit nouveau se faisait entendre. La forêt semblait s'emplir de clameurs affreuses ; des cris d'angoisse et d'agonie montaient à travers la bise d'un automne précoce ; puis c'étaient des vociférations triomphantes, des hennissements de chevaux, des bruits sinistres de feuilles froissées et de branchages dispersés. Les flancs de la forêt jaunie s'ouvrirent ; douze cavaliers gaulois apparurent, des espèces de sauvages demi-nus, montés sur des chevaux furieux qui bondissaient à travers les bruyères, traînant après eux quatre cadavres attachés à de longues courroies, qui battaient le sol de leurs pauvres membres ensanglantés.

A l'aspect du village tout entier debout, et visité par des grands, les purs Celtes de l'ancien âge levèrent leurs haches de pierre emmanchées dans une corne de cerf ; puis ils firent deux fois le tour des huttes gauloises, pendant que Beiltheut se jetait au milieu d'eux en poussant des cris d'horreur, car il avait bien compris que les misérables prisonniers vivaient encore.

Déjà les douze démons étaient arrêtés, pressant de leurs longues jambes les flancs frémissants de leurs chevaux qui se cabraient en mordant leurs freins.

Deux des prisonniers de guerre étaient morts : l'un avait la tête brisée et fangeuse, les jambes rompues, un bras à demi-arraché ; un autre n'était plus qu'une masse de chair inondée de sang ; un troisième respirait encore ; le dernier, après un effort surhumain, venait de se relever, et, les vêtements en lambeaux, la face inondée de sang, un bras rompu, la poitrine percée par des branches d'arbres, il relevait la tête et s'écriait d'une voix arrogante :

— Longs jours au peuple et au sénat romain... et gloire à César qui nous vengera !

Cent haches de pierre lancées avec une incroyable vigueur vinrent tourbillonner autour du front sanglant du prisonnier, sans toutefois l'abattre encore ; c'était un tout jeune homme grêle et mince, à la tête rase et bistrée, aux grands yeux d'un noir profond, qui paraissait défier la mort et insulter, par son arrogance, aux ennemis dont l'implacable furie se déployait en stériles vengeances.

Une forêt d'épées gauloises étaient suspendues sur le front du malheureux enfant des races latines, quand Beelissane poussa un grand cri ; et, se jetant au milieu des assaillants, elle dit à Bathanat qui la devançait :

— Donne-moi la vie de ce prisonnier, et j'oublierai que tu as menacé la mienne.

Puis, passant entre la victime, qui était encore debout, et les sacrificateurs effrénés, elle s'écria d'une voix haute et confiante :

— En entrant dans votre oppidum, j'ai fait des présents à vos épouses, à vos filles et à vos sœurs ; me refuserez-vous le présent que vous me devez en échange ? L'un d'entre vous a été l'hôte de l'illustre Sennakerigh, qui est de la race d'Ambigat ; et il s'est assis au festin des grands, les saintes lois de l'hospitalité l'ayant fait pour un moment leur égal. Or, si nos droits, quand nous sommes dans vos chaumières, valent les vôtres quand nous vous recevons dans nos forteresses, donnez-moi la vie de cet homme, et réservez votre courage pour le jour où les Romains viendront mettre le siége devant votre capitale.

Au nom vénéré de Sennakerigh, les Gaulois avaient courbé la tête ; bientôt le plus vieux du village marcha gravement vers le prisonnier ; lui-même coupa les courroies de peau qui l'attachaient, puis, le présentant à Beelissane, il lui dit d'une voix âpre et solennelle :

— Tu nous fais presque injure, illustre dame, en réclamant de nous un si pauvre présent ; mais les fiers Gaulois Bituriges ne savent rien refuser aux belles femmes qui portent en elles quelque chose de la grâce et de la majesté des dieux. Nous te donnons volontiers la vie de cet homme ; mais nous ne saurions te promettre de garder notre courage pour le jour où Jules César viendra mettre le siége devant Awe-Righ... Nous ne pensons pas qu'il s'y hasarde ; et toutefois ce ne serait pas du courage qu'il nous faudrait pour l'en chasser.. l'ombre courroucée de Bellovèse pouvant certainement y suffire.

— O vieille arrogance gauloise !... murmura Beiltheut à voix basse, fasse Dieu que tu ne sois pas le haillon doré qui recouvre les décrépitudes !

— Afranius !... disait en même temps Beelissane, avec une émotion profonde, tout en étanchant le sang qui coulait des blessures du prisonnier ; et, d'une voix presque égarée par la stupeur, elle reprenait en tremblant :

— Pauvre Afranius, est-ce toi ?

Les yeux du mourant s'emplirent de larmes ; un moment, il contempla la jeune Helvète avec le plus beau mélange de tristesse et d'enthousiasme, puis il murmura d'une voix fière encore :

— Il est des dieux, je le comprends ; et il ne se pouvait pas que le bon et fidèle ouvrier tombât sur le champ de bataille avant d'avoir achevé son œuvre. Noble fille d'Orkedorigh !... dans une heure je pourrai mourir.

— Qui est ce jeune homme? murmura tout bas Beiltheut.

— Mystère ! mystère ! répondit rapidement Beelissane, car nous avons près de nous l'un des agents les plus terribles de la guerre impitoyable entreprise entre César et les grands de Rome. César est trop confiant, et il mène sans cesse avec lui plus d'ennemis qu'il ne le pense.

Quelques instants plus tard, Afranius était couché sur un lit de feuilles dans la hutte de Bathanat, qui était l'une des plus importantes du village. Beelissane et Beiltheut étaient assis sur des escabeaux grossiers auprès du mourant complétement évanoui. La femme et les enfants du Gaulois s'étaient retirés discrètement ; quant à Bathanat, il était occupé à ranger gravement ses têtes coupées dans une sorte de bahut en bois de chêne, qui occupait le fond de sa hutte ; il les enveloppait de langes et les couchait doucement sur des lits de plantes aromatiques (1).

(1) La tête d'un ennemi vaincu n'était pas moins pré-

— Tout est vraiment prodigieux dans cette formidable guerre, disait à demi-voix Beelissane au jeune Biturige. Celui que vous voyez couché là n'est autre qu'un de ces jeunes débauchés de la vieille Rome qui se pressaient il y a dix ans dans la compagnie de César. En ce temps-là, les nobles dissolus et insolents se faisaient une sorte d'honneur de suivre celui qu'ils nommaient le successeur de Catilina. Puis, dès qu'ils eurent senti la domination arrogante qu'il commençait à faire peser sur eux, ils séparèrent leur cause de la sienne, et se retirèrent de lui pour le menacer. Puis, quand la querelle fut montée au comble, et Pompée gagné par les grands, il y en eut qui se vouèrent à la ruine de César et revinrent près de lui pour l'observer, deux surtout... une jeune femme, une Metella, qui suit César comme une héroïne de débauche, dans l'unique but de le voir tomber... et celui-là qui s'est rapproché de César dans l'unique but de le trahir. Le vieux Brutus des siècles passés faisait le fou pour ne pas être aperçu ; les Brutus de notre temps se font vils pour ne pas être soupçonnés ; mais c'est toujours le poi-

---

cieuse pour le Gaulois des vieux temps que la chevelure scalpée pour le Mohican de la moderne Amérique. Plus tard, le guerrier cloua son horrible trophée à la porte de sa maison. Plus tard encore, le Gaulois se borna à orner sa porte des restes de sa chasse. Il y cloua des têtes de loup, de renard et de chevreuil ; puis vint le temps, qui persiste encore, des pattes de cerf ou de sanglier, des hérons et des oiseaux de nuit.

gnard qu'ils portent, le poignard ou la trahison. Que Dieu ranime celui-ci... et tu vas être témoin, jeune homme, de quelque machination étrange, à ton début dans la vie.

Afranius eut à peine ouvert les yeux, en effet, que se levant par un effort suprême sur son lit de douleur, il s'écria d'une voix étouffée :

— Te rencontrer à l'heure de ma mort, noble femme, c'est sortir de la vie par la porte d'or, car c'est toi que je cherchais.

— Moi !... dit Beelissane, toute pâle, moi !...

Alors Afranius retira de ses vêtements deux rouleaux de pergamin aplatis avec force et légèrement tachés de sang, et il les tendit à la fille d'Orkedorigh en disant :

— Je suis allé, sur l'ordre de César, te chercher jusque chez les sauvages Parises ; puis je t'ai suivie chez les Carnutes, et ce n'est que par suite d'un bonheur qui ne devait pas durer que j'ai pu échapper aux massacres de Génabe. Ce misérable Furius Cotta riait d'une façon stupide quand nous lui disions de se tenir sur ses gardes. La veille du jour néfaste, il nous avait à souper, et jurait par tous les dieux qu'il ne demandait qu'une cohorte pour mettre à la raison toutes les Gaules. Le lendemain Cotuat et Conétodun fondaient sur la ville, comme des loups altérés de sang ; la tête de Cotta était clouée aux portes de Genabe, et tous les gens de race latine impitoyablement massacrés. Puis, j'ai pris le chemin du pays biturige, comptant bien te retrouver à Bibracte où

César pensait que tu reviendrais. Beelissane, tu sais le reste... Je te portais un message de César, mais en même temps un message de celle que tu nommais ta chère Metella. J'étais fier d'une telle mission, car, Metella et moi, nous espérions que tu viendrais grossir autour de César le groupe sacré qui le menace. Moi, je ne verrai point le grand jour... Mais, quoi qu'il arrive, fière et admirable femme, si jamais les gouttes du sang de César rejaillissent sur ton vêtement....., prononce le nom d'Afranius....., et tu auras consolé ses mânes !.....

La tête pâle et sanglante du jeune Romain retomba sur les feuilles mortes ; un flot de sang sortit de ses lèvres et de ses narines ; ses yeux tournèrent dans leur orbite ; il se tordit un moment, en proie à une inexprimable angoisse, puis tout son corps parut s'affaisser, et il mourut après avoir murmuré une dernière fois :

— Longs jours au peuple et au sénat romain !

— Voilà comme ils sont tous, murmura Beelissane en touchant du doigt les yeux du jeune patricien. Infidèles à tout... même à la dignité de leur défense, ils ne savent plus que mourir.

Puis la jeune femme déroula l'un des pergamins que lui avait remis Afranius et faisant un signe amical au jeune Gaulois, elle lut à voix haute :

« — A toi, fille du roi des cent vallées, à toi veuve d'un malheureux que j'aurais voulu sauver, à toi qui es moins reine encore par la beauté que par la hauteur de l'âme, salut, paix, honneur et gloire... de la part de celui qui voudrait mettre à tes pieds cent couronnes !

» Je viens d'apprendre avec stupeur, avec un transport d'indignation dont je n'ai pas été le maître, la mort du pauvre et cher petit enfant que tu menais avec toi.

» J'ai fait venir Afranius, le plus éprouvé de mes amis, le parent de notre Metella, et, le connaissant pour le cœur le plus intrépide qui fût jamais, je lui ai promis la moitié de ma moisson de gloire s'il parvenait à te retrouver au milieu des forêts gauloises et à te remettre le message qu'il emporte avec lui.

» O dieux, faut-il que la puissance de l'homme soit misérable et puérile, si ma pensée ne peut voler à travers l'espace et te crier avec toute la frémissante autorité de la bonne foi, que mes mains sont pures du sang nouveau qui vient de couler ! Et se pourrait-il que tu me crusses assez lâche, assez odieux, assez vil, pour avoir tenté de te réduire en brisant ton cœur de mère ! Oh! non, tu ne le crois pas ; tu ne m'as pas imputé cet acte sauvage, qui ne serait pas même un crime, mais bien une détestable bassesse que l'esprit de ton César repousse avec l'indignation la plus sévère.

» Oui, j'en fais de nouveau l'aveu, c'est par mon ordre que ton mari Dumnorigh est mort. Je résiste de mon mieux à tous ceux qui me combattent fièrement ; mais je n'ai pas de pitié pour ceux qui me trahissent après m'avoir servi. Chez les Edues, comme au bord du Tibre, je n'ai jamais été un questeur de servilités ; ton mari est venu à moi librement ; libre, il a réclamé mes bienfaits, comme libre il les a reçus. Je puis estimer les rebelles qui s'opposent à ma fortune, mais non ceux qui s'en détournent quand ils la jugent compromise. Oui, j'ai fait mourir Dumnorigh, et je cherche vainement qui pourrait m'en blâmer, si ce n'est celui dont l'habitude est de garder le prix d'une marchandise qu'il ne livre pas.

» Puis laisse-moi te dire à voix basse que si tu respectais en Dumnorigh l'ami de ton père et le père de ton enfant, personne n'ignore que tu n'éprouvas jamais pour lui ce sentiment doux et délicieux qui brûle l'âme et en légitime les transports. Tu n'aimais pas Dumnorigh, je le sais, j'en suis certain ; je n'avais donc aucune raison pour me porter sur le fils de cet homme à un acte que réprouve hautement l'élévation de mon caractère. C'eût été là une vengeance moins sauvage encore qu'inepte ; et tous les grands dieux me sont témoins que, si déjà tu l'avais voulu, ton bel enfant habiterait sain et sauf sous ma tente, en fils de roi destiné aux honneurs du règne.

» Je ne veux pas en dire plus long sur ce point ; je me suis assez disculpé d'une accusation que tu ne saurais avoir sérieusement conçue ; mais je te supplie de m'entendre, du moins une dernière fois, et de ne pas persister dans une inimitié qui m'étonne plus encore qu'elle ne m'irrite.

» Beelissane, la Gaule se révolte de nouveau. A l'heure même où je t'écris, je suis là sur le flanc des monts, ivre de colère contre Rome qui se sépare de moi, et la Gaule qui m'échappe de toutes parts. Beelissane, on me réduit au désespoir ; Pompée marche tête haute au milieu de mes ennemis, et le voilà *seul consul* avec mission de *rétablir le bon ordre*. Je ne mets pas en doute que Pompée n'ait fait parler aux chefs gaulois, et que ce misérable jouet des arrogances sénatoriales n'ait signé la feuille de route de Cotuat et de Conetodun. Mais, que l'on y prenne garde, Beelissane, le destin de César n'est pas dans la main de Pompée ; le destin de César est supérieur à la volonté des hommes, et quiconque jettera des bâtons entre les jambes de César le contraindra seulement à se relever plus fier dans l'énergie de ses attitudes.

» Chefs gaulois ou chefs latins... César brave tout et aura raison de tout ; et si Rome force César à se rejeter sur les Gaules, que Rome ne se plaigne pas du sort qui peut l'attendre au retour !

» Écoute, fille du Roi des cent vallées : je vais fondre sur la Gaule en désespéré, à travers des montagnes de neige, bravant le froid, bravant la faim, et menant avec moi dans l'enfer de glace mes légions de damnés. Je vais venger le massacre de mes cohortes d'une façon terrible ; et je t'avertis que dans toutes les Gaules, dans tout ce monde d'Orientaux dépravés et de Celtes absolument farouches, il n'y a pas un homme, je dis pas un, qui puisse balancer ma fortune. J'achèterai les uns, je séduirai les autres, je tuerai les rebelles, je caresserai la canaille... Mais tiens-moi pour le plus vil des hommes, s'il est un Gaulois de taille à faire reculer César, ou seulement à lui tenir tête !

» Reviens donc à moi, Beelissane... Que fais-tu au milieu de ces marécages, parmi ces peuples grossiers qui te regardent sans te connaître ?... Reviens vers moi qui seul suis digne de te prendre par la main pour t'accompagner dans la vie. Je te rendrai tout ce que tu as perdu ; je te conduirai moi-même dans cette Bibracte des Édues qui s'enivrait de ta présence, et qui oubliera aisément que tu reviens sans Dumnorigh. Suis donc le bon et spirituel Afranius ; Metella et moi nous te pressons avec instance ; viens !... viens ! et ne méprise pas les couronnes que te promet ton César. »

— Voilà un homme qui vous aime avec une ardeur bien étrange !... dit en souriant Beiltheut après un assez long silence.

Puis il ajouta :

— Vous ne lisez pas le message de la parente d'Afranius ?

— Il est court, répondit tout bas la belle Helvète, et elle lut en frémissant :

« Viens ! viens !... et puisqu'il se livre, c'est que les dieux sont pour nous et que le grand jour approche. »

— Oh ! reprit avec douceur le jeune Gaulois, ce sont de singuliers hasards qui vous ont rapprochée de nous. Mais vous nous quitterez bientôt, et vous préférerez les palais de Rome à la hutte des pauvres Gaulois.

— Vous verrez bien, repartit la fière créature avec une douce fermeté.

— Puisque vous n'aimiez pas Dumnorigh, dit Beiltheut d'une voix toute tremblante, c'est que vous aimez César, peut-être sans vous l'avouer à vous-même.

— Lui! dit Beelissane avec répulsion, ce beau jeune homme de cinquante ans qui a le visage livide, et qui ne sait pas même se résigner à être chauve!...

Puis la fille du Roi des cent vallées se redressa dans toute la richesse de sa taille, et elle s'écria d'une voix presque mâle.

— Faites préparer nos chevaux, Beiltheut : ce n'est pas le chemin de Bibracte ou de la province qu'il faut prendre, mais bien le chemin de Heergawbia.

LIVRE DEUXIÈME.

Sommaire : Le chef arverne et sa mère. — Heergawbia. — Lucter et Gobanitio. — Les grands de la montagne et les petits de la vallée. — Le Nheimeid celtique. — Roi des Gaules, je vous salue! — Suivre le chemin où a coulé le sang d'un père. — Aimez-le! — Le Roi des cent rois chez les Bituriges. — Gobanitio dans la neige. — César. — Métella. — Le massacre des Arvernes. — L'Aigle romaine fuit à tire-d'aile devant l'alouette gauloise. — Le grand conseil des chefs Bituriges. — Le secret de Beelissane.

VI.

Laissons la veuve de Dumnorigh caresser en son âme ardente des projets dont elle n'avait encore révélé le mystère à personne, pas même à Sennakerigh, et hâtons-nous de courir au-delà de ces fleuves gaulois dont la rive sanglante avait été le témoin de si détestables luttes, du temps des guerres fratricides qui avaient désormais pour arbitres Arriowist et César.

Au pied d'une rude montagne, dans la profondeur de ravins à demi-cachés par des ormeaux qui commençaient à perdre leur feuillage, les mille éclats d'un rire sonore se mêlaient au murmure des eaux impétueuses qui s'échappaient du côté des vallées ; de belles jeunes filles sortaient du hallier, leur longue cruche de grès rouge sur l'épaule, selon la mode orientale, et remontaient la pente rocailleuse, gravissant d'un pas pénible à travers des entassements de pierres d'un noir profond qui semblaient dormir sur le flanc sévère d'un volcan éteint.

Puis elles arrivaient à une sorte de poterne étroite, comme taillée dans la masse des sombres granits ; et elles disparaissaient lentement sous les poutres grossières qui reliaient entre elles les masses puissantes des deux murailles.

Toute la croupe montagneuse, sorte de plaine vaste et plate dont la ligne droite courait d'Orient en Occident, était dominée de ce côté par une cime abrupte et chenue, enveloppée par des masses de nuages gris qui paraissaient alimentés sans cesse par un jet de sinistre fumée. Sur la gauche, tout à fait au pied du formidable rempart qui se dressait presque à pic, s'étendaient les eaux bleues et souriantes d'un vaste lac qui s'en allait mourir dans les roseaux des mystérieux marécages. Sur la droite, partout des mamelons puissants, mais doucement inclinés, qui semblaient monter d'étage en étage vers les cimes tristes et désertes.

Du fond des vallées et des ravins on pouvait deviner facilement que sur ce vaste plateau si bien défendu par la nature s'étendait une ville de guerre, capitale d'un peuple hardi. A mi-côte, un grand mur de pierres sèches formait un premier rempart.

Puis, comme se confondant avec la ligne principale du plateau, un second mur de pierres et de poutres entre-croisées semblait s'étendre comme un front de bataille autour de la place importante qui paraissait dominer toute la contrée.

Les jeunes filles sortaient en riant du pâle et mystérieux ombrage ; d'autres y pénétraient de même ; ici, un fier Celte aux longs cheveux aidait une blonde fille des champs à charger sa haute amphore aux anses élégantes. Là, de belles enfants de quinze ans se jetaient de l'eau au visage, ou chassaient devant elles quelques troupeaux de porcs à demi-sauvages.

Le long du ravin, un jeune homme et une dame d'un âge déjà mûr cheminaient doucement, suivis à peu de distance par quelques serviteurs respectueux.

Le jeune homme paraissait doué d'une beauté presque magique ; il était de très-haute taille, vêtu avec une grande recherche ; sa tunique étroite et serrée au corps était d'un gris pâle, zébrée de petites larmes d'argent. Il portait un large ceinturon de cuir, des bottines en peau de buffle ; un superbe collier d'or massif lui retombait sur la poitrine ; il avait le cou nu, la barbe longue, blonde, très élégamment taillée ; quatre larges tresses de cheveux nattés lui retombaient le long des épaules ; un élégant bonnet de peau de martre lui cachait à demi le front, tout en laissant voir un de ces visages extraordinaires qui semblent en de certaines époques porter en eux tous les signes presque divins d'une destinée d'ordre supérieur.

Il avait le front ferme et hardi, légèrement anguleux, sinon très-large ; un de ces fronts de forme droite et haute qui rappellent si bien le type heureux de ces grandes races primitives venues des plateaux du Caucase. Il avait l'œil fier et sombre, grand et bleu, un peu profond, plein d'éclairs étranges, bien que noyé par moments de ces lueurs molles et caressantes qui indiquent l'amour et l'extase. Son nez était long et droit, sa bouche forte et d'un dessin sévère. Son menton large et osseux affirmait sinon la fougue violente des conquérants, du moins cette fermeté placide, mâle et intrépide, qui est la base essentielle de tout grand et beau caractère.

Sa joue avait de l'animation sans fièvre ; pas un de ses gestes qui ne fût empreint d'une distinction suprême, d'une bienveillance sans fard ; rien en lui qui ne révélât le sentiment de la force, mais de cette force droite, confiante et honnête qui ne se connaît que pour se donner : force aimable, force séduisante qui enchaîne les volontés sans leur faire outrage, et soumet les cœurs sans les irriter.

D'un bras aussi empressé que tendre, il soutenait les pas chancelants de sa compagne, se penchait pour écouter ses discours, ou pour observer avec une tendre inquiétude la direction de ses pas.

Celle-là était une femme gauloise de soixante ans environ, aux traits durs et brusquement accentués, au visage pâle et altéré par la souffrance. Elle portait très-haut la tête ; ses yeux creux et bistrés semblaient ruisseler du plus sombre éclat, et ses grandes lèvres plissées révélaient le plus profond sentiment d'amertume et de colère contenue.

En entendant rire les jeunes filles, elle frémit, et murmura d'une voix étouffée :

— Entendre rire me fait mal... Nous autres, nous ne rions plus.

Puis, après un moment de silence, elle reprit d'un ton plus acerbe :

— Pourquoi ne ris-tu pas comme elles ?... Pourquoi ne te mêles tu pas aux jeux des filles de ton rang, qui seraient si fières de ta recherche ? Tu m'as promis de ne plus vivre que pour moi et pour toi-même. Tu m'a juré de courber le front sous le poids du malheur immense qui nous a frappés. Tu as accepté la leçon terrible que nous inflige encore l'ingratitude des hommes et leur brutale perversité. Tu as cessé de poursuivre la vengeance de ton père ; tu as renoncé à servir une patrie que ses impiétés de toute nature entraînent à une perte inévitable. Cependant, ta tristesse profonde m'inquiète ; tu vis seul et retiré ; ton isolement est absolu ; au lieu de chercher une jeune épouse, tu ne songes qu'à ta vieille mère. Tous les jours, au premier rayon du soleil qui vient dorer nos montagnes, tu guides mes pas chancelants vers le bois sacré où, sous un vaste dôme de gazon, nous avons enseveli notre héros, avec ses armes, ses vêtements et son cheval de bataille. Là, nous offrons au Dieu des vieux âges notre résignation respectueuse. Puis nous pleurons sur les malheurs de la patrie. . Mais hélas! quand nous rentrons sur le sommet si vaste et si riche de notre chère montagne... enfant bien-aimé, toi qui es si jeune et si beau, je voudrais bien te voir sourire.

— Sourire ! dit avec douceur le guerrier en élevant vers les nuages ses grands yeux diamantés par une larme, et il ajouta d'une voix triste jusqu'à l'amertume :

— Sourire ! j'avais deux maîtres, Dieu et mon père... (1) Dieu..., les impies l'ont irrité... Mon père, les envieux l'ont tué. J'avais deux mères, toi et la Gaule ; et la douleur elle-même n'aurait pas assez de sauvage éloquence pour dire ce que l'on a fait de vous. Ne me parle jamais de joie, ne me parle pas de mariage. Une femme !... et par la suite des enfants, n'est-ce pas ?... Va, si j'acceptais une épouse digne de moi, elle n'aurait d'enfants que pour leur écraser la tête sur la roue d'un char de combat, peu soucieuse d'en faire un jour des valets obséquieux dans l'atrium de Jules César.

(1) Comme démonstration rigoureuse de l'enclin merveilleux qui poussait les Gaulois à refaire les monarchies détruites par la décadence, nous avons le texte même de César, qui dit du père de Vercingétorix : *Totius Galliæ principatum obtinuerat*. Pourquoi donc César parle-t-il si brièvement d'un fait de cette importance ? Comment donc !... Celtill avait été le roi de toutes les Gaules, *totius Galliæ*, et c'est le fils d'un tel homme que César présente comme le **chef improvisé d'une bande d'aventuriers !**

La pauvre dame devint pâle comme un spectre ; elle s'arrêta brusquement, se dégagea d'une façon presque violente de la douce étreinte de son fils ; puis, lui posant ses deux mains décharnées sur les épaules, elle s'écria d'une voix ardente :

— J'ai de toi une peur affreuse, et je crois que tu me trompes. Ta voix a, par moments, de ces notes rauques et stridentes qui me rappellent ton malheureux père... Je ne veux pas que tu fasses comme lui ; je ne veux pas que tu te sacrifies à l'ingrate Gaule ; la Gaule m'a déjà dévoré une victime : je ne veux pas lui en livrer une autre. La Gaule est une nation lâche, perverse et vile, qui, frappant tout ce qui s'élève, outrageant ce qu'elle a de pur, brisant ce qu'elle a de grand, n'existe plus que pour se livrer, stupide et impuissante, à l'étranger attentif qui la menace de toutes parts. La Gaule... c'est une sorte de cadavre monarchique mangé par la vermine républicaine, et sur lequel s'abattent avec furie les aigles des Sept Collines et les loups de Germanie !... Je ne veux pas que tu passes le seuil de cette prostituée qui te fait des signes, entends-tu... Je ne le veux pas.

La matronne gauloise avait parlé avec l'animation presque surnaturelle d'une pythonisse en délire ; le jeune homme lui répondit en l'enveloppant de ses bras :

— Ma mère, je vous en supplie, ne calomniez pas mon autre mère. Les mœurs de la Gaule sont plus mobiles que mauvaises ; ses malheurs l'enseignent peu à peu ; laissons-la se courber jusque sur le bord de l'abîme... L'horreur la fera bondir et se relever en arrière.

— Malheur à moi ! s'écria la pauvre femme en se tordant les mains, tu m'échapperas comme m'a échappé ton père ; mais si tu fais cela, je te maudirai. Si tu vas noyer dans les eaux de la révolte la dernière goutte du sang de Celtill ; si tu quittes le grand plateau de notre Heergawbia pour t'en aller te mêler aux intrigues des Carnutes et des Bituriges... l'infâme Gaule te sourira pour t'attirer ; puis elle te raillera si tu tombes, ou te frappera si tu t'élèves. Prends plutôt exemple sur les Rhèmes ou les Edues ; et suis les conseils de mon frère, ton oncle, le sage Gobanitio (1). Celui-là du moins est un homme qui

---

(1) *Gobanitione, reliquisque principibus qui tentandam fortunam non existimabant, expellitur ex oppido Gergobia.*
(Commentaires, livre VII.)

Fait singulier, dont la remarque n'a peut-être pas encore été produite : à Rome, César était l'ennemi juré des grands, l'ami chaud et enthousiaste des petits. En Gaule, au contraire, César n'avait de caresses que pour les grands, qu'injures et cruautés sans nom pour les petits qui commettaient le crime d'aimer leur patrie et de la servir. Pour César, Diviriac et Gobanitio sont des sages ; Cotuat et Conetodun sont des désespérés ; Vercingétorix, un chef de débauchés ; Critognat, un affreux barbare ; et quant à Guturvat, César, qui n'était pas un barbare, lui fit couper les mains, et ne permit à ses soldats de le décapiter qu'après qu'ils l'eurent battu de verges Quant aux vaincus, aux compagnons de ces héros, César leur fit COUPER LES MAINS A TOUS ; et, comme il était humain, il les renvoya ainsi mutilés dans leurs foyers, *afin qu'ils servissent d'exemple !*

ne donne pas à des chimères ce qu'il doit à ses proches et à lui-même.

Le jeune homme changea de conversation ; et bientôt il contournait avec sa mère la partie de la montagne qui regardait l'occident. Là ils s'avancèrent par une pente douce qui reliait les deux croupes volcaniques ; puis ils arrivèrent du côté du midi vers la porte principale qui donnait entrée à la ville. Bientôt ils pénétraient à travers un dédale de rues étroites, toutes pavées naturellement par les grandes couches de basalte noire qui faisaient corps avec la montagne. Les maisons étaient petites et basses, toutes bâties en pierres à peine taillées et cimentées par un mélange grossier de chaux et de glaise détrempée. Çà et là se dressaient des maisons construites selon les principes de l'architecture latine, avec des portiques, des area spacieux, et couvertes en larges briques d'un rouge éclatant. Partout se faisait voir le mouvement d'une cité vaste et importante, répandue sur l'immense plateau qui ne contenait pas moins d'un million de mètres carrés, selon nos modernes mesures. A chaque pas se montraient les signes certains d'une civilisation très-avancée, les fabriques d'armes et de vêtements, les étalages de toute sorte, où brillaient l'or et l'argent arrachés aux flancs de la terre. Déjà le temps n'était plus où le Celte grossier ne connaissait d'armes que la hache de silex et l'épieu durci au feu ; de vêtements, que la peau des bêtes sauvages ; de maisons, que le creux des rochers. L'Asie d'abord, la Grèce et Rome par la suite, avaient enseigné la Gaule, avant de s'en emparer ; Bibracte, Heergawbia, Awe-Righ, capitales de peuples puissants, étaient donc des villes puissantes : Awe-Righ par ses richesses matérielles, Heergawbia par sa situation merveilleuse qui en faisait à la fois un camp facile à défendre et une fière capitale, assise au sommet des monts, protégée de toutes parts, ici par des marais immenses, là par un lac, ailleurs et plus loin, par le fleuve l'Allier (1), d'un autre côté par la croupe géante du Puy-de-Dôme dont le cratère fumait peut-être encore.

En arrivant au centre de la ville, la veuve de Celtill indiqua une maison de brillante apparence à son fils, et elle lui dit avec fermeté :

— Va le saluer de ma part. Je ne te l'ordonne pas... je t'en prie.

Puis elle s'enveloppa la tête de son voile, et disparut à travers les rues étroites, suivie de ses serviteurs.

Le jeune homme hésita un moment, puis il fit un geste de résignation et marcha droit vers la maison que venait de lui indiquer sa mère. Il en passait à peine les portes qu'il s'arrêta brusquement, et fit un pas en arrière, au bruit satanique qui se faisait entendre à l'intérieur.

Une douzaine de serviteurs effarés se montrèrent,

---

(1) Allier, en latin *Elaver*, en celtique *El-Awe*, l'eau élevée, la rivière haute qui, dit César, n'était presque jamais guéable, et qui aujourd'hui n'est qu'un filet d'eau, à part le temps des inondations.

puis un groupe étrange de gens avinés qui paraissaient se soustraire aux tragiques fureurs du festin.

Le fils de Celtill sortit dans la rue, et il s'effaça en souriant d'une façon méprisante, pendant qu'une voix épaisse et furibonde s'écriait :

— Sors de chez moi, vil agent d'intrigues lâches, ou je te fais jeter tout vivant aux murènes de mon vivier !

Alors, un beau et fier jeune homme parut, la tête nue, les yeux irrités, tenant à la main un plat d'argent dont il paraissait se faire une arme. Cinq ou six fous pris de vin le poursuivaient, tenant encore à pleines mains ou à belles dents les viandes qu'ils n'avaient pas voulu lâcher. Bientôt parut un vieillard obèse et grossier, vêtu d'une sorte de tunique romaine, la tête enveloppée d'une couronne de roses flétries, la joue rouge et injectée de sang, le front entièrement chauve, et le cou entouré d'un triple rang de colliers.

— Sors de chez moi !... s'écria-t-il de nouveau en menaçant le jeune homme qu'il semblait poursuivre avec furie, et retourne chez les sauvages Kadurques qui sont les béotiens de la Gaule ; tu tiens chez moi des discours abominables qui sont de nature à me perdre. Je ne me suis déjà que trop compromis à cause de l'horrible aventure que...

Gobanitio s'arrêta tout court, car il venait d'apercevoir son neveu froid, sévère et même railleur.

— Si c'est ainsi que tu pratiques l'hospitalité des vieux âges, dit le convive banni du festin, et qui de loin menaçait du geste le grossier vieillard, je vais chercher dans Heergawbia une maison où il soit permis d'être Gaulois en s'asseyant autour d'une table gauloise ; et si je manque à trouver cette maison, j'irai dire aux nations indignées qu'étant venu chez les Arvernes, je n'y ai trouvé que des gens ivres qui tressaillent d'épouvante quand on prononce devant eux les mots d'honneur et de patrie.

— Viens chez moi ! dit le fils de Celtill en s'approchant : ma maison est ouverte aux braves, surtout aux braves offensés par ceux qui ne le sont pas.

— Qui es-tu ?... dit l'étranger en se retournant.

— Toi-même ? repartit le brillant jeune homme.

— Je suis Lucter, le chef de guerre aimé des Kadurques, repartit l'autre fièrement, et j'ai à cœur de savoir si tous les Arvernes sont les alliés du peuple romain.

— Pas tous ! fut-il répondu.

— Mon neveu !... s'écria Gobanitio en frémissant de colère.

— Lui ! interrompit Lucter avec feu, lui !.... c'est là le fils du noble Celtill, le fils de la grande victime qui....

— Le fils d'un fou ! hurla Gobanitio en s'agitant, et qui marche sur les traces de son père.

Lucter se jeta dans les bras du fils de Celtill, et s'écria en pleurant de joie :

— Allons-nous-en..., j'étouffe de honte.

— Eh bien ! mon oncle, dit le fils de Celtill d'une voix horriblement méprisante, que ne nous fais-tu

jeter tous les deux dans ton vivier aux murènes !...
Vivier aux murènes est bon ; et j'aime le vivier aux murènes... sur le plateau de Heergawbia.

— Il est possible, dit le vieillard en fureur, que je n'aie pas de vivier; mais ce sont là façons de parler familières à la bonne compagnie latine ; et si je n'ai pas de vivier, je pourrais en avoir un. Cependant mieux vaut parler de vivier à Heergawbia, mon neveu, que de se laisser donner par les étourdis et les vagabonds un titre néfaste qui, pour vous plus que pour tout autre, devrait être moins un honneur qu'une leçon douloureuse. Laissez-moi donc parler de mon vivier aux murènes, vous qui permettez bien à vos flatteurs de vous donner une qualification qui est une injure à la mémoire de votre père. Allez; allez, mon neveu, j'ai moins bu de vieux falerne que vous ne paraissez le croire, et j'aimerais mieux vous voir ivre de vin dans ma maison, qu'ivre d'orgueil dans la vôtre ! Faites état de ce que je vous dis en ce moment, par pitié pour votre mère, par pitié aussi pour vous-même, car, quoi qu'en puissent dire vos amis, j'atteste, moi qui m'y connais, que vous n'êtes grand que par la taille .. et que vous ne serez jamais roi.

— Qu'en sais-tu ? dit l'intrépide Lucter en posant sa large main sur le front du noble personnage qui déjà en effet était le point de mire de toutes les brillantes espérances que motivaient son origine et le renom de ses admirables qualités.

Gobanitio leva les yeux au ciel en poussant un

soupir profond ; puis, se retournant vers les convives qui l'avaient suivi, il s'écria en faisant un geste de moquerie :

— Allons boire !

— Je pensais te rencontrer chez ton oncle, dit Lucter dès qu'il se vit seul avec son nouvel ami ; mais je m'aperçois que ton oncle est un malheureux pris de vertige, et tu m'en vois effrayé, car on assure que tous les grands de Heergawhia ne pensent pas autrement que ton oncle.

— Ah !... dit le fils de Celtill en souriant, il y a des grands qui sont si petits !

— En ce cas, ajouta Lucter, espérons, pour l'honneur des Gaules, qu'il y aura encore des petits capables de se faire grands.

Quelques heures plus tard, pendant que les ombres de la nuit enveloppaient déjà la cime des montagnes, les deux amis, semblables à deux apparitions surnaturelles, étaient arrêtés sur la pente abrupte du plateau qui faisait face à l'orient ; l'eau du lac miroitait encore à leurs yeux, et tout au fond, derrière un tertre aplati qui ressemblait à une immense chaussée, ils pouvaient apercevoir la ligne blanche des brouillards qui couraient au-dessus de la rivière.

Là les deux amis demeurèrent attentifs aux soupirs du vent qui gémissait sur la montagne et courbait le front des forêts.

Bientôt Lucter poussa un grand cri, car une lueur mystérieuse venait de jaillir dans la lointaine profondeur de la nuit, sitôt née, sitôt disparue, entre la cime des monts et le lourd amas de nuages. Puis un nouveau point lumineux trembla un moment dans l'ombre, puis un autre encore, puis vingt autres.

Après une nouvelle heure d'attente, toute les hauteurs qui environnaient la montagne ruisselaient de feux violents ; et, par moments, d'horribles coups de sifflet déchiraient l'espace, plus aigus que le vent du nord, portés et répétés par cent échos.

— Me crois-tu maintenant ? s'écria Lucter en serrant les mains du chef arverne, et comprends-tu pourquoi je suis venu ?

Alors le brillant fils de Celtill s'élança d'un bond sur le rempart ; puis il sauta dans la ville ; et bientôt suivi de son hardi compagnon, il rassemblait sur les places publiques tout ce qu'il connaissait dans Heergawbia de Gaulois fidèles et intrépides.

Toute la nuit ils se tinrent debout. Aux premières lueurs du matin des espèces de fantômes, enveloppés de manteaux blancs rayés de noir, arrivèrent au galop de leurs chevaux le long du rempart du grand oppidum arverne. D'une main ils tenaient leur épée nue, de l'autre le sifflet grossier dont le bruit sinistre portait en même temps l'épouvante et l'espérance.

Bientôt ils frappèrent aux portes de la ville en criant avec fureur :

— La révolte ! la révolte ! la révolte !

La troupe du fils de Celtill ouvrit, les envoyés Carnutes et Bituriges passèrent ; et bientôt une centaine d'hommes intrépides se groupaient sur la place principale de la capitale des Arvernes, poussant des cris de rage, demandant des armes, et se ruant sur les maisons de ceux des citoyens qui étaient connus pour agents ou même pour partisans de la cause latine.

Après quelques heures de tumulte, un nouveau groupe se forma, celui-là composé tout spécialement de ceux des Arvernes qui étaient par leurs richesses ou leur influence les principaux de la nation. L'enthousiasme de la jeunesse arverne essaya un moment de lutter contre la timidité servile et basse des indignes qui ne demandaient qu'un maître ; déjà la robuste échine gauloise paraissait docile au joug latin ; et quand trente voix ardentes et jeunes s'écriaient :

— Nous voulons la guerre !

Cent voix séniles et brutales répondaient :

— Nous voulons la paix.

Cependant le fils de Celtill et Lucter opéraient, par des prodiges d'éloquence, des prodiges d'entraînement, quand un nouveau groupe parut, celui-là armé jusqu'aux dents, et conduit par deux personnages étranges qui se tenaient par la main.

L'un était l'Arverne Gobanitio, moins ivre de vin que de peur, le casque en tête, l'épée à la main, menant après lui tous les notables de Heergawbia ; l'autre était la veuve de Celtill, la propre sœur du vieillard dépravé, la mère du brave qui hésitait en ce moment aux portes de sa destinée.

— Pose les armes!... s'écria la mère éperdue en venant tomber aux pieds de son fils. Au nom de ton père que les méchants ont abandonné... je te commande de poser les armes.

— Pose les armes! dit à son tour Gobanitio, en menaçant son neveu du geste : il n'est pas permis à tes fureurs de compromettre la paix et le bon ordre de toute une ville... Je te commande de poser les armes.

Le fils du malheureux Celtill se retourna ; tous ses compagnons de révolte, hormis toutefois une vingtaine et le courageux Lucter, l'avaient abandonné. Alors il se pencha, prit sa vieille mère entre ses bras et l'ayant embrassée tendrement sur ses rides, il lui dit tout bas :

— Si c'est encore lui que vous aimez en moi, veuve de Celtill... laissez-moi faire... Je me dois moins à vous qu'à lui.

Puis, relevant la tête avec un sentiment de magnifique audace, il porta son épée droite et nue jusque dans le visage de Gobanitio, et d'une voix stridente qui sonnait comme une fanfare de guerre, il s'écria :

— Ce que vous faites, Gobanitio, est une lâcheté. Je vous déclare que toute la Gaule est en armes pour secouer le joug latin ; je vous atteste que le sang romain vient de rougir les eaux de la Loire, et que si, en un pareil moment, vous me chassez de Heergawbia... je vous jure par le nom sacré de mon père... je vous jure que j'y rentrerai.

VII.

Le génie gaulois avait cela de particulier que, pour l'emplacement de ses villes, comme pour celui de ses monuments, il cherchait habituellement les élévations d'un accès facile, enveloppées par un ou plusieurs cours d'eau, ou protégées par de grands marais.

Le puissant oppidum des Arvernes, l'illustre Heergawbia, place de refuge et de guerre, pouvait passer à bon droit pour le type de ces campements grandioses qui étaient, en quelque sorte, l'aire d'où la rude civilisation asiatico-celtique lançait ses provocations, où elle réservait ses menaces.

Là-haut donc, presque dans les nues, entre les flancs sinistres du Puy et les eaux verdâtres du lac, la guerre se tenait attentive.

A quelques mille pas du côté du nord-ouest, la piété semblait sourire, sur le penchant de l'immense vallée, au sommet d'une douce colline que contournaient les eaux vives et murmurantes d'un ruisseau, échappé lui-même d'abruptes rochers pleins de cascades sonantes qui bondissaient du sein des grottes mystérieuses.

Là s'élevait un Neimheid celtique où l'esprit nouveau des civilisations païennes semblait se confondre d'une façon bizarre avec le vieil esprit druidique depuis si longtemps menacé. Partout des Carns sacrés, des pierres debout, que le ciseau grec ou latin n'avait pas profanées ; partout de rudes et austères monuments du premier âge qui semblaient prendre des voix menaçantes et dures pour accuser la chute des vieilles mœurs et la présence d'un art impie.

Les Cromlechs et les Menhirs paraissaient s'incliner, hélas ! sous le fouet de la bise païenne qui venait du côté de l'Italie ; on eût dit que les cascades pleuraient, et que les montagnes portaient le deuil, sentant bien que le Dieu des temples de pierres taillées était un faux Dieu, qui ne promettait à la Gaule que des larmes et des flots de sang.

Du sein de ces entassements austères s'élevait un large escalier en basalte noire à peine taillée ; puis, tout au sommet, le temple riant, mais trompeur, où il semblait que la divinité orientale devait se trouver mal à l'aise.

En ce temps-là, les Arvernes de la montagne, déjà envahis par l'idée païenne, étaient envieux, jaloux, impies, égoïstes et dépravés. Mais les Arvernes de la vallée valaient mieux, et visitaient parfois encore les lieux sacrés où la pierre taillée grecque ou latine ne leur avait pas encore fait oublier et mépriser la pierre abrupte des vieux temps.

Le soleil planait sur les monts et sur les forêts jaunies, et ses rayons, chauds encore, venaient caresser une foule immense groupée autour des saints monuments.

Ils étaient là dix mille Gaulois au rude visage, la plupart à demi-vêtus de peaux de bêtes, le front ceint de casques bizarres. Ceux-là ne portaient point de colliers d'or, mais bien des épieux durcis au feu, des épées de fer grossier, ou des arcs d'une grandeur étonnante. C'était le peuple celtique, le vrai peuple antérieur aux invasions, encore fidèle aux druides qui l'avaient enseigné, et instinctivement ennemi du peuple des villes qui, insoucieux et dépravé, se laissait entamer de toutes parts par les plus cruelles divisions, et par les trompeurs mirages dont il était le jouet.

Ce grand peuple des vallées, encore soumis aux antiques mœurs, ivre de son vieux droit religieux et monarchique, s'irritait donc contre les villes qui, après avoir tué les rois, se livraient infâmes et désarmées, aux caresses de l'étranger.

Au pied des rudes enceintes, un groupe sacré de cent druides, vêtus de blanc, se tenaient arrogants et enthousiastes, la couronne de chêne au front, l'épée à la main et paraissant acclamer les chefs qui, montés sur des tribunes grossières, parlaient de loin à la foule.

Comme après la grande assemblée des Carnutes et le coup tenté sur Génabe, les chefs étaient deux, à la tête de deux groupes armés, toujours selon l'antique usage.

L'un de ces chefs n'était autre que l'illustre neveu

de l'Arverne Gobanitio ; l'autre, le Kadurque Lucter.

Le premier, vêtu simplement, une épée nue à la main, désignait d'une façon violente le vaste plateau de Heergawbia ; l'autre, avec sa face olivâtre et anguleuse, ses yeux d'aigle et sa poitrine rentrée, paraissait indiquer du geste les régions méridionales qui, sans doute, l'avaient envoyé.

La foule immense paraissait frémir et se tourner menaçante du côté de l'oppidum, où régnait le prudent Gobanitio.

Les deux groupes armés s'ébranlaient déjà, quand de grands cris se firent entendre, des hennissements un peu farouches, et le bruit plaintif des feuilles mortes froissées par le sabot des chevaux qui couraient. La forme d'un groupe de cavaliers se dessina le long des profondes clairières déjà entamées par la charrue ; bientôt cinq ou six démons déchaînés s'en détachèrent, penchés sur leurs chevaux lancés à toute vitesse, haletants, enveloppés par des tourbillons de feuilles et par moments d'eau bourbeuse.

A l'aspect des deux armées, les cavaliers voulurent se détourner de leur route ; mais, sur le signe du jeune chef arverne, un groupe dévoué se précipita, et bientôt les fugitifs s'arrêtaient et semblaient se résoudre d'eux-mêmes à joindre l'armée gauloise.

— Ce sont des cavaliers bituriges !... dit le chef arverne avec intérêt.

— Une femme ! s'écria Lucter en faisant un pas.

Et déjà l'intrépide fille d'Orkedorigh et son jeune

compagnon Beiltheut mettaient pied à terre au milieu des druides et des soldats.

Beelissane rayonnait de tous les éclairs d'une beauté à la fois pleine de force et de tempêtes. Elle ressemblait à une reine qui prend possession de ses royaumes, ou à quelque superbe Gorgone aux yeux ardents, la main armée, la tête enveloppée de serpents, menant au front des bataillons gaulois tout l'attrait infini de la grâce et tout le superbe entrainement de la terreur.

Ce n'était plus seulement une fille plaintive, une veuve courroucée, une mère en deuil !... mais bien une femme de grand caractère, arrivant, sans le savoir encore, sur le théâtre de ses merveilleuses destinées. Sa joue était pourpre, son œil étincelait, son sein palpitait ; ses magnifiques cheveux l'enveloppaient d'une sorte de désordre sublime ; elle haletait, elle était fière, elle était heureuse, car déjà elle se sentait au milieu des Gaulois fidèles.

D'un coup d'œil elle vit, elle comprit, elle devina. Elle fit un pas vers Lucter.. puis, après un geste de tête, elle se détourna et parut chercher parmi le groupe sacré des druides.

Le fils de Celtill venait de faire un pas

Alors la belle femme helvète s'arrêta court. Un moment ses regards perçants parurent se fixer d'une façon dévorante sur le jeune Arverne qui n'avait de sceptre à la main que son épée, de couronne que son bonnet de fourrure.

Pareille à une statue de la Contemplation, elle

resta un moment droite, attentive, immobile ; puis ses yeux se baissèrent tout à coup ; les traits de son visage s'amollirent ; l'aspect un peu enfantin de sa belle tête reparut dans les grâces d'un imperceptible sourire ; elle fit un pas de plus, fléchit un genou, et d'une voix haute, fière et enthousiaste, elle dit :

— Roi des Gaules, je vous salue !

Une formidable clameur de joie accueillit le salut de la femme helvète, bientôt répété par toute l'armée. Derrière les chefs et les druides, dix mille Gaulois ardents et dévoués choquaient leurs armes en signe de triomphe. Rassemblés en un groupe sévère autour du temple celtique, ils contemplaient avec ivresse la grandeur du magique tableau qui se déroulait à leurs yeux, sans toutefois qu'ils en devinassent tous les délicieux mystères.

Le fils de Celtill tendit la main à Beelissane, la releva doucement et lui dit :

— Pourquoi me saluez-vous Roi des Gaules ?... Je ne le suis point encore.

Alors le barde aux cheveux blancs, qui, le premier, avait prononcé le nom du fils de Celtill à l'assemblée des Carnutes, parut ; il éleva aux cieux sa rude cithare, et d'une voix traînante qui montait lente et grave comme une impérieuse harmonie, il s'écria :

— Les hommes de l'ancien âge se sont levés...

Eux qui savent que le malheur — Donne des droits à la gloire — Se sont souvenus qu'un héros — Est mort pour la sainte cause, — Et veulent que le fils pieux — Relève le sceptre du père, — Du père dont l'ombre géante — Est un reproche amer — Aux Gaulois menacés. — Fils de Celtill, — La Gaule entière — Dépose le sceptre — En ta main ; — Va, frappe, règne, — Brise nos chaînes... — Dieu et les Gaulois te font roi ! — Règne sur les braves, — Règne sur les grands, — Règne sur les forts, — Même sur les lâches ; — Et si les Gaulois — D'orgueil éperdus — A ta royauté — Viennent faire ombrage, — A leurs passions — Impose ta loi... — Et pour les dompter — Fais-toi cent fois Roi (1) !

Alors Beelissane se pencha une fois de plus sur les mains que lui tendait le chef arverne, et d'une voix tremblante d'émotion elle dit une seconde fois :

— Roi des Gaules, je vous salue !

Puis Beiltheut se précipita, et s'inclinant à son tour devant le fier révolté de Heergawbia, devant le fils du brave qui était mort pour l'honneur du règne, le jeune Biturige dit à son tour :

— Roi des cent rois, je te salue ! Roi des cent rois, veux-tu de moi pour ami, veux-tu de moi pour serviteur ? De même que le lierre au chêne, je demande à m'enlacer fidèlement autour de ta force et de ta gloire. Un Biturige dont les parents ont refusé obéissance à ton père demande à t'aimer et à te servir.

---

(1) Imitation du rhythme rapide des triades celtiques, sortes de phrases à trois temps qui étaient plus encore chantées que dites.

Daigneras-tu le recevoir en ton amitié comme en ton obéissance ?

— Et sais-tu, ajouta le vieux barde avec force, quelle est cette femme qui la première t'a salué Roi des Gaules ?... c'est la fille de l'Helvète Orkedorigh, que les Helvètes ont tué comme les Arvernes ont tué ton père. C'est la veuve du roi des Edues Dumnorigh, tombé sous les coups de César ; de Dumnorigh qui, en signe de son repentir, a commandé à sa veuve de venir, si tu dormais, te réveiller sur le plateau de Heergawbia !

— Les Helvètes !... s'écria le jeune Arverne, profondément ému, les Edues, les Bituriges à mes pieds, et qui tous viennent demander pardon à l'ombre de mon père !...

Il embrassa tendrement Beiltheut et lui dit :

— Votre ancêtre Sennakerigh, *le chef à la vue perçante*, celui dont les grands aïeux ont régné sur toutes les Gaules, sait-il que vous êtes venu près de moi ?

Beiltheut répondit :

— Il le sait.

— Et il vous a permis de venir ?

— S'il ne me l'eût permis, en effet, je ne serais pas venu.

Alors le Roi des cent rois leva les deux mains vers le ciel, puis il les étendit au nord et au sud, comme s'il eût pris ainsi possession de toutes les Gaules, et frappant du pied la roche nue, il s'écria d'une voix éclatante :

— Prends garde à toi, Jules César... Latin néfaste, insolent et dépravé, prends garde... Il me semble bien que je règne.

Puis il baissa la tête avec le plus doux sentiment de tristesse amère ; et, regardant le plateau de Heergawbia qui se dressait dans les nues, il murmura d'une voix timide :

— Que pensera la pauvre mère ? Je ne veux pourtant pas qu'elle me maudisse.

Quelques heures plus tard, pendant que l'armée gauloise achevait ses préparatifs, Beelissane disait au chef arverne :

— J'ai des nouvelles de Rome, ayant des intelligences jusque dans la tente de Jules. Tout ce que les bardes vous ont dit est vrai. Les troubles de Rome sont à leur comble ; le Sénat fait des efforts désespérés pour attacher Pompée à sa cause et l'irriter contre César. Les succès de ce neveu de Marius l'ont mis de plus en plus en faveur près de la populace et près de l'armée ; mais les grands le détestent et le menacent tout en rampant devant lui. Les grands ne tiennent pas à frapper les Gaules : ils ne songent qu'à se débarrasser de César. Ayez donc pour assuré que si Pompée et le Sénat triomphent, la Gaule et le monde sont sauvés.

— Vous connaissez beaucoup César ?... dit le chef arverne avec intérêt.

— Oui, dit à voix basse Beelissane, et vous?...

— Moi de même, répondit le fils de Celtill. Du temps des luttes de mon père, César nous comblait de prévenances ; il espérait que mon père, aveuglé par les honneurs du règne, deviendrait aisément un des satellites de l'astre latin. Mais mon père était fier et haut. Il se démasqua trop vite, et César ayant attisé les haines, fomenté les rébellions et payé les lâchetés... mon père fut frappé par ceux-là mêmes qu'il avait mission de délivrer.

— Comme chez nous !... dit en soupirant Beelissane. Tant que César crut que mon père lui serait fidèle, il le caressa ; puis quand le noble Orkedorigh voulut se montrer plus helvète que latin, César le fit calomnier ; puis il le fit tuer, et il répandit le bruit que c'étaient les Helvètes eux-mêmes qui avaient frappé mon père parce qu'il aspirait à la tyrannie.

— Et votre mari ?... demanda encore le jeune roi des Gaules.

— Même fortune ! dit à demi voix Beelissane. Tant que Dumnorigh se montra le frère servile de l'infâme Divitiac, Dumnorigh fut caressé par César ; puis quand, irrité par mes plaintes et mes reproches, Dumnorigh voulut faire un pas en arrière.... César y fit moins de façons qu'avec mon père et le vôtre, il fit tuer brutalement Dumnorigh, et il se vanta de son forfait.

— Je savais la mort du roi des Edues, dit le brillant Arverne en baissant la tête, mais puisqu'il m'a lui-même désigné à relever sa fortune, vous ne devez rien me cacher des circonstances de sa mort.

— Plus tard !... plus tard ! s'écria Beelissane d'une voix étouffée ; et vous saluer roi des Gaules n'est pas la seule mission que mon infortuné mari m'ait imposée.

— Achevez de vous expliquer.

— La jeune femme porta sa blanche et belle main dans la direction du pays des Edues ; un sourire de menace et d'espérance vint glisser sur ses lèvres presque décolorées, et elle reprit d'une voix ardente:

— Plus tard !... plus tard !... et vous saurez alors quelle est l'autre mission que j'ai à remplir là-bas !... là-bas, sur l'autre rive de la Loire !... aux frontières du pays des Edues.... car là, si je suis envoyée par mon mari...

Et relevant la tête avec un prodigieux élan d'audace, la belle créature ajouta d'une voix rude et sonore :

— Je suis aussi envoyée par l'ombre vengeresse de mon père !... et là-bas, là-bas, je vous jure... vous verrez comment mon père, mon mari et moi-même, nous savons nous venger de César.

— Toujours César... repartit à voix basse le jeune Arverne, en fixant ses grands yeux sur le beau visage de Beelissane. A vous voir si jeune et si belle, j'oserais jurer qu'il vous a aimée.

— Aimée !... dit la fille d'Orkedorigh en souriant avec tristesse, quel mot employez-vous là ?... César n'a jamais aimé que lui ; et il prendra le monde en horreur dès qu'il ne s'aimera plus ; et il cessera de s'aimer dès qu'il se connaîtra bien. César m'a poursuivie avec audace, parce qu'il lui a semblé que j'avais autant d'orgueil que lui. J'ai pu échapper à ses fureurs... mais ses lâches sicaires ont tué mon fils, qui avait cinq ans à peine.

Le Roi des cent rois reprit avec une animation croissante :

— Fille et veuve des rois qui sont morts au service d'une sainte cause, ne nous vengerons-nous pas de César ?

La belle Helvète inclina la tête en murmurant :
— Nous nous vengerons.

Puis elle dit après un silence :

— Si nous ne réussissons pas dans cette œuvre, soyez certain que tôt ou tard ce sera César lui-même qui nous vengera de César. Quiconque n'agit qu'en brisant finit toujours par être brisé.

— Ce qui m'afflige et m'irrite, ajouta encore le jeune Arverne, c'est que nous autres, peuples des grandes races, nous n'écrivons pas nos annales. Quelle honte amère, Beelissane, si nous étions vaincus dans notre lutte, et que ce fût cet aventurier qui écrivît notre histoire !

Puis le noble chef reprit encore en faisant un geste hardi :

— J'ai du moins cette certitude qu'à défaut de bardes et de poëtes pour chanter nos grands revers, il y aura toujours des Gaulois pour en écrire la représaille en lettres sanglantes sur les murs du Capitole.

Quelques heures plus tard, quand le crépuscule du soir se répandait déjà sur les monts, le jeune Arverne rassembla les chefs de l'armée assaillante et leur dit :

— Nous allons nous emparer de Heergawbia. Par respect pour ma mère, je vous prie d'épargner son frère, mon oncle Gobanitio. Vous l'enfermerez dans sa maison. A part lui, quiconque nous résistera sera jeté du haut des murs ; et dès demain nous vaquerons au soin d'armer toutes les Gaules. Si vous en jugez comme moi, je pense que nous pouvons nous mettre en marche.

— Quelle douleur ! s'écria en riant Lucter, de ne pouvoir couper les oreilles à cette brute avinée qui parle avec tant d'atticisme des murènes de son vivier.

— Eh bien ! dit le barde au chef Arverne, estimes-tu que ce jour soit grand et heureux pour toi... et penses-tu que le sceptre des Gaules soit déjà ferme dans ta main ?

— Roi des Gaules, ajouta en même temps Beelissane d'une voix qui révélait une émotion singulière, Roi des Gaules, êtes-vous satisfait ?

Le jeune fils de Celtill frémit, porta la main sur son cœur, regarda de tous côtés avec égarement, et murmura :

— Pas encore! Je ne sais ce que j'éprouve, mais j'ai peur, et mon cœur se brise.

— Peur de Gobanitio!... cria Lucter en riant.

Alors Beiltheut, qui s'était avancé dans les broussailles, fit entendre un cri perçant et plaintif; puis il revint à pas rapides, prit les mains du chef Arverne et lui dit en l'entraînant :

— Venez... je n'aurais certes pas crié si c'était le corps d'un homme, mais !...

Le jeune roi des Gaules courut; à vingt pas il rencontra un grand corps tombé entre les pierres et les broussailles : il se pencha, poussa à son tour un cri affreux, releva le corps, et le couvrit de baisers ardents en s'écriant :

— Ma mère !...

C'était, en effet, la veuve de Celtill qui était tombée mourante au pied du mont inhospitalier d'où l'on avait chassé son fils. Beelissane, les bardes, Beiltheut et Lucter lui-même s'approchèrent. Bientôt la pauvre femme ouvrait les yeux, reprenait ses sens, et jetant ses bras autour du cou de son fils, elle s'écriait:

— Dieu soit béni... je te vois encore avant de mourir.

— Ma mère, s'écria le jeune Arverne, vous a-t-on chassée aussi de Hergawbia ?

— Oh ! non. Mais tu n'y étais plus, je ne pouvais pas y rester. Gobanitio voulait me retenir; mais j'ai trompé sa vigilance, j'ai cherché la trace de tes pas ; puis je suis tombée mourante au milieu de ces broussailles, espérant à peine te revoir encore ; mais te voilà, je te retrouve, tu m'es rendu ; et j'ai encore, avant de mourir, la force de te supplier...

Puis, éperdue de douleur, haletante, égarée, elle se jeta dans les bras de son fils et s'écria d'une voix rude et rauque :

— Je ne supplie pas... je commande... Retourne seul à Heergawbia, et cesse de te révolter... sinon, moi qui sens que je vais mourir... en mourant je te maudirai.

Et, trépignant de colère, elle ajouta d'une voix farouche :

— Je te maudirai... je te maudirai.

— Femme sans vertu, cria le barde, il ne t'est plus permis de commander à l'homme que tu serres entre tes bras ; et il ne t'est pas permis de le maudire, car la qualité de mère pâlit devant la majesté de la toute-puissance.

Et il ajouta d'une voix plus solennelle encore :

— Incline-toi devant le Roi des rois, tu n'es rien ici que sa première servante.

Alors on eût vu la veuve de Celtill se redresser entre les bras de son fils, pâle, livide, furieuse, les cheveux hérissés, les traits contractés par l'horreur ; et ce fut d'une voix sinistre et tremblante qu'elle s'écria en faisant des gestes désespérés :

— Encore !... et ce n'est pas assez d'avoir pris le père, ô royauté insatiable, tu veux me prendre mon fils !...

Cependant Beelissane parut et dit :

— Le mien avait cinq ans à peine... et les légionnaires de César l'ont tué entre mes bras... Regardez-moi... je ne pleure pas.

La pauvre mère frémit et murmura :

— Qui est cette femme?

Le barde carnute répondit :

— C'est la fille du grand roi helvète Orkedorigh ; c'est la veuve du roi Édue Dumnorigh, qui, envoyée par les Carnutes, est venue la première saluer ton fils Roi des Gaules.

— Et celui-là ? dit la mère avec égarement en désignant Beiltheut.

— Celui-là, repartit le barde, est un Biturige qui sort de la race de Bellovèse, et qui, avec l'agrément du chef de sa maison, est venu saluer ton fils Roi des Gaules.

— Toi-même? ajouta la veuve de Celtill émue jusqu'au fond de l'âme.

— Je suis le barde sacré qui parle aux puissances divines et qui transmets leurs réponses. Ce sont elles-mêmes qui, dans le silence des forêts saintes, sont venues me révéler que les Arvernes avaient commis un crime en faisant mourir Celtill, et qu'il était nécessaire que le crime fût réparé.

Déjà la mère du héros arverne n'était plus la même ; un abattement presque tendre se lisait sur son âpre physionomie ; deux longues larmes roulaient sur ses joues livides ; ses yeux mornes étaient sans fureur, et déjà l'on eût dit qu'une lumière nouvelle se faisait dans cette âme lasse d'imprécations et prête à remonter vers les cieux, où se retrouvent dans toute leur sérénité la grandeur et la vertu.

— Oh ! oui... un crime !... murmura-t-elle à voix basse, on en convient maintenant... Ainsi, quand les enfants pervers ont tué le chien de garde endormi près de leur berceau..., la peur les prend, et ils se repentent quand ils entendent hurler au loin le loup qui les sait désarmés. O honte ! notre Celtill !... lui, si grand, si fier, si généreux, si dévoué, si pur...

Puis une flamme profonde et sublime parut remonter aux yeux de l'ardente Gauloise : un moment elle contempla son fils avec un ravissement inouï, et s'inclinant sur lui avec des gestes caressants :

—Les Carnutes !... murmura-t-elle, les Carnutes !... le peuple pieux qui est le gardien de nos plus saints mystères... Les Helvètes !... le peuple hardi qui vient au secours de ses frères... Les Édues !... le peuple brillant qui se retrouve parfois fidèle au lendemain de ses erreurs... Les Bituriges, le peuple-Roi, qui, sentant la Gaule en danger, renonce au sceptre, prend l'épée et oublie qu'il a régné sur les Gaules, quand vient l'heure de mourir pour elles !...

Alors, se redressant avec un emportement surhumain, elle fit un pas en arrière, et posant sa main décharnée sur le front du fils de Celtill, qui venait de tomber à genoux, elle s'écria d'une voix formidable qui s'en alla bondir d'échos en échos à travers les monts et les vallées :

— Ver-Ken-Kedo-Righ, illustre Roi des cent rois, je te bénis et je te salue !

Puis la pauvre femme tomba de toute sa hauteur, pendant que l'armée gauloise, éperdue d'enthousiasme, choquait de nouveau ses épées et ses boucliers.

Bientôt la mère de l'Arverne Roi des cent rois était assise sur un quartier de roche, mourante, tenant les mains de son fils, entourée par les principaux acteurs de cette scène consolante et grande.

— Je vais mourir, disait-elle ; mais le Dieu inconnu que j'ai tant prié m'a fait la grâce de purger mon âme avant de la reprendre. La haine, la colère et l'amertume cessent d'habiter avec moi. La plus grande gloire d'un fils pieux, c'est de passer avec confiance par les chemins scabreux et noirs où s'est illustré son père, même en les teignant de son sang. Fils de Celtill, va et règne !... puisque les Gaules te font roi ; fils de Celtill, prends le glaive, sois digne de ton nom, digne de l'œuvre échappée aux robustes mains de ton père ; comme tu l'as dit tant de fois, ce n'est pas ta faute si ta patrie est dans la fange ; ce n'est pas toi qui l'y as plongée... Mais, à moins d'y tomber comme elle, tu dois tenter de la relever.

Puis ayant passé ses deux bras autour du cou de son fils, elle le tint un moment embrassé, et elle lui dit tout bas à l'oreille :

— Prends garde à toi... Semblable en ce point à ton père, tu te livres trop aisément, te laissant égarer sans cesse par la grandeur de ton âme et la docilité de ton cœur.

Et se relevant avec peine, la pauvre mère se rapprocha de Beelissane pour lui dire à voix basse :

— N'est-ce pas qu'il est beau, mon fils?

Et comme Beelissane baissait les yeux sans répondre, la veuve de Celtill ayant ajouté plus bas encore :

— Pourquoi ne le regardez-vous pas ?...

Une voix douce et mélodieuse comme une harmonie du soir murmura bien bas :

— Je l'ai vu.

Alors la matrone gauloise prit les mains de la femme helvète, les posa un moment sur sa poitrine desséchée, puis inclinant son visage déjà glacé vers la face radieuse et jeune de la fille d'Orkedorigh, elle ajouta :

— Dans moins d'une heure je serai morte. Alors mon pauvre cher fils pleurera ; il se croira seul au monde, et il ne ménagera pas assez une vie qui désormais appartient à la Gaule. Parlez-lui de moi ; restez près de lui, et s'il faut tout dire... aimez-le. Les druides et les chefs gaulois vous ont chargée de lui apporter le sceptre... Moi je vous prie de lui donner ce qu'il ne connut jamais, l'intimité intelligente d'une femme digne de lui. S'il triomphe... suivez-le au trône... S'il meurt, suivez-le dans la mort... Je crois que vous êtes faits l'un et l'autre pour ne vous quitter jamais... vous étant une fois rencontrés.

Beelissane serra doucement la main de la veuve de Celtill qui reprit d'une voix affaiblie :

— Aussitôt que je serai morte, vous leur direz à tous de déposer mon corps sur un lit de rameaux de chêne, et de me porter devant eux, quand ils rentreront dans Heergawbia pour en chasser Gobanitio.

VIII.

Comme on le croira aisément, les fidèles Arvernes asiatico-celtiques n'avaient pas été longs à jeter du haut en bas du plateau de Heergawbia les méchants Arvernes déjà dociles au joug helléno-latin.

A son tour Gobanitio fut chassé, les officiers italiens pris ou tués ; et pendant que les femmes gauloises versaient des parfums sur le corps de la veuve de Celtill, le chef nouveau prenait aux yeux de la capitale des Arvernes le titre de roi des Gaules et s'occupait déjà de recevoir les envoyés des nations, qui arrivaient de toutes parts.

D'abord, les messagers des Carnutes parurent, prêts à confirmer la grande nouvelle apportée par Beelissane ; puis arrivèrent à leur tour les ambassadeurs des Senons, des Parises, des Turons, des Andes, des Lemovikes, des Kadurkes, même des Santons et des Pitt-Aves (1), heureux de faire ainsi oublier leur triste et ancienne alliance avec le peuple romain.

(1) Pitt-Aves. César écrit partout *Pictones*; mais il y a là une erreur évidente, réparée amplement par les siècles postérieurs, qui rendirent aux soi-disant *Pictones* leur vrai nom celtique de *Pictaves* ou Pitt-Aves. Dans Pitt-Aves, en effet, nous trouvons deux radicaux qui signifient *pierre* et *eau* ; or, pour quiconque a vu ou verra le Poitou, et notamment l'antique Limonum des Pitt-Aves, tout est là, pierre

Ni les Rhèmes, ni les Edues (1), ni les Bituriges ne participaient encore à ce mouvement si vaste et si soudain. Cependant la présence de Beiltheut pour les Bituriges, de Beelissane pour les Edues, était un bon signe ; et il paraissait raisonnable d'espérer que bientôt l'universalité des peuples gaélo-celtiques viendrait se grouper invincible autour du jeune chef arverne que les malheurs immérités de son père avaient désigné aux choix de ceux des druides qui n'étaient pas vendus à César.

Les premiers jours du règne de ce grand prédes-

et eau... Poitiers est une agglomération de roches, de dunes et de pierres noyées dans quatre cours d'eau qui formaient eux-mêmes de vastes marais. Pas une désignation celtique et gauloise qui n'emporte avec soi signification et image. Un travail sérieux et approfondi à cet égard serait une mine à révélations du plus précieux intérêt.

(1) Si l'on cherchait bien, on trouverait certainement la signification de chacun des noms gaéliques, mais même et surtout peut-être la signification expresse du nom des peuples. Ainsi, *Bituriges*, de Beath-Righ, veut dire : *le peuple roi du bonheur*, comme *Béatrice*, ce beau nom immortalisé par le Dante, et peut-être employé par lui avec intention, veut dire : *la reine du bonheur*, ce qui corrobore la pensée de beaucoup de critiques qui estiment que, pour le Dante, le nom de sa *dame* n'est autre chose qu'un nom symbolique. Donc Beath-Righ, comme Beath-Rice, a sa signification expresse. De même *Ædui* veut dire : *le peuple qui habite un lieu de délices*, car le radical Ed..., Eden, n'est pas ici indifférent à constater ; et il est certain que l'antique *Civitas Ædua* est une des plus belles régions des Gaules au point de vue de la grâce, de la richesse et de la beauté du paysage.

tiné devaient être marqués par les ivresses d'une activité en quelque sorte foudroyante. Après avoir parlé au cœur des nations par l'enthousiasme, il sut parler à leur imagination par le prestige d'une autorité ferme et absolue. Il demanda des otages à tous les peuples qui venaient à lui, décréta contre les lâches et les traîtres des châtiments rigoureux ; puis il créa des armées pendant que César et les grands de Rome forçaient le rôle de Pompée, dans l'unique but de s'en faire un instrument. Prompts en effet à se donner un maître, en haine du maître qui les menaçait, les grands venaient de nommer Pompée seul consul, avec mission de rétablir le bon ordre ; quant à César, loin de faire obstacle à cette exaltation de son rival, il le comblait de caresses, il applaudissait à sa gloire, sentant déjà venir l'heure où il ne lui resterait plus qu'à lever la main pour renverser un homme ivre.

— Ecoutez, dit un jour le roi des Gaules à Lucter et à ses principaux lieutenants, il serait dérisoire à nous de penser que, malgré les piéges qu'on lui tend à Rome, César ne reviendra pas ; il reviendra au moment peut-être où nous l'attendrons le moins, menant après lui ses bandes scélérates de légionnaires dépravés dont il a fait des bandits. Ne tentons pas de l'attaquer à force ouverte, car il a pour lui le prestige infernal de cent victoires, et cette froide tactique romaine qui ne recule devant notre enthousiasme que pour mieux le briser à l'heure où il commence à s'éteindre. Ne l'attaquons pas, enveloppons-le et laissons-le mourir de faim et de misère entre nos lignes sans cesse resserrées. Toi, Lucter, va, et marche avec une armée du côté de la province romaine ; puis, dès que le commun adversaire aura mis le pied sur notre territoire, borne-toi seulement à l'empêcher de retourner sur ses pas, en lui fermant tous les passages.

— Et toi ?... dit avec animation le chef kadurque, parle-nous au moins des projets dont tu vas essayer le triomphe.

— Oh ! moi, dit en souriant le Roi des cent rois, ne croyez pas que je cherche à vous rien dissimuler de mes plus chères espérances. Il est à supposer que César voudra pénétrer dans les Gaules du côté de ces monts Arvernes qui sont le foyer de la révolte ; mais il n'y entrera que pour y demeurer ou en sortir. S'il y demeure, il y mourra de misère ou viendra mettre le siége devant ma chère Heergawbia, presque seul avec une poignée de soldats ; s'il agit de la sorte, j'échelonne deux armées gauloises sur la rive gauche de la Loire, afin d'empêcher les vieilles légions de Labiénus de rejoindre leur maître ; puis je me renferme dans Heergawbia, les Bituriges dans Awe-Righ, et j'ai la certitude que César n'ira pas alors, sur la rive droite de la Loire, rejoindre les Edues et les Boïes, leurs damnés complices. Si, au contraire, César s'enfuit du côté du Rhône et va rejoindre ses légions, je fais passer mes armées sur la rive droite du grand fleuve, je laisse Guturvat à Génabe ; moi-même j'entre chez les Edues, et je force mon ennemi à demeurer chez les Senons ou les Parises, sans amis, sans vivres, sans secours, entre les Belges irrités, les Bellokaves révoltés et les Edues paralysés. Alors vous verrez le plus grand spectacle qui puisse réjouir une âme gauloise : tout un immense mouvement venant du Nord avec les Nerviens, les Eburons, les Aduatikes, les Atrébates, et refoulant César sur la Loire, où il sera reçu par les quatre nations du centre, qui peuvent lui opposer trois cent mille hommes. Que pensez-vous de ce plan ? Et si, comme je l'espère, je réussis chez les Bituriges...

— Sublime ! sublime ! s'écria Lucter avec feu, et pour peu que l'horrible génie des divisions, des jalousies, des intérêts, des lâchetés ou des manques de foi, ne vienne pas souffler sur tes projets magnifiques, j'ose dire que le Sénat romain ordonnera des prières en ton honneur... car tu l'auras délivré d'une grande peine. Mais si tu te décides à barrer la Loire sur la rive gauche, fais-moi un signe, un seul, et alors ce ne sera pas le Nord qui aura l'honneur de balayer du sol gaulois la poussière helléno-latine ; et Lucter suffira peut-être à remplacer à la fois l'illustre Comm et le vaillant Ambiorigh !

Beelissane était là aussi, la joue empourprée, l'œil en feu, et d'une voix fiévreuse elle disait :

— Entrez chez les Bituriges, je me chargerai des

Edues ; et de même que vous vaincrez les uns en leur parlant d'honneur et de patrie, moi je suis sûre de vaincre les autres en leur parlant de celui qu'ils ont aimé. Les Edues seront avec nous dès qu'on leur aura rendu l'espérance.

— Quant aux Bituriges, s'écria Beiltheut avec force, comptez sur eux comme sur moi-même, et ils seront avec nous de la manière la plus grande et la plus généreuse, dès qu'on aura effacé la tache faite à leur honneur.

Le Roi des cent rois contempla un moment avec une rare persistance le jeune homme qui représentait, en ce conseil des chefs gaulois, la nation qui, la première, avait connu la déchéance ; un triste sourire vint errer sur son mâle visage, et il dit en baissant les yeux :

— Quand on se réunit pour mourir ensemble ou pour vaincre, il faut oublier les injures après les avoir réparées.

Cela dit, et un mois plus tard, les monts arvernes couverts de neige paraissaient mornes et déserts. Plus de soldats dans Heergawbia ; plus de soldats autour du Neimheid celtique, destiné à devenir le centre d'une ville nouvelle. Partout les grands marais étaient glacés, les forêts immenses enveloppées d'un linceul de givre ; le jour, les troupeaux d'aurochs passaient comme la tempête à travers les clairières, paraissant fuir le froid terrible qui les irritait. La nuit, les loups hurlaient et venaient rôder en bandes autour des villages ; partout la mort, partout la désolation, partout la terreur des grands événements qui ne pouvaient tarder à s'accomplir.

Un matin cependant, un groupe d'une trentaine de cavaliers s'arrêtait hors de celle des portes de Heergawbia qui ouvrait du côté du midi. Tous étaient bien enveloppés de manteaux et de fourrures. Derrière eux quatre basternes attelées de bœufs paraissaient emporter des bagages. Celui des cavaliers qui paraissait le chef de cette espèce d'émigration était monté sur un énorme cheval de couleur fauve, dont les crins mal peignés traînaient jusqu'à terre ; il était enveloppé d'une peau d'aurochs tout entière, assis dans sa vaste selle sur une peau d'ours, et de sa face timide on ne voyait guère que deux grosses joues d'un rouge luisant et deux petits yeux égarés qui paraissaient pleins de terreur.

Quand il fallut se mettre en marche, il fit un geste d'adieu à la ville qui dormait sous la neige, et il dit d'un ton désespéré aux serviteurs qui l'accompagnaient :

— Voyez un peu le bel avantage d'avoir un ami exigeant et un neveu belliqueux ! Si je continue à prendre ici les intérêts de César qui m'honore du nom d'ami, et que mon neveu triomphe de César... surtout maintenant que ma sœur n'est plus là pour me défendre... je suis un homme perdu. Mais si, au contraire, je me fais ici le partisan de mon neveu.... et que ce soit César qui l'emporte... César me fera mourir. Si je pouvais savoir au moins celui des deux qui vaincra l'autre, je me déclarerais pour celui-là, et je garderais l'espérance d'en tirer quelque profit ; mais je ne puis rien deviner, et le doux espoir de la récompense ne balance point en moi l'horrible peur de la punition. J'aime mieux sortir de cette ville maudite, où il n'y a plus de sûreté pour les gens paisibles qui ne demandent qu'à vivre en liesse. Si j'attendais ici le retour du printemps, j'aurais à y braver certainement ou César ivre de vengeance, ou Verkenkedorigh mon puissant neveu. J'aime mieux aller me cacher parmi les Helves qui sont un peuple modeste, et chez lequel j'ai des amis. Les Helves sont pauvres, je porte parmi eux mes richesses ; et là, du moins, je pourrai me faire oublier et vivre en paix, en attendant que je revienne rendre à César qui est mon ami, ou au roi des Gaules qui est mon neveu, l'hommage que la sagesse doit à la victoire.

Et, après ce beau monologue, l'illustre Gobanitio poussa un profond soupir, puis il donna le signal du départ, bien qu'il murmurât encore :

— La neige est haute, il fait bien froid ; le vent est grand, la bise est dure ; mais être gelé dans les Cévennes ou mourir de peur à Heergawbia, j'ignore où est l'avantage.

Là-dessus Gobanitio et son escorte partirent, pendant que trente ou quarante Gaulois, montés sur les remparts de la ville, leur jetaient de loin des pierres et les chargeaient d'injures.

— Triste chose que la politique !... murmura Gobanitio en courbant la tête... Battu si l'on demeure, injurié si l'on s'en va... Efforçons-nous de rester neutre... si daignent le permettre les dieux.

Mais il est à croire que Gobanitio n'était pas né sous une étoile heureuse, ou, du moins, que son étoile devenait déjà bien pâle, car sa fuite vers les Helves ne devait être qu'une série d'affreux mécomptes couronnés par une aventure à laquelle l'honnête Gaulois ne s'attendait guère.

Un soir donc que les vents d'est soufflaient avec violence, Gobanitio crut devoir s'arrêter dans une gorge profonde, où tout respirait l'horreur et la mort.

Le froid pénétrait jusqu'aux os les pauvres compagnons du fugitif. Un vent sec, dur, âpre et sifflant leur coupait en deux le visage, faisant voltiger au loin de grands tourbillons de neige enlevée au flanc des monts. Un soleil splendide inondait de clartés étranges la cime blanche des glaciers. Partout les arbres pliaient sous les festons du givre qui reflétait mille feux. Çà et là de puissants mélèzes étendaient vers la vallée leurs grands bras blancs qui pliaient et se tordaient au souffle violent de la bise. Çà et là encore des nuées de corbeaux tourbillonnaient dans l'espace, puis venaient froisser de l'aile les chevaux morts et déjà décharnés, demi-perdus sous leur suaire de neige.

— Horreur ! horreur ! criait Gobanitio en tourmentant sous son bonnet de peaux de bêtes le peu qui lui restait de cheveux, je ne pense pas que de mémoire d'homme un pareil hiver ait affligé la pauvre Gaule !... Voilà quinze jours que je marche à travers la neige, et plus nous allons, plus elle tombe !... Hier il y en avait deux pieds... aujourd'hui il y en a quatre... et mes misérables esclaves m'annoncent qu'ils ne se retrouvent plus... à travers ces sentiers perdus !

En effet, les serviteurs du grand personnage étaient là, debout, muets, consternés, et faisaient entendre de violents murmures.

— Plus de vivres !... disaient-ils d'un ton menaçant ; nos derniers bœufs ont à peine la force de traîner les basternes... Comment sortirons-nous d'ici, quand nous les aurons tués ?

— Ne valait-il pas mieux, disait un autre, attendre les événements sur le plateau de Heergawbia ?...

— La peur est pauvre conseillère !... ajoutait un troisième d'un ton méprisant, car, en fuyant un danger, elle se heurte à un danger plus menaçant encore.

— Que la glace éternelle des enfers (1), cria Gobanitio, vous enveloppe et vous dessèche ; que le froid

(1) Avant l'heure des révélations suprêmes et à jamais décisives, une confusion des plus étranges régnait dans le monde sur la nature des lieux où le péché recevait sa punition. Pour les Africains ou les Asiatiques habitués à souffrir du chaud, le lieu du dernier supplice était un feu éternel. Pour les Européens, et tout particulièrement les Celtes, qui ne souffraient que du froid, le lieu des supplices était le

du néant vous dévore sans vous tuer ; que les sept cercles de neige et de frimas se referment à jamais sur vous, si vous m'abandonnez dans ce péril extrême !... Nous touchons au but du voyage ; si vous vous arrêtez ici, vous y mourrez tous avec moi ; si au contraire vous me sauvez, je vous donne la moitié des richesses que contiennent ces chariots.... j'en jure par le Taranis des Gaulois et le Jupiter des Romains !

L'imprécation et le serment remirent un peu de courage au cœur des esclaves de Gobanitio. Ils firent du feu, dressèrent les tentes, balayèrent la neige et osèrent aller disputer aux corbeaux les restes d'un cheval mort la veille. Gobanitio fit un mauvais repas; il pleura un peu, dormit quelques heures dans une basterne, et attendit le lendemain.

Dès la première heure du jour, le vent était un peu

---

froid éternel. De fort estimables philologues affirment d'ailleurs que le mot *inferni* des Latins, comme le mot *enfer* des langues modernes, vient de deux mots celtiques *i furin*, qui signifie *île de glace*. Il serait presque plaisant, on en conviendra, qu'un mot destiné à exprimer le froid extrême en fût arrivé, par suite des confusions du langage, à exprimer l'extrême chaleur. Tout ceci n'importe guère, remarquons-le, aux révélations de la foi. Ce qui est urgent à constater, c'est le consentement unanime des peuples de tous les temps, des intelligences de tous les âges, c'est l'intuition innée dans l'esprit humain d'une béatitude qui récompense et d'une souffrance qui châtie : intuition d'ailleurs formellement et absolument liée à la distinction du bien et du mal qui est *tout l'homme*, et sans laquelle il n'y a point d'homme.

apaisé, le froid moins vif, la neige moins dure. Gobanitio reprit courage, et bientôt il s'avançait hors de la gorge profonde qu'il parcourait depuis déjà bien des jours.

— Tenez, dit-il à ses compagnons, quand nous aurons gravi cette vaste pente, nous tournerons vers la droite et nous ne serons pas loin de la capitale des Helves.

Mais la pente était à peine gravie par les pauvres émigrants que déjà la neige recommençait à tomber d'une façon vraiment effrayante, et à tourbillonner à flots dans un ciel gris et nuageux. Les tentes furent dressées, les chariots rassemblés ; mais les rameaux de sapin ne voulaient plus brûler ; et les pauvres esclaves brisés de fatigue se couchaient sous les chariots, sans répondre à la voix de leur maître désespéré. Un moment il essaya de se tenir debout en tête de sa caravane et de contempler l'horizon qui se déroulait à ses pieds. Partout des monts hérissés de neige ; partout des rochers à pic qui semblaient se perdre dans les nuages ; partout cette désolation profonde d'un hiver âpre et rigoureux. Une fois de plus il pleura, cet homme lâche et méprisable qui n'avait jamais eu ni Dieu, ni foi, ni parents, ni patrie. Il pleura, et comme il voyait un de ses serviteurs prêt à rendre le dernier soupir, il lui arracha ses vêtements et la peau de loup qui le protégeait encore, puis il alla se blottir sous les basternes en murmurant :

— Tout est perdu !

Deux heures plus tard environ, la neige ne tombait plus ; mais elle était fraîche et molle ; et quand Gobanitio voulut se lever, il se trouva que la neige l'enveloppait jusqu'aux épaules, et qu'il ne pouvait plus bouger de place.

Alors il se mit à hurler et à battre ses esclaves en criant :

— Toute ma fortune est à vous si vous me frayez un passage !

Par un effort suprême les pauvres gens se levèrent ; ils firent vingt pas, puis ils tombèrent ; puis ils revinrent et dirent à Gobanitio :

— La neige est haute de six pieds ; et il n'y a plus que les aigles et les corbeaux qui puissent sortir de ces lieux.

Gobanitio courba la tête en murmurant :

— Comme j'ai besoin de dormir !

Puis il tomba demi-mort, se repentant un peu tard de n'avoir pas suivi le Roi des cent Rois vers le pays des Bituriges.

Cependant un jeune Gaulois, de vingt ans à peine, était monté sur les basternes à demi perdues sous la neige ; un moment son pur regard erra d'un bout à l'autre de l'horizon ; puis il monta sur les roues et, portant la main à son front, il se pencha en avant, comme s'il eût voulu observer, selon le dire de l'esclave, le vol des aigles ou des corbeaux.

Bientôt il sauta sur la neige et, se penchant sur Gobanitio presque mort, il le secoua rudement, et il s'écria d'une voix étouffée :

— Maître ! maître ! maître !

Gobanitio ouvrit à demi les yeux et répondit d'une voix éteinte :

— Enfant, laisse-moi dormir.

— Réveille-toi !... dit l'enfant, réveille-toi ou tu vas mourir. Réveille-toi, si tu veux vivre, car j'ai entendu le cri des aigles et le battement de leurs ailes !

Gobanitio se mit sur son séant. Il regarda de côté et d'autre d'un air égaré, et il dit :

— Sont-ce mes braves amis les Helves qui viennent à notre secours ?

— Regarde encore ! dit l'enfant dont la voix tremblait d'émotion.

Gobanitio se releva sur les genoux ; puis, une main appuyée sur le front des bœufs, qui venaient de mourir, il poussa un cri de surprise et rejeta son bonnet de fourrures pour mieux voir l'imposant spectacle qui se déroulait à ses yeux.

Ce n'était plus seulement la neige qui tourbillonnait entre les vives arêtes de la montagne, mais bien des formes fantastiques qui semblaient se lever peu à peu et glisser légères sur la neige qui paraissait les enfanter. Des forêts de piques miroitaient comme des lames d'or dans la lumière du soleil qui venait de reparaître, dardant ses pâles rayons sur des casques et des cuirasses ; çà et là se dressaient des enseignes d'or ; et par moments on pouvait entendre le cri des hommes et le hennissement des chevaux.

Gobanitio joignit les mains en criant :

— Les aigles ! les aigles ! Ce sont en effet les aigles romaines qui planent à travers les monts !... Les aigles romaines sont de flamme, et leur souffle ardent fond la neige !...

Quelques instants plus tard, Gobanitio vit paraître un cheval blanc monté par un homme frêle et pâle, qui, l'épée à la main, le corps à demi enveloppé d'une cape rouge, portait son bras armé dans la direction du pays des Arvernes, et s'écriait d'une voix stridente et sûre d'elle-même :

— En avant !... encore en avant !

— O ivresse folle de l'audace ! murmura Gobanitio en se couvrant la figure de ses mains, une armée tout entière qui se rue à travers ces murs de neige !

Alors Gobanitio se leva. L'espérance l'avait ranimé ; il secoua la neige qui souillait ses vêtements ; il se fit amener son cheval, qui avait à peine la force de se tenir sur ses jambes, et qui cependant, au bruit des buccines sonnantes, soufflait et redressait la tête.

Gobanitio voulut monter à cheval, mais il n'en eut pas la force, et déjà le brillant chef de l'armée latine, qui n'était autre que Jules César, s'arrêtait souriant et insoucieux en face du sinistre vieillard qui venait de le reconnaître.

Jules César était un homme de cinquante ans, de taille moyenne, mais un peu grêle. Il avait la poitrine étroite et rentrée, les épaules maigres, la main sèche et le cou déjà semé de précoces rides ; sa face était un peu décharnée, d'une pâleur blafarde ; sa bouche grande, droite, fine et souverainement spirituelle... sa joue était creuse, son nez fort et brusquement aquilin ; ses yeux noirs et fiévreux, très-ouverts, étincelants d'une expression d'implacable moquerie. Son front était beau et large, ses tempes coupées de longues veines bleues qui se perdaient sous les fines tresses de cheveux gris, soyeux et rares, accommodés avec une élégance indigente qui sentait l'apprêt et le mauvais goût.

Dans cet étonnant visage, pas un trait qui ne révélât un vice énorme : le cynisme poussé aux dernières limites, la cruauté voilée d'une caresse, le dédain de tout, dissimulé sous un sourire, une force méchante et âpre, cachée sous une élégance native, et enfin une sorte de bonhomie familière mêlée à une expression très-imposante de hauteur et de majesté.

Rien d'étrange, rien de curieux à observer comme ce visage. On eût dit qu'il avait à son service tous les aspects les plus contraires de la physionomie humaine. On eût dit que, par une étonnante disposition des choses, ce personnage rassemblait en lui tous les excès que peut enfanter la nature : excès de bassesse, excès de grandeur, excès de sensualisme grossier, excès de spiritualité supérieure..... De telle sorte qu'en le voyant paraître, on pouvait se dire au premier abord : — Ici se montre plus encore une bizarre collection de masques que la puissante homogénéité d'un visage. Est-ce un fou, est-ce un sage?... un penseur à l'esprit austère, ou un drôle à l'âme fangeuse ? Pourquoi ce dédain à ces lèvres minces et pâles, cette moquerie insolente en ce regard parfois voilé ?

Et l'on était obligé de se dire encore : Le vrai de cet homme, c'est que, n'étant pas une individualité assez supérieure pour se montrer ingénue, c'est un acteur adroit et sagace qui se met au visage le fard de toute personnalité violente. C'est le prédestiné farouche qui trompe les hommes en vertu de sa ruse, et les prosterne en vertu de sa perversité. De toutes les grandeurs Dieu lui a donné l'apparence, afin qu'il lui devînt facile de séduire aisément les hommes qu'il a mission de châtier. C'est un méchant né pour le mal, et que *les dieux*, comme il l'écrira lui-même, auront voulu élever afin de manifester leur puissance en le précipitant de plus haut (1) !

— César !... César !... cria Gobanitio en tendant les mains vers son maître, les dieux me sont témoins que je venais au-devant de toi, toujours prêt à servir ta cause et à mourir à tes côtés !

— Eh ! par Aphrodite mon aïeule, s'écria César d'une voix légèrement grasseyante, mais haute, vive

---

(1) *Consuesse enim Deos immortales quo gravius homines ex commutatione rerum doleant, quos pro scelere eorum ulcisci velint, his secundiores interdum res, et diuturniorem impunitatem concedere.*

(César, *De Bello gallico*. Liv. Ier, ch. 14.)

et mordante, c'est toi, mon pauvre Gobanitio, un homme si frais et si dodu égaré à travers ces neiges irrévérentes !... et tu arrives au-devant de moi !... tu savais donc que je devais venir ?

— J'en étais certain, repartit Gobanitio avec importance, absolument certain... et la preuve c'est que j'ai tout bravé pour te rejoindre, après avoir compromis vingt fois ma vie dans mes luttes avec mon misérable neveu, que j'avais chassé de Heergawbia et qui...

— Et qui t'en a chassé à son tour !... interrompit le chef latin.

Mais déjà cinq ou six mille légionnaires, petits, noirs, maigres, hâves, le dos plié sous l'énorme faix de leur bagage, les yeux ruisselants d'éclat et de lumière, se groupaient derrière leur chef. Au milieu d'eux une jeune femme parut, montée sur un tout petit cheval noir comme l'ébène, vêtue avec une recherche bizarre, enveloppée d'une vaste mante orientale rayée d'or et semée de pierres précieuses. Elle courut, s'arrêta auprès de César, rejeta sa mante en arrière et dit :

— Est-ce là le premier de tes prisonniers ?

— Le meilleur de mes amis, dit en souriant César, l'illustre Gobanitio, le beau-frère du pauvre Celtill, assassiné par les siens pour avoir voulu régner sur eux.

— Oh ! répondit la jeune dame en faisant un geste dédaigneux, c'est là le meilleur de tes amis... En ce cas-là je te prie de ne pas me présenter les autres.

7

C'était une personne de vingt-cinq ans environ, une brillante femme qui appartenait par son nom à la plus haute société romaine, une Métella pour tout dire, qui se trouvait assez grande dame pour courir les aventures en compagnie de César.

Elle était d'une laideur peu commune ; elle avait la face pâle et sinistre, les yeux jaunes et relevés vers les tempes, à la façon des races de l'extrême Orient ; le nez plat, la joue creuse, la bouche grande, les dents fort belles, le menton court, et un grand front osseux et sombre qui donnait à toute cette étrange physionomie un certain caractère de force un peu déréglée.

— Le malheur, dit-elle en se rapprochant de César, c'est qu'en Gaule, comme partout, tu ne ramasses tes amis que dans la lie de l'humanité.

— Tu en parles à ton aise, dit en souriant César ; mais comment veux-tu qu'on gouverne les hommes par leurs vertus, quand ils n'ont plus que des vices ?

Déjà les légionnaires de César, avec un entrain merveilleux, balayaient ou fendaient la neige, plantaient des pieux, élevaient des tentes et asseyaient leur camp pour passer la nuit.

— Ces hommes sont effrayants, dit Gobanitio d'un ton soumis, et ils travaillent toujours, sans même s'approcher du feu !... Moi, j'ai toujours trop froid... ou trop chaud.

— C'est que mes soldats, dit César, ne connaissent ni chaud ni froid. Ce sont les mêmes qui, du temps de mon oncle Marius, se battaient huit heures en plein soleil, sans qu'une goutte de sueur vint perler à leur front d'airain.

Bientôt Gobanitio soupait tranquillement sous la tente de César, près de la noire Métella, qui l'accablait de questions et finit par s'écrier :

— Quoi! ce serait elle qui, après la mort de son enfant, serait venue saluer ton neveu roi des Gaules?

Gobanitio répondit :

— Oui, illustre dame, elle-même. Elle s'est retirée chez les Carnutes, qui l'ont admise à la fête de leurs étendards. Puis elle est venue chez les Bituriges, et est enfin arrivée jusqu'à Heergawbia ; et c'est elle qui, la première, a salué roi des Gaules le fils de Celtill qui a pris le nom de Verkenkedorigh.

César écoutait en baissant les yeux ; ses lèvres frémirent légèrement, et il dit à demi-voix :

— Ah! ils l'ont déjà nommé roi!... Chez nous les choses ne vont point si vite.

Et il ajouta après un moment de silence:

— Qu'est devenu notre Afranius?

Métella pâlit légèrement ; ses yeux brillèrent ; puis elle se raffermit, et regardant Gobanitio bien en face, elle ajouta d'un ton résolu :

— Sage Gobanitio, n'as-tu pas entendu parler d'Afranius ?

— Non, illustre dame, répondit le sinistre Gaulois, je n'ai pas entendu parler d'Afranius.

IX.

Avec des peuples tels que la décadence achevait de les faire en Gaule, le nouvel élu national avait besoin d'une extrême prudence, d'une habileté souveraine, d'une réserve à toute épreuve.

C'est qu'il ne s'agissait pour lui de rien moins que de gouverner une matière à peu près ingouvernable, de maintenir intacte la prétention de son autorité, au milieu de mille prétentions rivales qui ne reculaient ni devant la brutalité des actes, ni devant leur perfidie.

C'est qu'en un mot, pour sauver ce peuple déchu, la première et suprême condition, c'était de le transfigurer par une sorte de miracle; car, en vérité, les pauvres Gaulois de cette déplorable époque étaient dévorés par le vice le plus énorme, le plus bas, le plus infernal qui puisse mordre au cœur les peuples tombés ; par ce symptôme d'agonie, cet horrible agent, d'une décomposition lente mais sûre, qui se nomme l'envie, et n'est autre chose que le travail intérieur de déchirement qui emplit les cœurs d'amertume et les intelligences de colères.

Le fils de Celtill ne l'ignorait pas ; et lui, dont le cœur était sain et droit, l'intelligence calme et sûre, était décidé à tous les sacrifices pour rappeler les Gaulois au respect d'eux-mêmes, ou, du moins, leur léguer à jamais un grand exemple de renoncement, d'abnégation et de vertu.

En quittant les hautes collines des Arvernes, le Roi des cent rois se trouvait donc dans une situation des plus difficiles et digne d'exercer sa riche et lumineuse intelligence.

Marcherait-il en premier lieu vers les Édues, rivaux des Arvernes, et qui avaient accepté déjà la domination des Romains?... Marcherait-il vers les Bituriges, victimes de la querelle des Arvernes et des Édues, et qui paraissaient vouloir garder encore une neutralité menaçante ?...

Beelissane assurait que le souvenir d'Orkedorigh, son père, et de Dumnorigh, son mari, opérerait des prodiges chez les Boïes et chez les Édues. Le roi des Gaules voulut écarter un moment une intervention qu'il lui paraissait sage de réserver ; et il dit à la courageuse compagne de sa récente royauté :

— Puisque les nations m'ont fait roi, c'est en roi que je veux agir ; vous me blâmerez si vous croyez que je m'égare.

Alors toute l'armée arverne se mit en marche vers la capitale des Bituriges. Bientôt les rudes enfants de la Gaule, si saintement révoltée, s'arrêtaient sur la lisière des bois, ou au penchant des collines d'où s'échappaient les cinq rivières dont les eaux sinueuses venaient alimenter le marais immense qui enveloppait la capitale des Bituriges, située à l'extrémité d'un long promontoire dont les approches du côté du nord trempaient dans l'eau de toutes parts.

Là dormait l'Awe-Righ celtique, cette reine des eaux fièrement couchée sur sa lagune, au milieu des humides ombrages, des sombres masses de roseaux qui paraissaient en même temps lui sourire et la défendre.

La ville était fort puissante et d'une très-vaste étendue, enveloppée de toutes parts d'une énorme muraille de pierres et de madriers entre-croisés. C'était la première ville des Gaules pour la beauté, pour la richesse, et tout spécialement à cause de son nom de ville-reine, capitale d'un peuple-roi.

Dès que les principaux chefs Bituriges furent informés de l'approche d'une armée gauloise, ils arrivèrent au camp du jeune monarque, et tentèrent de lui interdire hautement l'entrée de leur ville, alléguant que, puisqu'on les avait réduits à subir la loi des Édues, ils ne pouvaient rien résoudre sans la volonté de leurs patrons; et qu'ils avaient la certitude que les officiers romains de Bibracte envoyaient déjà contre eux une armée, dans le but de prévenir toute tentative de révolte.

Le roi des Gaules assura qu'il n'entendait point contraindre l'adhésion des Bituriges; que son armée n'attaquerait pas Awe-Righ; qu'il ne demandait que l'honneur de conférer avec les principaux chefs de l'antique et fière nation si cruellement dépossédée.

Le soir même, entouré d'une suite brillante, revêtu de ses armes de guerre, le Roi des cent rois pénétra dans la capitale des Gaules, et vint prendre place dans l'enceinte d'un riche palais dont l'architecture tout orientale rappelait les magnificences du génie asiatique (1). Là s'était réunie une assemblée qui paraissait bien mal disposée pour le jeune chef : les uns irrités de sa prétention au commandement suprême, les autres profondément effrayés d'une rébellion dont ils ne voyaient que le danger.

Cependant la vaste enceinte qui contenait à la fois tant de rancunes presque légitimes, tant de terreurs et tant d'ambitions, était parée d'étendards gaulois ; l'or, l'argent, les étoffes précieuses y brillaient de toutes parts. Les seigneurs bituriges étaient vêtus avec une recherche toute particulière, et l'on sentait déjà chez eux cette pompe vaine, cet orgueil de soi, cette confiance intrépide qui dégénère parfois en mollesse, et fait négliger une défense que l'on ne croit pas nécessaire.

Le chef suprême de cette grande assemblée n'était autre que le centenaire Sennakerigh qui, assis dans une chaise de fer, paré de tous ses colliers d'or, semblait inspirer à ses pairs une vénération sans limites.

Bien des regards défiants se portaient déjà sur le jeune Arverne. Des murmures s'élevaient de toutes

---

(1) Voir dans les jardins de l'archevêché, à Bourges, d'énormes débris récemment trouvés, et dont le caractère paraît plus oriental que latin.

parts; les uns prenaient des airs hautains et dédaigneux avec ce jeune montagnard qui semblait n'avoir pour lui que les admirables dons que lui avait prodigués la nature.

— Que nous veut ce Roi d'un peuple rebelle ? disait une voix acerbe et dure. Pense-t-il qu'en se levant il va opérer ce prodige d'arracher la Gaule à la honte des trois invasions qui ont marché sur elle avant de la coucher dans la tombe ?

— Les Arvernes de Heergawbia, disait une autre voix, seront-ils plus heureux ou plus forts que les quatre cent mille Helvètes d'Orkedorigh qui venaient au secours des Édues ?

— Ou même que les trente mille Germains d'Arriowist, qui venaient au secours des Séquanes ?

— Et nous protégeront-ils contre César, qui, en venant au secours des peuples, les a délivrés de l'honneur et de la vie ?

— Arrière ! criait une voix arrogante, et laisse-nous achever de vivre, s'il est vrai que la mort nous réclame. Nous repoussons hautement le concours des peuples jaloux qui ont ouvert par leurs fureurs le cycle des décadences. Retourne sur ta montagne, fais comme ton oncle Gobanitio, bois, mange, réjouis-toi, couronne-toi de fleurs, et que le souvenir de ton père t'enseigne du moins la prudence.

Calme et grave, les yeux baissés, la tête haute, le fils de Celtill écoutait sans émotion apparente ces imprécations amères.

Sur un geste impérieux de Sennakerigh, les seigneurs bituriges se turent ; et le vieillard dit au chef arverne :

— Qui t'a donné le titre de roi ?

Le brillant élu des peuples se leva et répondit :

— La Gaule, réunie en assemblée souveraine, au carnn sacré de la forêt des Carnutes.

— Et que vas-tu faire de ce titre que d'autres ont porté avant toi ?

Alors la face admirable du héros gaulois parut rayonner d'une clarté presque divine. Rien qu'en faisant un geste simple et sévère, il sembla grandir et s'élever au-dessus de la foule. Un sourire d'ineffable bonté vint entr'ouvrir ses lèvres pures ; il mit la main sur son cœur, et d'une voix mâle, profonde, éclatante, il s'écria en s'adressant à Sennakerigh :

— Descendant des vieux rois maîtres de la force, qui ont conduit la Gaule jusque sous les murs du Capitole... ce titre, je viens te le rendre !

Alors le Biturige Beiltheut, qui était debout à côté du jeune chef qu'il avait choisi pour patron, poussa un de ces cris de joie et de triomphe que contiennent seules les poitrines gauloises ; et, d'une voix ardemment émue, il s'écria :

— Qu'en dites-vous, grands d'Awe-Righ ?

Mais le fils de Celtill avait frémi, car il venait de sentir une bouche brûlante effleurer sa main désarmée ; et déjà il voyait se redresser à côté de lui la forme svelte et haute de la fille d'Orkedorigh. Un moment inquiète et inclinée, baissant la tête, les regards enflammés, la joue empourprée, le sein haletant, elle le contempla à la façon de l'enfant heureux qui retrouve sa mère absente. Ses traits charmants étaient empreints du plus délicieux sourire ; tout en elle disait l'enthousiasme et cet entraînement infini d'une âme qui se ravit dans la contemplation de son idéal : elle voulait parler, et elle ne put que se taire ; puis tout à coup elle baissa les yeux comme honteuse d'elle-même ; la fille des Rois et l'enfant joyeux venaient de disparaître : il n'y avait plus que la femme inquiète, et uniquement soucieuse de se retrouver bien enveloppée dans les voiles de sa pudeur.

Sennakerigh s'était levé, la face rayonnante de fierté ; pas un des seigneurs Bituriges dont la physionomie ardente et mobile ne traduisît les mouvements d'un sentiment soudain et nouveau. La colère n'animait plus leurs regards, l'amertume et le reproche hésitaient à leurs lèvres, et ils se regardaient entre eux comme s'ils eussent voulu chercher ailleurs qu'en eux-mêmes la décision qui déjà leur faisait défaut.

— Quoi ! s'écria le centenaire en tendant les deux mains vers le chef arverne, tu avoues que les peuples gaulois ont commis une faute en se séparant avec haine du peuple qui tenait en ses mains l'étendard sacré de la puissance commune ! Tu conviens que le coup porté aux Bituriges fut un coup porté à toute la Gaule ; et qu'à l'heure où l'on frappa le peuple-roi, tous les peuples ne pouvaient plus que s'entre-détruire, en s'arrachant cette toute-puissance qu'il ne leur était plus permis d'affirmer en eux, l'ayant niée avec audace et détruite avec furie !

Le Roi des cent rois répondit avec force :

— J'en conviens. La prospérité enseigne l'insolence ; mais le malheur ramène au sentiment de la justice, et Dieu ne soutient pas les causes qui, avant de livrer leur dernier combat, hésitent à se rendre pures. Si les Gaulois, pris de vertige, n'avaient pas profané en riant le sanctuaire de leur vieux droit, ils ne se seraient pas fatigués et avilis à la recherche d'un droit nouveau qu'ils ne trouvent plus, en ayant nié le principe.

Bituriges, reprenez donc la puissance ; refaites la Gaule d'Ambigat et de Bellovèse ; l'armée arverne ne vient à vous que pour vous demander des ordres et mourir à vos côtés.

— Que veux-tu pour toi ?... s'écria Sennakerigh.

— La première place au combat, et un rameau de chêne sur mon cadavre, quand les piques romaines auront satisfait l'unique ambition qui me dévore !

Alors un applaudissement formidable vint ébranler les voûtes du somptueux édifice. Ce n'était plus là le consentement marchandé par des grands amollis, efféminés et amers, mais bien une explosion magnifique de sentiments encore vivants sous la cendre de l'orgueil blessé. Sur tous les fronts reparaissaient la confiance, l'ivresse, et surtout la vraie fierté, cette fierté des peuples mâles qui s'unissent pour être forts, et recommencent à s'aimer dès qu'il ont pris la résolution de mourir au même poste ou de savourer la même victoire.

Toutes les mains étaient tendues vers le chef arverne, qui commençait ainsi la sublime histoire de ses abnégations touchantes. Toutes les armes se choquaient en son honneur ; des larmes étaient dans tous les yeux, et l'on pouvait enfin comprendre que la blessure saignait déjà moins vive au cœur de ces pauvres Gaulois si étrangement menacés.

Sennakerigh fit un geste pour réclamer le silence ; puis il s'écria en élevant ses deux grands bras vers le ciel :

— Que le Dieu de nos pères soit loué, puisqu'il y a encore ici des descendants dignes de devenir des ancêtres ! et il me semble que la Gaule ne saurait tomber, tant qu'un juste se trouvera pour la défendre.

Puis, s'adressant au fils de Celtill, il ajouta :

— Fils d'un héros, les Bituriges par ma voix te savent gré des vérités que tu proclames et de l'hommage que tu leur rends ; mais cet hommage serait amoindri s'il ne venait que d'un jeune chef arverne qui fût sans titres et sans droits pour s'adresser aux nations. Les Bituriges estiment au contraire que c'est la Gaule qui leur parle par ta bouche et leur exprime un repentir. Là est le sens de l'enthousiasme magique inspiré par tes paroles ; et, de la part d'un peuple fier, accepter tes nobles excuses, c'est reconnaître ta puissance. Oui, brave enfant des monts Arvernes, tu as raison de le dire, quiconque offense sera offensé ; mais que peut l'expression de la vérité contre l'ordre souverain des choses ?... Les Bituriges sont encore un peuple grand et illustre ; mais si l'offense qu'ils ont reçue leur a ôté quelque chose de cette intrépidité aveugle, de ce dévoûment héroïque qui est l'apanage de la jeunesse exempte de regrets et toute parfumée d'espérances, il est peut-être bon et juste que la Gaule se choisisse un roi parmi ceux qu'elle n'a pas encore offensés. D'ailleurs, la voix des Gaules a parlé ; les Gaules ont songé à toi sans que tu commisses le crime de contraindre leur adhésion. Les Druides ont remis le sceptre à celui-là dont le père est mort pour l'honneur du sceptre ; il n'y a donc personne ici qui ne trouve ta puissance légitime et n'y adhère avec soumission. Règne donc, puisque les Gaules t'ont fait roi ; les Bituriges se lèveront pour te suivre ; car s'ils ont plus d'une fois reçu les outrages des peuples qui leur devaient soumission, leur territoire du moins n'a pas encore été profané par le pied des légions latines. Va donc ! et poursuis ta carrière : les Bituriges sont avec toi.

— Au moins, s'écria une voix haute et dure, protége-nous contre les Édues, car on assure qu'une armée conduite par des officiers de race latine a quitté Bibracte et s'est avancée jusqu'à l'oppidum des Boïes, dans le but de nous observer.

Le lendemain, la Venise des marais Bituriges semblait avoir repris tout son orgueil de capitale, tout son merveilleux entrain de métropole d'une civilisation qui mariait encore les splendeurs du génie asiatique aux mollesses du génie latin. La conduite du chef arverne, consentie et comprise par tous ses hardis compagnons de révolte, avait opéré dans Awe-Righ une sorte de prodige. Enchantés, en vertu de leur orgueil, de l'amende honorable qui leur était faite ; ravis, en vertu de leur mollesse, de voir un autre peuple accepter la responsabilité de la révolte, les grands pardonnaient déjà au roi des Gaules qui s'était incliné devant leur vieux droit ; ils ne voyaient plus que sa force et le caractère fatidique qui brillait à son front fier et mâle. Le peuple, soulevé comme la cendre brûlante d'un volcan qui éclate, ne comprenait là qu'une chose, la présence d'un chef unique et l'ivresse de la liberté.

Quant aux belles femmes d'Awe-Righ, à ces blanches et blondes Gauloises dont le renom allait jusqu'à Rome irriter les élégantes du Champ-de-Mars, celles-là faisaient à Beelissane la même fête que les grands au fils de Celtill.

Un peu oublieuses de leurs fières aïeules Kimriques, ces femmes-là ne réalisaient point encore la sinistre dépravation qui devait flétrir le règne des Césars latins... Et cependant, il y avait déjà en elles cette ivresse des cœurs lassés et des imaginations fébriles qui précède de bien peu la décadence des mœurs et des caractères. Impatientes de tout frein, promptes à courir échevelées sur les pas glissants du mirage, ardentes à la recherche du plaisir, déshabituées de la fatigue et n'osant plus regarder en face la douleur et le danger, elles se séparaient peu à peu de leur calme devoir d'épouses et de leur sublime devoir de mères. Le besoin de plaire ne se mariait plus en elles à la recherche d'une affection forte et constante ; bien au contraire, elles ne cherchaient l'affection que pour la joie de s'y dérober ; et, des meilleurs sentiments n'effleurant que les apparences, elles ne demandaient plus autour d'elles que l'événement imprévu qui pouvait un moment les passionner et les distraire.

En face du jeune chef arverne, leur premier mouvement fut pour l'admiration ; en face de Beelissane, pour la sympathie.

— C'est votre mari ! disait l'une à la belle Helvète, qui paraissait au milieu d'elles comme un lis au milieu d'une corbeille de roses sauvages et de primevères.

— C'est votre fiancé ! disait une voix plus jeune et plus timide.

— C'est votre amant ! ajoutait une autre voix plus impérieuse.

Et cent voix reprenaient d'un même ton de curiosité inquiète :

— Parlez-nous de lui et de vous !

Beelissane rougissait et baissait les yeux ; puis elle murmurait avec effort :

— Pourquoi tenez-vous de pareils discours à une mère qui voit encore dans ses rêves ruisseler le sang de son fils ? L'homme dont vous parlez si légèrement n'aime que sa patrie, et moi je n'aime que ma vengeance. Si vous saviez tout ce qui me reste encore à faire sur les rives du grand fleuve qui vous sépare des rivaux de votre nation, les Éducs, vous comprendriez peut-être que je ne puis plus aimer.

Il n'en fallait pas davantage pour piquer de la manière la plus vive la curiosité des femmes bituriges.

Sennakerigh vint à leur aide, tendit la main à la veuve de Dumnorigh et lui dit avec bonté :

— Ma fille, l'heure des grandes décisions est venue. Cent chefs bituriges, prêts à mourir pour la sainte cause, demandent que l'on vous appelle au grand conseil qui se prépare. Envoyée par les Carnutes, acceptée par les Arvernes, vous nous paraissez à tous un de ces êtres purs et presque divins que nos pères vénéraient en les admirant sous la forme des fières femmes que l'inspiration visite. Venez, votre place est au milieu des hommes qui vont parler de patrie et de liberté (1).

(1) Dans le monde gréco-latin, la femme n'était, matrone, concubine ou courtisane, que la ménagère du citoyen, sa dominatrice illégitime, ou le servile objet de ses passions brutales. Dans le monde celtique, bien au contraire, la femme était parfois envisagée avec un sentiment d'ardente et profonde poésie qui la déifiait en quelque sorte. Par elle la pureté de l'idéal se montrait sur la terre. Chez le Grec ou le Latin, en un mot, la femme ne parlait jamais qu'aux sens et à l'esprit ; chez le Gaulois ou même le Germain, la femme parlait à l'âme pour la surélever, à l'imagination **pour la ravir.**

— Alerte !... s'écria Beiltheut suivi d'une vingtaine de soldats haletants, voici venir l'armée Édue conduite par les chefs latins, renforcée de six mille Boïes, conduits par. .

— Par Boïo-Righ ?... cria Beelissane hors d'elle-même, les yeux ruisselants d'éclat, les lèvres tremblantes de colère.

— Par Boïo-Righ !... répondit Beiltheut étonné, pendant que Beelissane, faisant un geste impérieux, disait en s'adressant aux femmes Bituriges :

— Avec l'agrément du grand chef à la vue perçante, je vous permets de me suivre au conseil des chefs gaulois, puisque vous voulez connaître le sentiment qui m'anime.

Quelques instants plus tard, au sein d'une maison très-somptueuse, la fille du roi Helvète Orkedorigh trônait en reine au milieu des chefs Bituriges et Arvernes, pénétrés d'une vénération toute religieuse en face de cette admirable femme qui leur semblait déjà une prophétesse, une voyante du plus religieux caractère.

Près de Beelissane, Sennakerigh était assis. A leurs pieds, le Roi des cent Rois et Beiltheut se tenaient à demi couchés sur des peaux de bêtes. Autour de ce noble groupe se pressaient cent chefs de guerre richement vêtus, armés, comme pour la bataille, de leurs lances et de leurs épées. En face étaient assises aussi sur des peaux d'urus les femmes Bituriges, belles, jeunes, brillantes, parées, et dévorant du regard la sœur indulgente et tendre qui, femme, avait voulu parler aussi à des femmes.

— Pardonnez, dit la veuve du roi Édue, si, pour vous faire comprendre mon œuvre, je vais vous parler de moi ; mais j'estime que, dans ce pays, au sein de cette ville puissante que Dumnorigh préférait à l'ingrate Bibracte, je suis presque dans ma patrie, du moins dans celle de mon malheureux époux. Quand Dumnorigh, en effet, eut consenti à faire cesser le veuvage de sa mère, ne fut-ce pas chez les Bituriges qu'il voulut lui chercher un mari ?... Or, si c'est à un Biturige que Dumnorigh donna une seconde fois le nom de père, c'est donc que Dumnorigh voulait tout faire pour effacer des dissensions cruelles dont il n'était pas l'auteur.

Comme on le voit, Beelissane et le Roi des cent rois s'entendaient d'une façon merveilleuse dans leur conduite vis-à-vis du grand peuple qu'ils cherchaient à entraîner.

L'un offrait de remettre entre leurs mains sa jeune couronne ; l'autre leur rappelait avec une sagacité charmante que la mère de Dumnorigh était venue un jour redemander aux Bituriges le maître que la mort lui avait enlevé.

— Je ne vous dirai pas qui nous fûmes, ajouta la noble femme ; je n'ai point à vous rappeler les projets si vastes et si grands de mon père; le monde entier les a connus ; l'impie César en a tremblé ; les dieux ont prononcé leur sentence : je ne viens donc pas ici vous faire le récit de cette guerre néfaste où j'ai bravé les piques et les javelots latins ; où m'étant jetée, ivre du besoin de mourir, je me suis retrouvée seule pendant que fuyaient et se rendaient les lâches qui avaient fait serment de mourir à mes côtés.

Ce que j'ai à vous raconter, Gaulois Arvernes et Bituriges, ce n'est pas la mort de mon père, ce n'est pas la défaite des Helvètes qui se sont fait tuer, ou des Boïes qui se sont rendus... Ce que j'ai à vous dépeindre, c'est l'âme d'un juste en ses déchirements, c'est le supplice d'un homme droit comme un Gaulois, et qui se perdit en essayant de se faire rusé comme un Latin. J'ai à vous parler de Dumnorigh et aussi de Divitiac, son indigne frère ; et c'est après vous avoir parlé d'eux que je vous dirai ce qu'il faut penser de ce même Boïo-Righ qui accompagne aujourd'hui les Édues vers votre frontière.

Un moment Beelissanc frémit de la tête aux pieds, comme si le feu de l'inspiration l'eût visitée et enveloppée ; ses joues s'animèrent ; son sein se souleva fortement, puis elle reprit d'une voix lente et pleine d'une merveilleuse majesté :

— On assure que chez les Grecs indociles et dépravés, les poëtes, agents de l'inspiration divine, méconnus dans la république des soldats, chassés de la république des rhéteurs, étaient contraints de se rabaisser jusqu'à faire représenter devant la populace le spectacle des pures gloires ou des grands malheurs du passé. Si jamais les fières Gaules doivent descendre à ce niveau, je lègue aux poëtes sacrés, réduits à la condition de rapsodes, le terrible souvenir des querelles de Divitiac, de Dumnorigh et de César. Jamais la muse hellénique n'aura fait à ses pauvres amants présent plus riche et plus fécond ; car jamais on n'a rien écrit de plus grand, de plus funeste, de plus atroce et de plus vrai que les pages trempées de sang qui se sont déroulées à mes yeux, et dont vous pouvez voir encore la trace à mes tristes mains.

Cependant, aux mains blanches, pâles, douces et pures que tendait la fille du roi Helvète vers les femmes bituriges, il n'y avait point de sang.

Mais c'est que l'imagination puissante de cette femme extraordinaire était possédée du don de seconde vue ; c'est que *le Dieu* la tenait tout entière quand elle s'écriait d'une voix tremblante d'émotion :

— Vous qui savez comment je suis devenue orpheline, sachez au moins aussi comment je suis devenue veuve.

X.

La vaillante fille du roi helvète reprit après quelques moments du plus religieux silence :

— A quoi bon vous entretiendrais-je longuement de cette jalousie sourde et aveugle, hypocrite, et cependant implacable, qui arme si souvent le frère contre le frère, et sème la discorde là où les dieux indiquent et commandent l'union?

L'envie, entre les rivaux que le hasard a pu mettre sur le chemin l'un de l'autre, est parfois une dégénérescence de l'émulation. Deux hommes se rencontrent dans la vie, ne se devant rien, ne s'étant jamais vus, ne s'étant jamais aimés. Ils marchent à la conquête du même laurier; le juge du camp ne s'étonne pas de la fureur qui les anime; il en sourit, il l'excuse même, ces luttes n'étant pas de celles qui font une tache à l'honneur et sont à l'humanité tout entière la plus grave de toutes les offenses. Parfois il arrive que les rivaux s'étonnent du rôle où le caprice du sort les a engagés; plus ils ont appris à se craindre, plus ils ont, en même temps, appris à se connaître et à s'estimer; il en résulte que, bien souvent, à l'honneur des luttes humaines quand arrive l'heure du dernier combat, les rivaux de la veille, devenus compagnons d'armes des jours meilleurs, se retrouvent la main dans la main, passant ensemble la grande porte de la gloire, et s'y faisant politesse à qui ne passera pas le premier.

Mais quand la rivalité se produit entre deux frères, la honte, le fiel, le courroux aveugle gâtent et flétrissent à jamais des cœurs maudits qui sentent bien que leur détestable passion est un crime contre la nature. Alors la jalousie se double d'une dépravation, et il ne faut plus attendre que des œuvres sataniques de ces rivalités impies, qui sont une souillure dans leur être comme dans leur objet.

Divitiac et Dumnorigh ne s'aimèrent jamais ; et les échos de Bibracte parlent encore des querelles sans cesse renaissantes qui empoisonnèrent leur triste enfance.

Divitiac était l'aîné. Tous, vous connaissez ce prêtre perfide et le rôle qu'il a joué dans la décadence de sa patrie. L'orgueil de Divitiac est implacable, son égoïsme sans frein ; mais c'est une nature froide, féline, doucereuse, dissimulée, et qui a puisé toute sa force dans l'art de cacher son orgueil.

Dumnorigh, au contraire, était une personnalité fière, ardente, active, toute en dehors, se compromettant sans cesse, et se créant partout des difficultés pour la folle joie de les surmonter. En tout, partout, l'action de Divitiac était voilée, adroite, spirituelle, dirigée par des combinaisons astucieuses ; l'action de Dumnorigh, au contraire, était éclatante, bruyante, violente même. — Divitiac trompait les hommes et les entraînait. Dumnorigh les achetait, les tenait dans sa sujétion. Il est donc naturel de penser que Divitiac s'adressait plus spécialement aux grands, et Dumnorigh tout particulièrement aux petits. César jugea du premier coup d'œil tout le parti qu'il pourrait tirer de ces deux hommes, de ce prêtre qui tenait les riches par leurs couardises, et de ce soldat qui tenait les pauvres par leur misère.

Les deux frères se menaçaient et s'observaient. Pendant longtemps, la tente de César fut le théâtre le plus ordinaire de leurs tristes rivalités. Sur ce terrain-là, Dumnorigh fut battu bien vite ; l'âme de Divitiac et l'âme de César étaient faites pour se comprendre ; César aime les orgueils qui se font modestes, et il avait plus de confiance au parti des grands représenté par Divitiac, qu'au parti des petits représenté par Dumnorigh.

Mais ce dernier avait accepté de trop fréquentes leçons d'astuce à l'école de son frère ; et il n'eut pas plutôt compris que Divitiac l'emportait sur lui dans la pensée de César, qu'il prit la résolution téméraire d'user d'astuce à son tour et de tromper ces grands trompeurs.

Ce fut en ce temps-là que Dumnorigh maria sa mère chez les Bituriges, implacables ennemis de César, et qu'il vint se marier lui-même chez les Helvètes et concerter ses grands desseins avec Orkedorigh, mon père.

Vous voyez d'ici, n'est-ce pas, le drame profond et mystérieux qui se joua pendant de longs jours entre ces deux frères Gaulois qui se haïssaient, et ce

Latin habile qui se faisait déjà l'arbitre de leurs querelles.

L'action de Dumnorigh était effrayante d'audace, de puissance et de grandeur. Il avait su former en quelque sorte chez toutes les nations gauloises un formidable parti enté sur le farouche sauvageon celtique, parti populaire et national qui ne tendait à rien moins qu'à se débarrasser des influences asiatiques, Kimriques et Druidiques, au profit d'une sorte de renouveau qui promettait aux pauvres et aux petits la place des riches et des puissants.

Divitiac, druide irrité, aima mieux livrer les Gaules que de les perdre pour lui-même et pour sa cause condamnée.

Ni Dumnorigh ni Divitiac cependant ne quittaient la clientèle de César, et ils jouaient leur rude partie avec une audace aveugle, en présence même de celui qui devait renverser la table et s'emparer des enjeux.

Mon père, ne voyant en tout ceci que le triomphe prochain des races celtiques sur la race latine, entra entièrement dans les vues de Dumnorigh, et il arma quatre cent mille Helvètes, s'apprêtant à pousser contre l'Italie, en passant par les Gaules, une effrayante migration des peuples de race teutonique.

Un jour, nous vîmes arriver chez nous un homme, un guerrier des plus renommés, une sorte de colosse humain, haut de six pieds, fort comme un taureau, couvert d'armes étincelantes, le front protégé par un casque d'or. Il nous dit de sa voix rauque et retentissante :

— Je suis Boïo-Righ, le chef redoutable, le maître de ceux qui *broient* et anéantissent leurs ennemis. J'ai avec moi trente mille Boïes, trente mille de ces vaillants par excellence, qui se choisissent entre eux, se connaissent, et se lient par les serments les plus terribles dans leur mission de haine et de vengeance contre les races du Midi, et tout spécialement contre Rome. On assure que, prêts à rassembler tout ce qu'il y a de bon, de loyal, de fidèle et de populaire dans les Gaules, vous méditez contre Rome une invasion que cette fois n'arrêtera pas Marius. Faites place aux Boïes parmi vous : les Boïes s'estimeraient déshonorés s'il ne leur était permis d'aboyer et de mordre à la curée gréco-latine qui se prépare.

— Les Boïes !... interrompit une voix chargée de mépris et d'indignation, les Boïes ! mais ce sont de misérables mercenaires, qui ne tournent même pas la tête quand nous les outrageons et leur lançons des pierres du haut de notre Gorthona ! La pierre de nos frondes tombe dans l'eau fangeuse de la Loire avant d'avoir atteint la rive boïenne ; nos injures se perdent dans l'air.... et n'ont pas même la vertu de faire aboyer les Boïes, qui sont aujourd'hui des chiens muets transformés en bêtes de somme !

— Mon père et mon mari, reprit Beelissane, firent à Boïo-Righ l'accueil le plus cordial et le plus grand. Les Boïes entrèrent comme en triomphe sur le territoire helvète ; on les couvrit d'or et de présents,

8

et ils ne passaient pas un jour sans proférer les serments les plus redoutables de conduire dans tous les villages de l'Helvétie Jules César chargé de chaînes.

A ce moment du récit de Beelissane, tout son auditoire biturige semblait en proie à une agitation presque délirante. Tous les chefs avaient la fureur au visage ; toutes les femmes étaient penchées dans une attitude violente ; Sennakerigh lui-même avait peine à dominer son émotion.

— Ne les outragez pas, je vous en supplie !... s'écria Beelissane frémissante, et connaissez-les avant de prononcer contre eux quelque méprisante sentence. Vous savez ce qu'il advint de l'enthousiasme des peuples helvètes. La main violente de Dumnorigh les avait à peine touchés, que la main dissolvante de Divitiac les touchait en sens contraire. Chez nous, Dumnorigh avait enthousiasmé les petits ; Divitiac irrita les grands ; et mon père, victime d'intrigues infâmes, paya de sa vie son ambition généreuse.

Dumnorigh, Boïo-Righ et moi, nous nous jurâmes de venger mon père. Dumnorigh sema des flots d'or chez les Séquanes, y souleva toutes les colères nationales, et obtint d'eux une alliance sourde quoique sûre avec les Helvètes et les Boïes. Mais que peut la vaillance des hommes de force et d'audace, quand leurs actes ne sont pas en accord avec la mystérieuse volonté des dieux ? Helvètes et Boïes, nous nous battîmes comme l'a su le monde. Dumnorigh, n'ayant jamais cessé de voir César, et ne doutant pas que le proconsul ne fût sa dupe, Dumnorigh poursuivait son audacieux manége. Pendant ce temps, je prenais Boïo-Righ par la main, et, au milieu de nos chariots brisés, de nos femmes demi-nues écrasant leurs enfants sur la roue de leurs chariots ; pendant que nos blessés lançaient encore leurs derniers javelots à travers la roue de leurs chars ; pendant que les chiens des Boïes se ruaient sur les légionnaires de César, je me jetais en avant, moi, avec le chef Boïe, et je m'écriais :

— Je ne reculerai pas plus que n'eût reculé mon père.

Une heure plus tard, j'étais prisonnière de César, et j'entends encore sa voix féline et railleuse qui disait à mon mari :

— Orkedorigh ne t'avait donné qu'une épouse ; moi je te rends une héroïne digne des plus magnifiques louanges, car elle a mieux aimé braver la mort pour honorer la mémoire de son père, que de rester à la place exempte de dangers où s'est tenu son mari.

Dumnorigh rougit et baissa la tête. Divitiac détournait ses regards orgueilleux et triomphants ; puis, faisant un geste brusque et soudain, il se jeta aux pieds de César, et, baisant presque les sandales du proconsul, il demanda pardon pour son frère, pour moi protection éclatante. Mais il n'y avait pas une seule de ses paroles qui, en implorant la grâce de mon mari, ne fût contre lui une accusation terrible. Il le dénonçait en le caressant ; il le tuait en demandant sa grâce : à ce point que ce fut César qui fut obligé en quelque sorte d'excuser et d'innocenter Dumnorigh. César dit qu'il comprenait trop la situation difficile où s'était trouvé Dumnorigh pour être tenté de la lui imputer à crime. — Marié par Orkedorigh, dit-il, il ne pouvait pas paraître abandonner la cause de son second père ; mais il était bien certain que Dumnorigh n'avait jamais voulu le trahir ; que si cela était d'ailleurs, il n'entendait s'en venger qu'en redoublant de soins et d'amitié envers un homme qui lui inspirait tant d'estime, et dont la jeune femme venait d'acquérir tant de droits à l'admiration des gens de bien.

Quelques jours plus tard, comme César parlait de faire couper les mains aux vingt mille Boïes prisonniers, et de les renvoyer ainsi chez eux... pour l'exemple, Dumnorigh me lança un regard d'intelligence ; moi, je tombai aux pieds de César et je lui demandai la grâce des Boïes au nom de mon père mort.

Dumnorigh me vint en aide et dit à César :

— Me les donner, c'est comme si tu te les donnais à toi-même. Permets-moi de les placer sur les frontières des Edues, afin que tu trouves du moins des alliés sûrs et qui ne tiennent leur existence que de toi.

Vous, seigneurs et dames bituriges, laissez-moi vous dire que je vivrais cent tristes années sans oublier le regard que César jeta sur Divitiac en répondant à mon mari. Jamais le génie du soupçon n'a rien rêvé de plus caressant et de plus amer ; jamais l'orgueil de soi, rien de plus superbe ; jamais la raillerie, rien de plus insolent ; puis César baissa ses grands yeux noirs ; ses lèvres blêmes se plissèrent ; un moment il réfléchit, puis, faisant un signe de tête, il murmura :

— Oui.... oui.... avoir les Boïes chez les Edues, c'est pour moi un coup de maître. Les Boïes me prépareront des vivres ; et, en les plaçant comme il convient, ils menaceront les Bituriges. Dumnorigh, l'inspiration est heureuse, et je consens volontiers que tu transportes les Boïes sur les frontières des Edues.

Le soir, demeurée seule avec Dumnorigh, et tout émue encore des regards échangés entre Divitiac et César, je dis à mon mari :

— Prenez garde : vous allez jouer un jeu terrible. Je vous ai parfaitement compris : vous voulez avoir les Boïes chez vous, afin de vous mettre à leur tête le jour où il vous plaira de secouer le joug de César. L'idée est heureuse, mais le danger grand, pour peu que César vous devine.

Alors Dumnorigh me serra sur son cœur, en me jurant que les choses ne pouvaient plus durer de la sorte ; que le rôle qu'il jouait près de César le couvrait de honte à ses propres yeux ; qu'il entendait rompre désormais avec des artifices qui répugnaient à son naturel, et qu'à la première occasion il se faisait fort de quitter César, de retourner chez les Edues et de lever l'étendard de la révolte avec les Boïes, les

Edues nationaux et les Bituriges, qui n'attendaient que l'heure propice pour rompre en visière au pouvoir latin.

Je le suppliai d'être prudent ; mais les Boïes nous avaient à peine quittés pour aller s'établir aux extrêmes frontières des Edues, que déjà je sentais se lever autour de mon mari et de moi-même un nouveau et terrible danger ; et je n'avais pas passé six mois dans le voisinage du grand débauché latin, que déjà il me poursuivait des plus insolentes obsessions. J'avais beau en toute occasion faire allusion à son âge, à ses rides et à son front chauve ; on eût dit qu'il se faisait un atroce plaisir d'irriter Dumnorigh ; et j'atteste ici les dieux punisseurs du crime, que j'entendis un soir Divitiac qui disait à demi-voix à son frère :

— César agit très-mal envers vous... Vous devriez e quitter.

Alors me voyez-vous, moi, honnêtes guerriers et femmes loyales, me voyez-vous, horriblement et à toute heure du jour, obsédée par ces deux hommes, dont l'un me disait :

— Allons-nous-en... L'air que je respire ici me tue et me déshonore...

Pendant que l'autre me faisait comprendre que Dumnorigh était pour lui l'ôtage des Boïes, et que si Dumnorigh essayait de quitter sa clientèle, il le ferait certainement mourir.

Pendant de longs mois, Dumnorigh connut ce profond et lamentable châtiment des âmes qui ont cédé quelque chose de leur force et de leur fierté.

Mais quand César voulut passer une seconde fois en Bretagne, et y entraîner les chefs gaulois, alors la répulsion de Dumnorigh devint une sorte de délire funeste ; il refusa hautement de suivre César qui, un jour, laissant tomber tous les voiles de sa duplicité, osa dire à Dumnorigh :

— Achève. Dis que tu veux me quitter pour aller te mettre à la tête des Boïes encore fidèles au souvenir de ton beau-père. Mais si tu en conviens, tremble !... car César n'a pas été ta dupe, et si quelqu'un se met jamais à la tête des Boïes et les fait descendre de leur colline... ce ne sera pas celui qui leur en a indiqué le chemin.

Dumnorigh courba une fois de plus la tête. Le soir, il pleurait comme un enfant, se frappait le front aux murailles et s'écriait dans son transport :

— Quiconque a semé le mensonge ne doit pas se plaindre de récolter l'infamie ; j'ai mal agi, et je porte la peine de ma faute. Avec des hommes tels que César, quiconque ne sera pas droit et pur comme un glaive se fera envelopper et dissoudre ; moi, j'ai assez de tant de honte ; j'aurai le périlleux honneur d'y échapper... sinon il est juste que je meure... afin que ma mort serve d'exemple à ceux qui seraient tentés de m'imiter.

J'eus beau supplier et prédire... Mes prières comme mes prédictions furent vaines. Le lendemain Dumnorigh assemblait les chefs gaulois et leur déclarait que César les menait en Bretagne dans l'unique but de les y déporter et de les y abandonner. César parut ; Dumnorigh le brava en face, lui déclara en effet qu'il ne lui avait demandé les Boïes que dans le but d'aller un jour se mettre à leur tête ; puis il le chargea d'outrages, lui donnant rendez-vous à Bibracte, ou même sur le haut de la colline où les Boïes avaient leur place de guerre.

Cette fois Divitiac ne se jeta pas aux pieds de César.

Dumnorigh partit ; mais à cinq mille pas du camp de César, Dumnorigh était attaqué par la cavalerie romaine qui l'attendait depuis la veille. Il me prit en croupe sur son cheval de bataille, et, l'épée à la main, tenta de se frayer un passage ; les cavaliers romains le chargèrent, le percèrent de coups ; et, quelques heures plus tard, il expirait entre mes bras, après m'avoir donné les ordres que vous savez. Mais ce que vous ne saviez pas, c'est qu'à l'heure où je lui adressais le dernier adieu, j'osai dire à cette pauvre âme bourrelée de remords mais raffermie par le repentir :

— Allez en paix, noble victime, et recevez mon serment que la mission dont vous me chargez sera remplie. J'irai trouver le fils de Celtill, puisque c'est en sa jeunesse et en sa pureté que vous avez confiance ; puis tenez pour certain que ce que vous vouliez faire, ce sera moi qui le ferai ; j'irai trouver les Boïes de la part des morts ; j'irai chercher Boïo-Righ en ce riche pays des Edues que vous avez tant aimés et tant servis ; et si le courage, et si le respect, et si la fidélité aux serments ne sont pas des mots vains et sonores, croyez qu'au jour de la lutte suprême, ce ne sera pas pour César que les Boïes, ayant courbé leurs épées, couperont les blés dans la riche plaine que domine leur oppidum.

Et Dumnorigh mourut en joignant les mains, et en priant pour la liberté de la Gaule qu'il s'accusait d'avoir mal servie.

Voilà, chefs et femmes Bituriges, ce que j'avais à vous révéler. Inspirés, j'ose le dire, par tout ce que l'âme d'un grand peuple peut contenir de plus pur, vous avez ouvert vos portes au roi que la Gaule a créé ; à moi maintenant d'achever mon œuvre ; vous dites qu'une armée Boïo-Edue, conduite par des chefs latins, est en marche vers vos frontières, et s'avance du côté de la Loire... Donnez-moi seulement trente cavaliers bien armés pour me servir d'escorte, une barque pour passer le fleuve, et je vous réponds de faire évanouir sans combat toute l'armée qui vous menace.

— Mille cavaliers... dix mille cavaliers... toute la cavalerie biturige !... criait-on de toutes parts.

— Trente.... et pas un de plus ! interrompit la veuve du roi Dumnorigh. Envoyer une armée sur le territoire des Edues, ce serait une énorme faute que vous ne devez pas commettre. Entre les Edues et vous, la plaie des rivalités est saignante ; si l'escorte que vous me donnerez était trop nombreuse, vous auriez l'air de braver vos irritables voisins, de leur imposer une loi, ce que vous ne devez pas faire. Que le courroux biturige se taise... afin que la seule voix de Dumnorigh soit entendue, et je vous réponds du succès.

Le lendemain, la vaillante femme, suivie de trente cavaliers que commandait Beïltheut, arrivait en face du mont abrupte de Gorthona, cette *tête du sanglier biturige*, cette éminence emblématique qui, hérissée au sommet de broussailles géantes amoncelées autour d'un temple, se dressait là, signe de courroux et de menace, à cent pieds au-dessus des eaux torrentueuses de la Loire, qui venaient parfois laver les pieds de la ville biturige bâtie en pente au pied du mont (1).

(1) Gorthona, devenue *Sacrum Cæsaris*, Sancerre. Pour quiconque a fréquenté assidûment le territoire arverne et le territoire biturige, nul doute que Gorthona ne soit la *ville arverne* dont parle Plutarque, ville qui avait un temple dans lequel les familiers de César lui ayant montré une épée prise sur lui par les Gaulois, et voulant la faire disparaître, auraient reçu du conquérant cette réponse :
— Laissez-la : elle est à sa place en un temple, car l'épée de César est sacrée.
— Sacrum Cæsaris !
Plutarque dit *une ville arverne* ; mais Plutarque, le spirituel anecdotier grec, n'y était pas allé voir ; et un meilleur géographe pouvait faire confusion entre une ville arverne et une ville biturige. Quant au nom lui-même de Gorthona, il faut y entendre ou *la Gorgone Biturige*, c'est-à-dire le *bouclier Biturige*, ou mieux encore : *La tête du sanglier Biturige* : ce qui d'ailleurs exprimerait une même idée. On sait que le sanglier pour les Gaulois était un animal consa-

Beelissane et ses cavaliers montèrent en contournant les sentiers jusqu'au temple qui dominait la contrée. La Loire roulait son immense et tortueuse nappe d'eau entre les rives Boïo-Edue et Biturige. Au loin, de l'autre côté des sables et des profonds marécages qui enveloppaient de toutes parts le lit du fleuve, il était possible d'apercevoir l'armée venue de Bibracte, qui s'avançait du côté des rivages.

Alors Beelissane et ses cavaliers descendirent ; et bientôt, embarqués sur de larges et solides bateaux, ils passaient le fleuve et se jetaient sur l'autre rive, marchant à travers les sables, faisant voler au loin l'eau des marais, pendant que l'armée Edue s'arrêtait en poussant des cris de menace.

Beelissane s'avança au milieu du désordre, et, comme un colosse armé s'était pendu à la bride de son cheval, elle se rejeta en arrière en criant :

— Boïo-Righ !... Est-ce ainsi que je devais te retrouver ?...

Le chef farouche poussa un cri de terreur profonde ; puis il tomba la face contre terre, pendant que Beelissane se débattait au milieu de cinquante chefs Latins ou Edues, et leur disait :

---

cré, et qu'il se nommait en leur langue *gorth*, pour exprimer le son de sa voix ; comme il se nomme encore *gorth*, en bas-breton ; *gors* et *goret* dans le langage populaire de toute la Gaule intérieure. Or Sancerre, place de défense et de défi, montagne hérissée et abrupte en face de la rive Boïo-Edue, devait porter un nom de menace, soit que ce nom signifiât *tête de Méduse* ou *tête de sanglier*.

— Qui êtes-vous et où allez-vous ?

— Que t'importe ! repartit un officier de César en la menaçant de son épée.

Un vieux chef gaulois s'avança et dit :

— Nous allons châtier les Bituriges qui sont, dit-on, sur le point de se joindre aux Arvernes révoltés.

— Au nom de qui marchez-vous ?... s'écria Beïltheut en faisant un geste de menace.

— Vous-mêmes !... dirent à la fois les chefs Édues, au nom de qui parlez-vous ?...

Alors Beelissane, touchant Boïo-Righ du bout de sa javeline, s'écria d'une voix presque méprisante :

— Que celui-là qui est à votre tête se lève et vous dise un peu qui je suis... puisque vous semblez l'avoir oublié.

Le sauvage Boïe se releva, et le nom d'Orkedorigh sortit de ses lèvres pâles, pendant que cent soldats édues, qui venaient de reconnaître Beelissane, prononçaient le nom encore sacré pour eux de leur bon roi Dumnorigh.

Boïo-Righ était à genoux, la face cachée entre ses rudes mains, comme s'il n'eût pu soutenir la vue de celle dont la présence était pour lui un reproche.

Les soldats édues poussaient de grands cris, puis des soupirs étouffés, puis des sanglots, puis des exclamations de rage.

— Dumnorigh !.. Dumnorigh !... disaient-ils d'une voix pleine de lamentations et de colères... C'est bien là, en effet, la jeune épouse de notre roi, de notre ami, de notre maître vénéré !... Qu'est devenu notre Dumnorigh, Dumnorigh l'ami du peuple, Dumnorigh le fort, Dumnorigh le sage ?...

Beelissane toucha de la pointe de sa javeline les gazons semés de neige, et d'une voix triste et violemment émue, elle dit :

— Il est mort.

— Qui l'a tué ?... crièrent les Gaulois d'un ton menaçant.

— Demandez-le, cria Beelissane, aux officiers de Jules César.

Les chefs latins, pâles de terreur, essayèrent de s'interposer.

— Frappez cette aventurière, disaient-ils en se débattant au milieu des soldats qui les avaient suivis. — Dumnorigh était l'ami de César, et César ne tue pas ses amis.

— Honte et malheur à qui s'y fie ! repartit avec audace la fille du roi helvète, et César a tué Dumnorigh, le chef adoré des Édues... J'ai droit d'en faire le serment, car je l'ai tenu mourant entre mes bras... moi, sa veuve !... Et c'est lui qui m'a dit avant de rendre le dernier soupir :

— Je meurs frappé par César !... Va le dire aux gens de Bibracte, afin qu'ils en portent la nouvelle à Boïo-Righ, mon vaillant ami, et qu'ils me vengent de César.

— Que font les Bituriges, nos clients ?... dirent les Édues encore incertains.

— Ils se souviennent ! cria Beïltheut avec joie.

— Ils sont prêts à mourir tous !... ajouta Beelissane, pour l'honneur et la liberté de la Gaule.

Les plus vieux chefs des Édues parurent. D'une voix unanime ils attestèrent que la femme qui parlait aux Édues était bien la fille du roi helvète Orkedorigh, la veuve du vaillant roi Dumnorigh. En vain les chefs latins voulurent tenter un dernier effort. Tout ce qu'ils purent obtenir des Édues fut qu'ils ne se réunissent pas aux Arvernes et aux Bituriges.

Déjà mille voix de la petite armée faisaient entendre des menaces.

— Mort à César !... criaient ceux-ci.

— Longs jours au Roi des cent rois !.. criaient certains autres, au jeune chef qui nous est imposé par la volonté de Dumnorigh !

Beelissane prit Boïo-Righ à part, et lui dit :

— Où sont les Boïes que Dumnorigh avait envoyés chez les Édues ?

Boïo-Righ rougit légèrement, puis élevant sa large épée dans la direction du nord-est, il murmura :

— Ils sont là-bas.

— Et penses-tu, dit la jeune femme, que la fille du roi helvète sera bien reçue chez les Boïes?

— Je n'en doute pas... dit Boïo-Righ en s'inclinant, bien que sa rude physionomie trahît déjà des perplexités étranges.

— Va donc les trouver.. repartit Beelissane avec autorité, et dis leur que bientôt la fille d'Orkedorigh viendra leur rappeler leurs serments.

Quelques heures plus tard l'armée venue de Bibracte et renforcée au passage d'une partie des Boïes campés chez les Édues, était vaincue sans combat ; et Boïo-Righ, triste et soucieux, retournait du côté de son oppidum, pendant que Beelissane et ses cavaliers reprenaient le chemin d'Awe-Righ (1).

Quand l'illustre ville qui avait commandé à toutes les Gaules sut ce qui s'était passé aux frontières, théâtre de tant de combats fratricides, il y eut comme une explosion de joie orgueilleuse qui mit le comble au triomphe du fils de Celtill et de sa vaillante compagne. Le jeune et beau chef arverne fut acclamé de nouveau Roi des cent rois, chef de toutes les Gaules réunies, successeur légitime et absolu de la vieille royauté d'Ambigat ; Bcelissane fut procla-

---

(1) *Qui cum ad flumen Ligerim venissent, quod Bituriges ab Æduis divisit, paucos dies ibi morati, neque flumen transire ausi, domum revertuntur, legatisque nostris renunciant, se Biturigum perfidiam veritos revertisse ; quibus id consilii fuisse cognoverint, ut si flumen transiissent, una ex parte ipsi, altera Arverni se circumsisterent id eâne de causâ, quam legatis pronunciârunt, an perfidia adducti fecerint quod nihil constat non videtur pro certo esse ponendum. Bituriges eorum dicessu, statim se cum Arvernis conjungunt.*
(*Commentaires*, livre VII.)

L'aveu est pénible à produire ; il ressemble fort au récit du combat de Gergovie. Il importe d'en tenir compte à la mémoire de César. *Il se pourrait bien* que les Edues se fussent montrés perfides... César n'en est pas bien assuré... *Non videtar pro certo esse ponendum*. Le vrai est que les Édues FIRENT LEUR DEVOIR ; mais César n'en convient pas, et pour cause.

mée prophétesse, déclarée sainte et presque adorée à la façon de ces génies doux, tendres et inspirés qu'enfantait la brillante et religieuse imagination des Gaulois.

Ainsi, pareille à la lampe qui jette avant de s'éteindre sa lumière la plus suave et la plus pure, la pauvre capitale des Gaules se parait avant de mourir, et revêtait ses ornements royaux pour recevoir le coup de hache qui devait l'abattre à jamais.

LIVRE TROISIÈME.

SOMMAIRE : Stratégie du Roi des cent rois. — La fille d'Orkedorigh chez les Boïes. — Boïo-Righ, serviteur de César. — Les Boïes et leur Gergovie. — Marigh. — César chez les Sénons. — Les conseils de Labiénus. — César veut délivrer les Boïes. — De Vellaudun à Génabe. — Guturvat n'est pas arrivé. — Venger Furius Cotta. — César chez les Bituriges.— Les incendies. — Des têtes d'oignon et de la gloire ! — Cott et Convictolitan. — Les larmes de Beïltheut. — Arrivée devant Awe-Righ. — Le siége. — Héroïsme prodigieux. — L'assaut. — O pauvres femmes bituriges ! — César entre dans Awe-Righ.

XI.

Huit jours s'étaient écoulés, et déjà l'antique et illustre métropole des Gaules paraissait être devenue le centre du grand renouveau asiatico-celtique préparé par des efforts aussi patients que généreux.

Cotuat, Conetodun et Guturvat, les trois chefs carnutes qui avaient pris l'initiative du mouvement de Génabe, venaient d'entrer dans Awe-Righ, la tête en feu, le cœur ingénu, n'ayant d'autre pensée que celle d'une aveugle soumission aux ordres de la commune patrie.

Trois grands peuples, les trois premiers peuples de la Gaule, formaient donc déjà l'avant-garde de cette magnifique armée nationale dont le suprême effort devait à la fois étonner et attrister le monde.

Si l'on parvenait à entraîner les Séquanes et principalement les Édues, tout était sauvé, et la Gaule centrale, cette fois, devenait le tombeau de César.

C'est à quoi songeait la fille d'Orkedorigh, personne plus que cette parfaite créature n'étant en situation de mener à bien une pareille entreprise ; et les chefs gaulois lui avaient dit bien souvent :

— Vous êtes notre quatrième armée, et, à vous seule, vous nous valez tous.

Toutes les nuits, la maison de Sennakerigh était le rendez-vous des chefs de guerre. Non-seulement Beelissane y était admise, mais écoutée avec la plus sévère déférence.

— Ne vous hâtez pas de rien décider, disait-elle, une nuit que les chefs impatients pressaient le grand chef gaulois de leur dévoiler ses plans. Moi, mon rôle est tout tracé : je vais chez les Boïes, et je les entraîne à Bibracte, où je me fais reconnaître comme veuve de Dumnorigh, sans que les Édues puissent avoir à m'objecter leur rivalité contre les Bituriges ou les Arvernes. Reine du peuple Édue, à Bibracte je serai chez moi ; et, suivie de mes fidèles Boïes, je suis certaine de réaliser par eux un entraînement général. Quant à vous autres, ne prenez votre résolution qu'à l'heure où César aura paru dans les Gaules ; mais quant à moi, je ne pense pas qu'il soit prudent que le chef suprême s'éloigne du théâtre de la suprême lutte. L'idée de jeter une armée entre

César et ses légions du nord est séduisante ; et cependant il est raisonnable peut-être d'en redouter les illusions.

Un sourire fin et charmant, sourire un peu triste, mais souverainement spirituel, vint errer sur les lèvres du Roi des cent rois.

— Il est honteux, dit-il, à des Gaulois de bonne race d'en être réduits à user de ruse et d'astuce pour repousser la perfidie. Nos fiers aïeux se fussent indignés rien qu'à la pensée de ces manœuvres misérables que la décadence des caractères ose mettre à la place du vrai courage. De notre temps, et avec des hommes tels que César, ce n'est plus la guerre qui se fait, c'est la chasse avec toutes ses ruses, avec ses mille tromperies qui dégradent le conquérant et qui ternissent la victoire ; et cet art funeste que les Latins nomment stratégie n'est que la décadence des armes, comme le caractère de César n'est que la décadence de l'humanité. Mais puisque l'on nous contraint à la stratégie, il importe que nous nous défendions avec les armes qui sont employées contre nous ; et si César en agit avec moi comme avec un bœuf sauvage, je ne vois pas pourquoi je n'en agirais pas avec lui comme avec un renard dangereux.
— Chefs gaulois, écoutez-moi... Si César arrive directement chez nous à travers les neiges, ce que j'estime difficile, son unique pensée sera de se rapprocher de ses légions... Mon intention est de le laisser faire ; et si l'événement justifie ma prévision...

vous me comprendrez mieux encore par la suite impérieuse des événements.

En ce moment, je ne fais qu'un vœu... c'est que César n'entre pas chez les Séquanes, car là ses infernales pratiques nous créeraient mille embarras. Avec l'intervention presque merveilleuse qui va nous être d'un si puissant secours en remettant la veuve de Dumnorigh à la tête des Boïes et des Édues... je crois notre partie à moitié gagnée par avance ; et pour peu que César me laisse la rive gauche de la Loire, je réponds de tout... si je suis soutenu en même temps par les Carnutes et par les Édues.

Mais déjà un bruit terrible interrompait le Roi des cent rois. Les portes s'ouvraient avec fracas ; et trois guerriers couverts de sang, les vêtements déchirés, la joue pâle, et des tronçons d'épée à la main, se précipitaient au milieu des chefs gaulois.

— Vergasillum ! s'écria le chef gaulois avec stupeur, mon jeune parent Vergasillum, toi que j'avais laissé à la garde de Heergawbia !

— Heergawbia est sauve encore !... cria le hardi Gaulois avec force, mais si tu ne te hâtes d'y revenir, tu risques de ne pas y trouver une muraille debout... pas un chaume qui ne soit en cendres. César a traversé les Cévennes ; César est chez les Arvernes, poussant devant lui nos pauvres frères qui se sauvent comme des moutons devant un troupeau de loups... César tue, égorge, pille, massacre tout ce qui lui tombe sous la main. Les infortunés Arvernes demandent que tu viennes à leur secours.

— Si les Arvernes se battaient !... cria Guturvat avec emportement, au moins leur mort serait féconde.

— Si les Arvernes mettaient le feu à leurs villes et à leurs villages !... dit brusquement Sennakerigh, ils ne s'apercevraient pas qu'on les pille.

— Comment voulez-vous qu'ils se battent ! repartit le chef gaulois en faisant un geste hardi, si leur roi n'est pas à leur tête ?

— Le Roi des cent nations gauloises, dit une voix rude et rauque, n'est pas le roi des Arvernes.

Les yeux du fils de Celtil lançaient des flammes surhumaines; son admirable visage rayonnait de génie et d'inspiration.

— Laissez-moi faire !... cria-t-il d'une voix stridente, métallique, qui sonnait comme une fanfare de guerre, et ne cherchez pas même à savoir si je fais ici ou non preuve de pitié pour les Arvernes qui m'ont aimé. Vous me jugerez en me comprenant.

Puis faisant un de ces gestes superbes qui veulent être absolument obéis ou châtiés, et parlant, cette fois, à la façon d'un vrai monarque qui n'a pas encore senti la pesanteur de sa couronne, il s'écria :

— Toi, Guturvat, et vous autres, Cotuat et Conetodun, vous est-il possible de rassembler en moins d'un mois vingt mille Carnutes et de les jeter dans Génabe?

— Que ma tête tombe sous la hache d'un licteur nu de Rome, cria Guturvat avec explosion, et que mon flanc saigne sous les verges latines, si j'y manque ! J'arrêterai César à Génabe.

— Vous, Beelissane, dit le Roi des cent rois, irez-vous avec les Boïes chasser de Bibracte les Cott, les Convictolitan et les Virdumare ?

— J'y ferai nommer Litawigh Vergobreith ! dit la veuve de Dumnorigh avec un fier sourire... et je vous réponds de Bibracte ; avec vous Bibracte se battra contre César et vaincra César avec vous.

— C'est la voyante qui le dit !... s'écria le vieux Sennakerigh, et les voyants ne mentent pas. Allons, jeune homme aimé des dieux, rejetez César sur la rive droite de la Loire... Et si, malgré vous, par fortune, il revient chez les Bituriges... soyez assuré que les Bituriges se battront à la lueur de cinquante villes fumantes... Moi aussi, je vous en fais le serment.

Le lendemain, après avoir serré la main de Beelissane, le Roi des cent rois se mettait à la tête de ses fidèles Arvernes, et s'élançait par les chemins glacés et neigeux qu'il avait déjà parcourus.

— La destinée de ce jeune homme est bien grande !... disait Beelissane à Sennakerigh, pendant que les cavaliers arvernes couraient, le dos fouetté par la neige, bien grande en effet ; et je ne sais pas de mission plus sublime à la fois que la sienne et plus difficile à remplir ; car ce n'est pas seulement un capitaine habile qu'il s'agit de vaincre, c'est, hélas ! **une nation qu'il s'agit de transfigurer.**

— Hâtez-vous !... dit le vieillard, car en des jours comme les nôtres, il ne faut pas laisser aux ivresses le temps de se refroidir, aux méchantes intentions le temps de se ranimer. Dès que les Édues apprendront le départ des Arvernes, la pensée leur viendra de nous menacer une fois de plus. Je ne les crains pas ; mais vous qui avez si bien compris que nous devons éviter les conflits, hâtez-vous de prévenir des résolutions qui seraient fatales à notre cause. Déjà, sans doute, les officiers latins, remis de leur première stupeur, sont à la tête d'une nouvelle armée. Il faut déjouer leurs projets.

Quelques jours plus tard, en effet, entourée d'une petite escorte d'Arvernes, de Carnutes et de Bituriges, afin qu'il fût bien constant que nul de ces peuples ne prétendait à une suprématie blessante pour l'orgueil des Édues, Beelissane reprenait le chemin de Gorthona, et s'y montrait pendant que de toutes parts se répandait la nouvelle de l'arrivée du proconsul chez les Arvernes.

Quand l'intrépide créature qui soutenait d'une façon si énergique l'honneur des Helvètes et des Gaulois parut sur les rives de la Loire, l'énorme fleuve était gelé d'un bord à l'autre, hérissé de toutes parts de glaçons couverts de neige ; toutes les barques, tous les bateaux étaient arrêtés aux rivages, et depuis bien longtemps déjà la guerre terrible des Édues et des Bituriges avait détruit le grand pont qui autrefois réunissait les peuples amis.

— Que ferons-nous ?... dit Beïltheut en frémissant, non pour lui, mais pour son héroïque compagne. Le Roi des cent rois, qui est mon chef, m'a chargé de veiller sur vous ; mais, hélas ! je tremble en songeant que je n'ai qu'une vie à perdre, et que je puis mourir sans avoir accompli la mission qui m'a été confiée.

— Rassurez-vous !.. dit en souriant Beelissane : je sens aux élans de mon cœur, à la confiance un peu farouche qui m'anime, que la mort est loin de moi. Je ne sais ce que c'est que souffrir du corps ; je ne connais pas la fatigue... et quand le danger et moi nous nous trouvons face à face, ce n'est pas moi qui ai peur du danger.

Les chevaux furent laissés au rivage ; et bientôt la veuve du roi des Edues, la messagère sainte qui venait d'apporter la volonté d'une nation courroucée dans le pan de sa robe mystique, la forte étrangère qui avait appris à vivre au bord des glaciers et des torrents, s'avançait d'un pas intrépide entre les glaçons qu'un froid terrible avait arrêtés. Une bise dure et sifflante soulevait les tresses de ses cheveux mal emprisonnés sous une sorte de cape en fourrures ; sa joue était pourpre ; et ses yeux souriaient toujours, laissant deviner une indicible tranquillité d'âme, pendant que chacun de ses pas faisait craquer les glaçons qui la soutenaient sur l'abîme. Trois fois elle tomba sur les genoux ; trois fois elle sentit l'eau du fleuve jaillir à travers les fissures des glaçons prêts à se fendre ; elle entendait comme un sourd et terrible murmure de vagues prisonnières et irritées ; on eût dit que le fleuve en furie montait peu à peu, brisant ses barrières, les emportant et les noyant sous des montagnes de flots déchaînés ; Beelissane souriait toujours, pendant que Beïltheut, pâle comme la nuit, la suivait du regard avec une anxiété terrible, décidé à mourir avec elle, s'il ne pouvait la sauver.

A un moment d'horreur, un craquement se fit entendre ; Beelissane chancela ; l'abîme s'ouvrit ; mais déjà la fille des glaciers avait fait un pas en avant ; elle se soutenait au bras du jeune Biturige, et levant ses yeux si clairs et si purs vers un magnifique soleil d'hiver qui montait à son zénith, elle murmura d'une voix tremblante, mais allègre, mais fière, mais heureuse :

— Ne vous étonnez pas qu'il me protége... Ne suis-je pas sa compagne ?... Ses purs rayons me réchauffent et ne fondent pas les glaces de la Loire.

Quelques instants plus tard, la petite escorte était au rivage ; la jeune femme élevant au ciel ses mains pieuses, et déjà tournant ses regards ardents vers les riches régions qui un moment l'avaient vue puissante.

Les chevaux de l'escorte passèrent à leur tour ; Beïltheut fit du feu, et la vaillante reine des Edues lui dit, en lui tendant sa main affectueuse :

— Vous êtes tendre comme une mère et dévoué

comme une sœur. Mais que le danger surmonté ne nous fasse pas oublier le devoir. En de semblables circonstances, perdre du temps c'est tout perdre, surtout en face de César. Si nos chevaux sont rapides et sûrs, nous serons chez les Boïes avant la nuit, car je connais les chemins qui mènent à leur oppidum ; Dumnorigh m'en a parlé tant de fois !

Le soir même, en effet, après cinq heures de marche hardie à travers des vallons et des collines onduleuses (1), Beelissane et ses compagnons arrivaient

(1) Impossible désormais, dans l'état de la science moderne, d'équivoquer sur le territoire attribué aux Boïes par César *in finibus Æduorum*. Les travaux si remarquables, si précieux, si concluants de la Commission de la carte des Gaules, instituée au ministère de l'instruction publique, et composée de notabilités archéologiques, historiques, géographiques et même militaires, les plus dignes de confiance, ne sauraient être contestés. Qu'on se reporte à ces travaux si intelligemment préparés; et l'on verra que la cité Boïe, Boïa, était en face la cité biturige, avec la Loire entre deux, à peu près depuis Cosne, jusqu'à environ moitié chemin de Nevers, *Noviodunum Æduorum*, comprenant une partie du Morvan jusqu'aux gorges du Puisais, et ayant son centre dans une des plus magnifiques plaines de la vallée de l'Yonne, — commune de Saint-Révérien, canton de Prémery, qui portait, il y a dix siècles, le nom de *Champ des Boïes*, et qui porte encore aujourd'hui le nom de *Champ des Allemands*, — *Champallement, Challement,* commune de *Brinon-lès-Allemands*. Pour constater ces vérités, il ne faut avoir d'ailleurs que des oreilles et des yeux, car, dans cette région, tout porte le nom des Boïes, et la terre est pavée de leurs souvenirs, sans rien dire de leur célèbre capitale qui existe encore, dans toute l'horreur de ses destructions

dans une région toute hérissée de mamelons, les uns couverts de forêts sinistres, les autres un peu nus et désolés. Dans le crépuscule se dessinaient au loin des montagnes dont la cime blanche semblait déchirer les nuages ; à mille pas des voyageurs, la croupe à peine sensible d'une légère éminence se dressait sur les bas-fonds marécageux de la vallée ; ce point commandait en quelque sorte toute une région basse et à demi-encaissée entre les collines ; un feu clair et vif brillait sur cette hauteur qui semblait là comme un premier retranchement indiqué par la nature des lieux.

Beelissane et Beïltheut lancèrent leurs chevaux ; et bientôt ils s'arrêtaient brusquement en face d'une muraille en pierres sèches, pendant que d'horribles coups de sifflet déchiraient l'étendue, et que vingt molosses d'une taille énorme se précipitaient en hurlant.

Beïltheut fut obligé de les charger à coups d'épée,

---

successives, avec ses temples, ses théâtres, ses forges, ses voies romaines, et des montagnes de ruines du plus précieux caractère.

Il est donc absolument impossible de mettre les Boïes en Bourbonnais ; tous les bons esprits ont abandonné cette erreur des vieux géographes ; le Bourbonnais était Biturige, les *Ambluaretes bituriges*, entre la Loire et l'Allier, et pas le moins du monde *in finibus Æduorum*, comme le dit expressément César, et comme les faits acquis le démontrent surabondamment.

pendant que des voix sinistres criaient déjà d'une façon lugubre et désolée :

— Heer ! heer ! heer ! Haw ! haw ! haw !

— C'est le cri des sentinelles boïes ! dit en frémissant Beelissane.

Bientôt, en effet, aux lueurs des feux vacillants, cent figures fantastiques se dessinèrent, des hommes presque semblables à des géants, enveloppés de peaux de bêtes, armés de longues lances, et dont la voix effrayante se mêlait de nouveau à l'aboiement terrible de leurs chiens.

Beïltheut et sa compagne avançaient toujours. Bientôt toute la horde sauvage se jeta en dehors des murs grossiers qui enveloppaient le camp ; et l'un de ces hommes à figure sinistre, portant sa lance dans le poitrail du cheval de Beelissane, s'écria :

— Qui êtes-vous et que cherchez-vous ?

— Boïo-Righ ! dit la jeune Helvète avec confiance, et elle ajouta rapidement :

— Est-ce ici l'oppidum des Boïes ?

Le soldat étranger répondit :

— Non, c'est le camp de leurs sentinelles (1).

(1) Aujourd'hui encore Arzembouy, *Arx in Boiis*, la citadelle chez les Boïes. Cette station, devenue village, est d'ailleurs pleine de ruines ; mais nous avons mille raisons de croire que là n'était pas la place de guerre, la *Gergovia Boiorum* dont parle César en ses *Commentaires*. (Voir en tête de cette publication notre rapport sur la question, adressé au ministre de l'instruction publique, et communiqué à la commission de la carte des Gaules.)

— Où sont-ils ?.... ajouta la reine des Edues.

Le sauvage Boïe fit un geste ; et déjà, dans la profondeur de la nuit, il était possible d'apercevoir le dos sombre et noir d'une colline couronnée de lueurs sinistres.

Alors Beelissane descendit de cheval ; et s'approchant des feux autour desquels une centaine de soldats s'étaient groupés, elle s'écria :

— Qui de vous a vu dans les combats la fille du roi helvète Orkedorigh ?

A ce cri, à ces paroles, on eût vu les farouches Boïes se lever peu à peu ; leurs yeux glauques s'emplissaient de flammes ; les uns tombaient à genoux en poussant des cris de joie ; d'autres se jetaient sur leurs chiens pour les empêcher d'aboyer ; certains ramassaient leurs armes, comme pour venir les déposer aux pieds de la fille de leur roi ; puis d'un mouvement spontané tous, saisissant leurs larges boucliers, en firent une sorte de siége d'honneur où ils firent asseoir Beelissane ; puis, la portant en triomphe, ils achevèrent trois fois avec elle le tour de leur feu ranimé ; puis s'étant arrêtés brusquement, ils vinrent tous déposer leurs épées aux pieds de la fille d'Orkedorigh, et l'un d'eux s'écria d'une voix éclatante :

— Dumnorigh nous avait bien promis qu'il viendrait se mettre à la tête des Boïes, pour les arracher à la honte... Epouse de Dumnorigh, salut ! Ton sang s'est mêlé à celui des Boïes... le sang des Boïes coulera pour toi.

— Vous le voyez, dit doucement Beelissane au jeune Biturige, voilà les hommes en qui César espère... et que la Gaule calomnie.

Après une heure de marche nouvelle, Beelissane, Beïltheut, et leur modeste escorte de Boïes fidèles s'arrêtaient au pied de vastes étangs glacés et couverts de neige (1) ; sur la pente qui les dominait s'étendaient de riches prairies ; puis tout à fait sur le haut plateau d'une forte colline, on pouvait apercevoir la ligne sombre d'un grand mur entrecroisé de

---

(1) Les étangs de Champallemant, qui existent encore aujourd'hui, mais qui paraissent avoir été détournés, dans l'unique but d'engloutir toute la partie basse d'une ville tant de fois dévastée, et dont la présence sur le sol gaulois était une injure au sentiment national. Les Boïes étaient là triomphants avec la conquête romaine ; la vengeance gauloise les dispersa, les chassa, et fit de leur nom une injure, à peu de chose près synonyme de misère, de vagabondage. Boïe, en effet, est le même mot que Bohême, en ce sens que Bohême vient de Boïo-Heim, *demeure des B..ies*. Or, nous permettra-t-on de faire observer que si le *Bohême* fut considéré par la Gaule du moyen âge comme le juif par les chrétiens, il se pourrait bien que le désastre des Boïes en Gaule ne fût pas étranger à cette flétrissure. Impossible de supposer que l'opinion des hommes injurie un peuple et poursuive le nom de ce peuple d'une réprobation passionnée, sans raison plausible, certaine, positive. Or, le juif a crucifié Dieu ; le Boïe ou Bohême a offensé la patrie gauloise.... anathème au juif et au BOHÊME..... qualification étrange et bizarre, que bien des gens emploient encore aujourd'hui sans comprendre d'où lui vient son caractère injurieux.

pierres et de madriers (2). La colline s'arrêtait brusquement elle-même sur une immense vallée qui se perdait dans les profondeurs de la nuit.

Quelques instants plus tard, Boïo-Righ parut ; il vint tendre la main à Beelissane et lui dit d'un ton pénétré :

— L'heure où vous allez passer la porte qui mène chez les pauvres Boïes exilés et condamnés sera pour eux une heure de joie, un rayon de pur soleil dans leur éternel hiver. Venez, fille du grand roi helvète qui m'a tant de fois reçu en ami, et si jamais vous retournez chez les grands peuples du Nord, si jaloux de leur liberté... dites-leur que vous êtes venue un moment pleurer sur le sort des Boïes, des Boïes réduits en esclavage, et que les Boïes vous ont ouvert, comme à un sourire de leur patrie absente, la porte de leur oppidum.

Beelissane échangea un regard d'inquiétude avec Beïltheut ; puis elle dit à Boïo-Righ :

(2) Le plateau de grès qui domine le village de Saint-Révérien. Ce plateau est gergovien ; il est conformé, sur de moindres proportions, comme le plateau de la Gergovie arverne. Il est dans une situation à peu près analogue, avec Montenoison qui le domine, les étangs de Champallemant qui l'avoisinent, et la magnifique plaine à blé qui s'étend à ses pieds, bornée d'un côté par le Morvan, de l'autre côté par le cours de l'Yonne. Là fut la Gergovie des Boïes, sur la rive droite de la Loire, juste au milieu de la cité des Boïes, Boïa, et des peuples nommés par Peutinger *Cambiovicences, vicenses campi Boiorum*, les voisins du champ des Boïes.

— Vous paraissez me charger d'une mission pour vos frères du Nord... Boïo-Righ, ne comptez-vous donc pas vous en acquitter vous-même?

Le chef barbare courba la tête sans répondre, et Beelissane, se tournant vers le jeune Biturige, lui dit à demi-voix :

— Je suis trahie .. et tout est perdu.

Mais une femme de ce caractère n'était pas de ceux ou de celles qui cèdent au premier vent de la fortune adverse ; et bientôt, les yeux irrités, le front chargé d'orages, elle s'avançait parmi les sentiers bordés de huttes et de tentes qui couronnaient l'abrupte colline. Partout des feux étaient allumés, envoyant aux cieux des teintes sanglantes ; partout des groupes de femmes, d'enfants, de chevaux, de chiens et de bœufs à demi-sauvages étaient arrêtés auprès des brasiers. Çà et là, dans les carrefours, étaient rassemblées les vastes basternes de voyage avec leurs roues pleines et massives ; puis, des charrues, des instruments aratoires, et même de vastes hangars gardés par des sentinelles bien armées. Par moments on entendait le bruit d'une chute d'eau, puis le tictac d'un moulin, et même un horrible vacarme de marteaux et de soufflets qui paraissait sortir d'une région tout enveloppée d'étincelles, à travers lesquelles on voyait s'agiter comme une bande de démons demi-nus qui traînaient après eux des barres de fer toutes brûlantes d'où jaillissaient mille étoiles.

Mais déjà le bruit s'était répandu parmi les Boïes

que la fille du roi helvète Orkedorigh était au milieu d'eux ; et déjà mille clameurs enthousiastes volaient d'échos en échos, rappelant de toutes parts les Boïes qui montaient rapidement les pentes de leur place de guerre.

Boïo-Righ frémit en portant la main à sa lourde épée, car déjà des centaines de femmes Boïes, à genoux sur la neige, élevant leurs enfants dans leurs bras, criaient avec un enthousiasme effréné (1) :

— Salut ! salut !... salut à l'Elfe du Nord... à la fière compagne du soleil qui vient réchauffer le cœur des pauvres Boïes prisonniers de guerre. . Salut à la fille du roi helvète, dont le sang s'est mêlé au nôtre, et qui vient tenir près de nous la sainte promesse des morts !...

Beelissane, ivre de joie, tendait les mains aux femmes Boïes, prenait leurs petits enfants dans ses bras, les appelait par leurs noms les unes après les autres, pleurait avec elles et leur criait d'une voix profondément émue :

— C'est encore le roi helvète Orkedorigh et le roi Edue Dumnorigh qui reviennent se mettre à votre

---

(1) Il faut avoir sans cesse présente à la mémoire la situation des Boïes, ennemis nés du peuple latin, enregimentés et payés par Orkedorigh, puis transportés sur la demande des Edues *petentibus Æduis,* et finalement laissés, par la mort de Dumnorigh, à la merci de Divitiac et de César. Certes, chez les Boïes il y eut trahison ; mais il y eut aussi fatalité de situation.... Il importe d'insister sur ce point.

tête... Mes braves Boïes, en avant!..., et sus au César latin qui croit vous avoir vaincus !

Un Boïe de six pieds de haut, demi-nu sous la vaste peau d'urus qui l'enveloppait à peine, fort comme un taureau, les cheveux hérissés, les yeux hagards, venait de se ruer en rugissant sur un amas d'armes et d'instruments. Il reparut tenant le soc d'une charrue entre ses mains géantes ; deux fois il le courba sur son genou ; puis le courbant en sens contraire, il le brisa, et il en jeta les morceaux aux pieds de la fille du roi helvète, en criant de sa voix rauque et formidable :

— Honte et malheur au soc impie qui fend la terre pour César ! Honte éternelle aux Boïes infâmes qui depuis six ans déshonorent le nom glorieux qui leur a été transmis par leurs pères ! Dès ce jour les Boïes ne sont plus des guerriers redoutables, mais des aventuriers sans patrie ; et leur nom, qui était un titre de gloire, va devenir une injure !

Puis se jetant sur une épée nue, le forcené Boïe cria de nouveau :

— Fille d'Orkedorigh, ton père a payé mon sang... Qu'il soit donc versé au nom de ton père !

Et le pauvre homme se plongea une longue épée dans le corps ; puis se tournant vers une femme jeune encore qui tenait cinq petits enfants autour d'elle, il dit en leur tendant les bras :

— Je veux que mon corps soit brûlé, afin qu'il n'engraisse pas les sillons que les Boïes fendent pour

César... et qu'on ordonne à mes petits enfants de se souvenir de leur père !

— Comment te nommes-tu ? dit Beelissane blême d'horreur.

— Marigh (1) !... cria le pauvre Boïe en se tordant au milieu des convulsions de l'agonie, et que mon nom soit fatal à Rome !... afin que mon ombre soit consolée !

— Tu vois, fille d'Orkedorigh, dit une voix lamentable et désespérée, sommes-nous tombés assez bas !... C'est nous qui forgeons des armes pour César et qui pour lui fendons les guérets !...

---

(1) Un descendant de ce Marigh, ou Marrik, se révolta contre Rome, sans doute enflammé par la honte que sa nation avait dû subir. Il se proclama roi, fut pris par les Romains et livré aux bêtes du cirque.

Captus in eo prœlio Mariccus, ac mox feris objectus quia non laniabatur stolidum vulgus inviolabilem credebat, donec spectante Vitellio interfectus est.

(Tacite, *Histoires*, liv. II, chap. 61.)

Tacite ajoute que Marrik avait entraîné *proximos Æduorum pagos*. Est-il possible de ne pas voir dans ce Marrik un successeur de l'Edue Sacrovir dont la rébellion éclata sous Tibère ? Or, Sacrovir se battit à Bibracte et aux alentours, *pagos Æduorum*. Il est donc impossible de ne pas admettre que Marrik se battît chez les Boïes, puisqu'il était Boïe lui-même, et qu'il fut défait par la belle jeunesse de Bibracte, *electa juventute*. En ce cas, le moyen de supposer que la jeunesse de Bibracte se fût dérangée pour aller battre le Boïe Marrik, si les Boïes eussent été campés en Bourbonnais !

— Pourquoi Dumnorigh n'est-il pas venu ?... murmura une autre voix.

— Voilà six ans que nous l'attendons !

— Les champs que nous avons ensemencés... c'était pour lui ; le fer que nous avons arraché aux flancs de la terre ; les ruisseaux que nous avons détournés.... la forge que nous avons bâtie (1)... tout était pour Dumnorigh, et nous n'avons entendu parler que de Divitiac et de César !...

A ce moment, un vent lugubre fouettait la cime dépouillée des chênes ; des effluves de molles vapeurs roulaient à travers les collines, et déjà des flots de neige venaient balayer les feux et fouetter le front des Boïes écrasés de honte.

Quand Beelissane voulut courir au milieu des groupes populaires qui l'appelaient avec une sorte d'ivresse, Boïo-Righ, entouré de trente chefs Boïes, parut, le visage pâle, le front haut cependant, et les yeux chargés de courroux :

(1) La forge des Boïes a laissé sur le sol gaulois des traces qui persistent encore. Dans les ruines de Saint-Révérien, on trouve partout des restes de noires murailles; partout le fer, les scories, la cendre, le charbon, partout les huttes où logeait l'ouvrier. En vain les ronces ont poussé ; les feuilles sont tombées, le sol s'est nivelé... tout est là encore, à cent pas du temple, à cinquante du théâtre grandiose qui pouvait contenir vingt mille personnes, et du formidable tilleul de vingt mètres de circuit, dont l'ombrage a certainement abrité les Boïes au temps de leur catastrophe suprême.

— Fille du roi helvète Orkedorigh, dit le chef Boïe, veuve du roi édue Dumnorigh, nous venons t'offrir l'hospitalité qui est due à ton rang de reine, à tes mâles vertus d'épouse. Si tu es chez nous pour pleurer avec nous... viens ! Mais si tu es chez nous pour t'adresser aux passions de la multitude, un seul mot te répondra, et te fera comprendre et ce que tu peux espérer et ce que nous ne saurions permettre... Et ce mot, que ce soit moi qui le dise afin que j'en demeure seul responsable devant la mémoire de ton père et de ton mari : — Il est trop tard.

Beelissane se retourna haute et intrépide vers les chefs Boïes ; et comprenant bien qu'un excès d'audace en une pareille occurrence était son unique ressource, elle regarda un moment les traîtres Boïes de la façon la plus méprisante, puis s'emparant avec rudesse de la main de Boïo-Righ, elle dit en souriant d'une façon froide et amère :

— Pardon, Boïo-Righ... mais permets au moins que je m'assure si l'or du proconsul latin a laissé à tes mains des traces plus solides que l'or du roi helvète et du puissant chef des Edues !...

Boïo-Righ retira sa main comme si un fer rouge l'eût touchée ; et, souriant à son tour d'une façon stridente, il dit :

— Orkedorigh est mort trop tôt... Dumnorigh n'est pas venu ; et l'implacable nécessité a mis sa marque au front des Boïes.

Puis tendant son bras vers l'immense vallée qui se perdait dans la nuit, il ajouta :

— Ce que ces pauvres gens ont dit est vrai : c'est pour Dumnorigh qu'ils ont fait de cette plaine un océan de blé vert qui dort en ce moment sous la neige. C'est pour Dumnorigh qu'ils ont donné le premier coup de marteau sur l'enclume ; c'est pour Dumnorigh qu'ils ont semé... A qui la faute si c'est César qui fait la moisson ?

— C'est la faute des cœurs gâtés... des âmes viles, des échines rampantes ! cria Beelissane en se reculant avec un sentiment de profond dégoût ; et c'est ainsi que tu me parles, toi, esclave insolent et infidèle, qui avais fait serment de mener César la chaîne au cou dans tous les villages de l'Helvétie !...

Le groupe des chefs Boïes fit un pas menaçant ; Beïltheut mit l'épée à la main ; les femmes boïes se jetèrent entre Beelissane et Boïo-Righ. La fière et passionnée créature reculait lentement, pas à pas, en menaçant les chefs boïes du geste ; bientôt elle sortit de l'oppidum, accompagnée par les femmes boïes qui poussaient des hurlements sinistres ; les bruits de la forge mouraient dans l'étendue, pendant que la veuve de Dumnorigh s'écriait :

— Ah ! vous ne voulez pas me suivre à Bibracte, Boïes damnés que l'enfer attend... Vous dites que Dumnorigh n'est pas venu... Eh bien ! je vous fais serment qu'il viendra... Il viendra plus jeune et plus pur... pareil au génie des batailles, et il saura vous prouver que s'il est parfois trop tard pour tenir les promesses les plus saintes, il n'est jamais trop tard pour punir les traîtres, et semer du sel sur les ruines d'un camp de barbares attendu par la colère des héros et par la vengeance des peuples indignés ! Si vous vous êtes vendus à César, après avoir été payés par Orkedorigh... misérables Boïes, c'est une grande honte qui va faire tomber sur vous l'horreur d'un grand châtiment.

Quelques jours plus tard, Beelissane rentrait dans Awe-Righ ; le Roi des cent rois y reparaissait en même temps, et disait à son ardente compagne :

— Il s'est sauvé devant moi, me croyant dupe de sa ruse, pendant qu'il subissait l'empire de la mienne. Il a passé l'Allier, s'est échappé du côté du Rhône, et s'en va rejoindre son cher Labiénus. Il ne s'agit plus pour nous que de lui barrer la Loire, et de faire un signe aux Gaulois du Nord.

— Je n'ai point réussi chez les Boïes, dit Beelissane avec une douleur profonde ; les Boïes sont tout à César.

— Nous y retournerons ensemble, dit en souriant le jeune chef, et avec une bonne armée arverne et biturige... je réussirai peut-être mieux.

XII.

Qu'il faille en faire la remarque à sa honte ou à sa gloire, il est certain que Jules César a marqué d'une ineffaçable empreinte la page de l'histoire humaine qui enseigne aux peuples l'art de s'entre-détruire.

Dans le passé des siècles, en effet, la guerre était une œuvre de force droite. Ce ne fut que peu à peu que la guerre devint une œuvre d'astuce et de tromperie.

Avant César, la guerre était un gigantesque duel; par lui elle devint un jeu funeste, un art de surprises et de feintes. Avant César, les hommes allaient à la guerre debout, la tête haute, méprisant assez la vie et estimant assez leur ennemi pour ne pas vouloir d'une victoire achetée au prix d'une trahison. Plus tard seulement, les hommes firent la guerre oblique; ils se courbèrent pour ne pas être vus; et, par un amoindrissement de courage, ils achetèrent des victoires à un prix qui eût fait monter le rouge au front des grandes races antérieures.

César avoue hautement qu'en entrant chez les Arvernes, il s'était mis à tuer, à piller et à détruire la population inoffensive, dans l'unique but de séparer le chef gaulois de ses amis les Bituriges, et sans doute aussi dans le but d'empêcher que le jeune chef n'allât lui barrer le passage vers les légions du Nord.

L'étalage continuel de jactance et d'ivresse de soi

qui marque d'un sceau indélébile chaque page des *Commentaires* suffit à nous mettre en défiance. Par les chemins qu'il prit, et la façon dont il fit le voyage, il est certain que si César avait voulu dès le premier moment *s'échapper* du côté des légions de Labiénus, il n'avait pas besoin le moins du monde d'attirer le roi des Gaules vers Heergawbia. Sa vraie tactique consistait au contraire à laisser le jeune chef chez les Bituriges, à remonter sans coup férir vers le Rhône, et à prendre le chemin qu'il prit vers ses légions. Mais, qu'on le remarque bien, la première pensée qui vienne à César, quand il arrive comme la foudre dans un pays révolté, c'est de punir la révolte et de la frapper à la tête. Or, le foyer de la révolte avait été Heergawbia, et César voulait dès le premier jour faire à Heergawbia ce que, six semaines plus tard, il devait faire à Awe-Righ. C'est donc en vain que le complaisant écrivain semble nous dire d'un ton prétentieux et satisfait qu'en revenant chez les Arvernes le roi des Gaules avait été sa dupe ; nous tenons au contraire que le récit du panégyriste de soi-même ne tend qu'à dissimuler un premier échec, comme tant d'autres circonlocutions adroites cherchent, en une circonstance ultérieure, à dissimuler aux mêmes lieux une épouvantable défaite.

Oui, certes, César, en tuant les pauvres Arvernes, voulait bien attirer le Roi des cent rois, mais dans le but de le battre, et de réinstaller Gobanitio sur le plateau du fier oppidum d'où l'alouette nationale avait pris son vol rapide.

César vint ; le chef arverne revint ; mais César perdit tout aussitôt confiance ; il laissa ses légions de massacreurs et d'incendiaires à la garde du jeune Décimus Brutus ; et il se sauva presque seul du côté du Rhône, abandonnant ainsi à son jeune et admirable rival toute la rive gauche de la Loire, ce qui était l'unique vœu de cet excellent chef de guerre.

Nous verrons bientôt dans quelles circonstances le Roi des cent rois se porta sur la rive droite du fleuve, et par quelle série d'incidents inouïs César put reparaître sur la rive gauche.

César a donc à peine entendu résonner le sabot des chevaux arvernes sur les pentes basaltiques de Heergawbia, qu'il passe l'Allier en toute hâte, se rapproche de la Loire, revient à marches forcées chez les Edues, s'arrête un moment à Bibracte pour y réchauffer le zèle de ses partisans; puis, accompagné des chefs édues, il traverse le pays des Sénons et court jusque chez les Parises, où il retrouve ses légions qui avaient fait un pas en arrière, depuis les révoltes simultanées de Génabe, de Heergawbia et d'Awe-Righ.

Mais à peine César a-t-il reparu dans le Nord, que toutes les puissantes nations de la Gaule-Belgique frémissent et se préparent. Là César n'a point d'amis ; c'est à peine s'il peut compter sur les Rhèmes du nord est ; il sent qu'à tout prix il faut qu'il se rapproche des Édues et des Séquanes en se rapprochant du foyer de la lutte principale. Il est allé sur la rive droite de la Loire, dans le but d'y rejoindre son armée ; il est perdu s'il y reste ; mais il lui est bien difficile de ne pas y rester, car la Loire est barrée par la révolte, absolument inguéable à cause de la saison, sans rien dire d'un manque absolu de vivres et de fourrages qui menace les légions avant qu'elles aient combattu.

Nier l'honnêteté de César, nier la fécondité de ses vues, nier la richesse bienfaisante de son génie ; dire de lui que ce fut un homme de démocratie par nécessité, un homme d'aristocratie par tempérament ; le tenir pour un citoyen sans foi, sans amour, sans conviction, uniquement épris de l'éclat d'une gloire stérile et toute personnelle à son œuvre, rien de plus juste, rien de plus vrai. Mais qui oserait nier son inconcevable audace, le bonheur inouï de ses coups de dé, et par suite l'évidente prédestination de sa fortune, celui-là mentirait à l'histoire ou manquerait à la comprendre.

Et si, cinquante ans avant Pilate, le monde gréco-latin, c'est-à-dire le monde païen, était de toute évidence condamné, comment donc hésiterions-nous à dire que celui-là fut un prédestiné qui avait mission d'en hâter, en les démontrant, toutes les pitoyables décadences ?

Sa prédestination est évidente ; et c'est cette prédestination qui explique à la fois sa réussite en une œuvre abominable et l'insuccès de ses rivaux en l'œuvre la plus sainte qui fut jamais. Le chef latin sera salué dictateur et imperator, après avoir fait le dernier outrage à sa patrie ; le chef gaulois sera étranglé au Tullianum, après avoir été trahi par la sienne : qu'y a-t-il là autre chose que le triomphe passager du mal et la défaite passagère du bien ?... Et que pouvait-on attendre de meilleur au sein d'un monde aveugle et corrompu, quand le fils de Dieu lui-même était attendu par le gibet ?...

Qu'on y songe donc !... le triomphe individuel de l'homme n'a pas plus de valeur que sa défaite ; le vrai triomphe appartient aux œuvres ; ce sont les œuvres seules qui valent ; à ce compte, l'œuvre de César traîne depuis deux mille ans dans la boue de l'histoire, tandis que l'œuvre glorieuse du Roi des cent rois rayonne et s'épanouit encore au soleil de l'humanité.

Mais si nous contestons l'œuvre de César en la richesse, en la vitalité de sa substance, pouvons-nous la contester en la splendeur de sa forme, en la beauté de ses attitudes ?

Non, nous ne le pouvons pas. Pour glorifier les victoires de César, il faut être de la pâte dont Dieu fait les malfaiteurs ; pour flétrir les défaites du roi des Gaules, il faut être de la pâte dont le diable fait *les petites gens* ; mais pour raconter fidèlement les inspirations heureuses du *Prédestiné*, il suffit d'aimer à décrire les faits et gestes que le vrai avoue ; et c'est toujours un spectacle intéressant que de voir comment réussissent ceux qui devraient ne pas réussir, comment marchent *per fas et nefas* ceux qui devraient tomber à chaque pas.

Nous avons laissé César balayant la neige des Cévennes ; voilà que nous le retrouvons dans Age-Digh (1), la capitale des Sénons, au milieu de son armée, heureuse d'avoir retrouvé le chef qui lui inspire tant d'amour.

César est soucieux cependant ; il a le front chargé d'orages, et Métella le contemple d'un œil rayonnant de haine et de colère contenue.

Ils sont là vingt chefs latins, les Fabius, les Petréjus, et surtout le rude Labiénus qui, suivant César sur le chemin de ses adversités, ne voulut plus le suivre sur le chemin de ses condamnables triomphes.

La capitale des Sénons avait été moins emportée que surprise ; et l'on y avait reçu César en ami, pour ne pas avoir à le combattre.

Tous les chefs de l'armée latine étaient groupés sous l'abri d'un vaste hangar couvert en chaume, mal clos par des murs de bois et de terre ; César était assis sur un escabeau près d'une grossière table

---

(1) L'Age-Digh celtique, l'Agendicum de César, était à Sens, il ne faut pas en douter. La preuve sans réplique en est dans le fait même du nom donné à la capitale des Sénons Du temps de Constantin le Grand, toute capitale de peuple prit le nom du peuple : *Avaricum* se nomma *Bituriga* des Bituriges ; *Durocortore* se nomma Rheims des Rhèmes ; *Lutetia* se nomma Paris, des Parises ; *Cæsarodunum*, Tours des Turons ; *Limonum*, Poitiers des Pittaves. Mais comme le nom du peuple ne fut jamais donné qu'à la capitale, il en résulte que la ville qui fut nommée Sens, des Sénons, ne pouvait être que l'*Agendicum* de César, comme Bourges ne pouvait être que l'Awe-Righ des Bituriges. *Sic aliis.*

ronde chargée de pergamins et de cartes géographiques construites à la hâte ; il les suivait d'un doigt fébrile, et par moments sa voix sèche et brève s'écriait :

— Ici des montagnes... ici des marais... là des forêts impénétrables... pas de chemins ! pas de villes... pas de villages... partout l'horreur !... partout la mort... partout la faim !... et trois mois d'hiver à passer avant que la neige fonde et que l'herbe pousse !

Labiénus était debout. C'était un homme plus âgé que César, grand, sec, maigre, à la figure froide, sévère, fière et basanée. Une couronne de cheveux gris enveloppait son front étroit, mais solide ; et des rides profondes coupaient en tout sens ce visage de soldat plus fait à la vie des camps qu'aux préoccupations de l'intrigue.

— Tu ne devais pas te hasarder, disait-il, à jouer une partie si rude, dans une saison si peu avancée. Tu n'as pas de vivres, pas de fourrages, et te voilà serré comme dans les branches d'un étau entre le nord qui menace et l'Aquitaine toute révoltée. Pour peu que le chef gaulois fasse à demi, chez les Edues, ce qu'il a fait chez les Bituriges, l'armée romaine est anéantie sans combat, et nul de nous ne retournera au forum savoir ce que pensent le peuple et le Sénat de la querelle de César et de Pompée.

— O mon pauvre Afranius, murmurait César d'une voix éteinte, massacré chez les Bituriges... et je ne te vengerais pas !

Alors les rangs des chefs latins s'ouvrirent ; quatre prisonniers de guerre parurent, la face hâve et sinistre, les vêtements en lambeaux.

L'un d'eux s'écria d'une voix égarée :

— Que ma chair vole en éclats sanglants sous le sifflement de vos lanières ; que ma tête tombe sous vos haches ; que mon corps serve de pâture aux chiens errants et aux oiseaux, si je ne dis la vérité. Le Roi des cent rois a quitté le pays biturige ; il a passé la Loire à Gorthona avec une armée, et il est allé mettre le siége devant l'oppidum des Boïes fidèles à la cause romaine.

— Que disais-je?.. s'écria Labiénus d'une voix amère. En huit jours le roi gaulois aura jeté les traîtres Boïes du haut en bas de leur oppidum ; et de sa victoire certaine à la défection des Edues il n'y a pas l'épaisseur d'un fétu !

— Les Boïes !... s'écria Fabius avec effroi, les Boïes qui nous préparent le pain et le fer... Les Boïes dont la soumission était pour nous une si précieuse conquête !

— Si nous perdons les Boïes, dit un autre, pas un peuple ami des Romains qui ne se sente menacé ; la présence des Boïes chez les Edues était le triomphe de César, et si les Boïes se prononcent contre nous, ou sont vaincus, autant vaudrait pour César avoir sur les bras une seconde fois les quatre cent mille Helvètes d'Orkedorigh.

César était pâle comme si sa face impassible encore fût tout à coup devenue de pierre. De légères perles de sueur montaient à son front et à ses tempes décharnées ; sa main maigre et osseuse tourmentait les pergamins et les messages qui étaient à sa portée, et, le front bas, les yeux fixes, la lèvre tremblante, il murmurait à demi-voix :

— Je l'ai méprisé, l'estimant trop jeune... je l'ai cru facile à gagner... atterré par le sort de son père... Mais le jeune aigle a pris son vol... son bec durcit, sa serre se crispe et ses grandes ailes battent l'air.

Puis il ajouta après un moment de silence :

— Et songer qu'elle est avec lui... que c'est la fille d'Orkedorigh et la veuve de Dumnorigh qui presse en ce moment les Boïes et les menace !... Evénement sans doute bizarre... mais...

— C'est un défi que te porte un rival bien jeune !... dit Labiénus d'une voix presque railleuse.

Alors César releva la tête, et, plongeant ses regards de feu dans les yeux froids de son lieutenant, il frappa du poing le monopode et il s'écria d'une voix sifflante :

— Que ce soit la conduite de mon ennemi qui dicte la mienne !... Jamais personne au monde n'a défié impunément César ; j'irai au secours des Boïes ; car il ne se peut pas que César permette des outrages aux alliés du peuple romain. Fabius a raison : si les Boïes étaient vaincus, la défection des Edues serait certaine.

— Tu nous fais outrage !... s'écria le chef Edue Eporedorigh qui accompagnait César.

— Compte un peu mieux sur nos promesses !... ajouta le jeune Virdumare avec emphase, et voilà Convictolitan qui te garantit de nouveau la fidélité des Edues.

César sourit amèrement, puis il fit un geste de dédain et répondit :

— Je la connais, votre fidélité... je la connais sous toutes ses faces, car elle tourne à tous les vents du succès ou de la défaite.

— Réfléchis !... répartit Labiénus avec une froideur glaçante, et ne t'arrête pas à une résolution que t'inspire ton audace, mais que la prudence condamne. Si tu vas au secours des Boïes... tu seras avant huit jours au milieu des gorges désertes et affreuses qui avoisinent leur oppidum... Là, pas de routes, pas de villes, pas de villages... partout la neige, le froid, la faim, la mort. Tu ne seras pas plus tôt au milieu de ces régions désolées que tu t'y verras rejoint par quatre armées gauloises qui se disputeront l'honneur de t'abattre.

— Mais que veux-tu que je fasse ?... s'écria César hors de lui. Si tu avais la tête entre l'enclume et le marteau, que ferais-tu pour t'y soustraire ?... Si tu as un avis salutaire à ouvrir, ouvre-le... parle... je le veux, je t'en prie... et toute l'armée le veut comme moi.

Labiénus courba la tête en répondant :

— Mon devoir est de te signaler le danger ; mais ma volonté est de ne jamais chercher à m'y soustraire. Tu m'as entendu, c'est bien. Maintenant tu peux ordonner... je suis prêt à obéir.

César se leva comme frappé par une commotion électrique; son grand bras souleva sa cape rouge; et, la face ruisselante de fierté, il s'écria :

— Commander à des hommes tels que vous, c'est commander à la victoire!... Honte à moi et au nom que je porte si je ne vous tire du danger terrible qui plane en ce moment sur nos têtes... Je le comprends comme vous... le fils de Celtill cherche à m'attirer dans les gorges dangereuses qui séparent les Sénons des Edues; il me brave et me défie... Mais je ne puis souffrir qu'il m'arrache les Boïes, car s'il me les prend aujourd'hui, demain je n'aurai plus les Edues.

— Cependant que feras-tu? dit Fabius.

— Je ne sais pas!... cria César avec furie, mais je délivrerai les Boïes, et je ne tomberai pas dans le piége que me tend le roi des Gaules.

— Partez, ajouta le conquérant en se tournant vers les chefs Édues, et soyez persuadés que si vous me trahissez je me vengerai de vous, comme je me suis vengé de Dumnorigh. Partez, allez dire aux Édues de Bibracte que j'arrive, prêt à récompenser et à punir. Puis, faites dire à Boïo-Righ et aux Boïes qu'ils résistent, que je vais à eux, et qu'avant huit jours le siége de leur oppidum sera levé... j'en fais le serment.

— Mais comment veux-tu aller au secours des

Boïes ?... dit encore une fois Labiénus, nous n'avons pas pour quatre jours de vivres, et nous ne pouvons nous éloigner des villes.

— Assez! repartit brusquement César, ma résolution est prise, tu n'as plus qu'à obéir.

Quelques heures plus tard, toute l'armée était en marche du côté des villes qui avoisinaient la Loire ; les chefs voyaient avec une tristesse profonde que César ne prenait pas le chemin qui menait chez les Boïes ; mais la confiance que cet homme étrange inspirait était telle que Labiénus lui-même murmurait à voix basse.

— Ce n'est pas un soldat... c'est un chasseur... qui tourne autour de sa proie.

Dans la prévision des chefs latins, la ville de Vellaunodun devait être déjà gardée par des troupes venues du pays des Carnutes. Il n'en était rien cependant. César fit le siége de Vellaunodun et prit la ville en quelques heures. Là il rassembla des vivres ; et, comme il venait d'apprendre par les prisonniers que les Gaulois avaient espéré de Vellaunodun une résistance plus énergique, il s'écria dans un transport d'inspiration véritablement inouï :

— O fortune !... me réserverais-tu ce triomphe ?

Puis, se jetant à cheval, il rassemble ses lieutenants, et leur crie en tête de toute l'armée :

— Quand Rome a été offensée, Rome se venge !... Et le sang de Furius Cotta nous indique maintenant la route qu'il importe de suivre... A Génabe, enfants, à Génabe (1) !

(1) Génabe était à Gien, et pas du tout à Orléans. Orléans n'est point sur la route stratégique qui peut aller de Sens à Bourges. En vain, on objecte que les distances données par les itinéraires d'Antonin s'accordent avec la situation d'Orléans, et non avec celle de Gien. Il n'y a qu'une réponse à faire, c'est que le Genabum d'Antonin n'est pas le Genabum de César. Le Genabum des itinéraires était le *nouveau Génabe*, bâti après la ruine totale du vieux Génabe qui était certainement à Gien. Cela est si vrai, que les traducteurs des *Commentaires* sont obligés de falsifier le texte de César pour soutenir l'identité d'Orléans et de Génabe. Comment se fait-il, en effet, qu'on traduise pour la distance de Génabe aux frontières d'Auvergne *centum et sexaginta millia passuum* par *quatre-vingts lieues ?* On l'a fait cependant, parce qu'il y a en effet environ quatre-vingts lieues d'Orléans à Clermont. Mais *centum et sexaginta millia passuum* veut dire *cent soixante mille pas*, c'est-à-dire cent soixante kilomètres ; or, cent soixante kilomètres ne donnent pas quatre-vingts lieues, mais 40 et quelques lieues, ce qui fournit une distance bien plus rapprochée de la vérité entre Gien et l'Auvergne ; car, au demeurant, il n'y a point à équivoquer ici sur la lieue romaine, gauloise ou moderne. César parle de *pas* ; or, le pas des Latins était sans doute le même que le nôtre ; cent soixante mille pas romains d'un mètre donnent donc cent soixante mille pas français, le pas étant à peu de chose près le mètre.

Puis, il n'a jamais pu y avoir dès le premier temps une voie militaire d'Orléans à Bourges, à cause de la Sologne qui, très-certainement à cette époque, était une immense mer de sables et de marécages.

Ajoutons un autre argument contre lequel il n'y a rien à objecter : c'est que la rive gauche de la Loire, opposée à la situation d'Orléans, n'a jamais été territoire Biturige, mais

— Mais ce n'est pas par Génabe qu'il faut passer pour aller au secours des Boïes, osa dire une fois de plus Labiénus.

— Tu le crois? répartit César en riant, eh bien! tu verras, brave homme, tu verras.

Le soir même, César est aux portes de Génabe ; là il apprend par des espions que les chefs carnutes Guturvat et Conetodun ne sont pas arrivés ; que toute la population, ivre de terreur, est massée sur le pont qui relie les deux rives du vaste fleuve, toute prête à se sauver sur la rive gauche, c'est-à-dire chez les Bituriges.

Alors César harangue de nouveau son armée avec un délire d'enthousiasme qui ne saurait être inspiré que par l'ivresse du triomphe entrevu ; Fabius admire, Labiénus se tait ; une heure plus tard le feu est mis aux portes massives qui donnent entrée dans Génabe. L'assaut est prompt comme la tempête, rapide comme un coup de tonnerre. Les portes tombent, les murs croulent ; l'armée romaine entre dans un désert ; rien ne paraît, rien ne résiste ; les légions courent au pont, immense construction en bois répandue d'un bord à l'autre du fleuve qui charriait des glaçons. Là commence, non pas un

Carnute; et que César dit expressément que, sitôt le pont de Génabe traversé, il se trouva chez les Bituriges, ce qui est parfaitement exact selon la situation de Gien.

Pour le Génabe d'Antonin, tout dit Orléans, cela est vrai ; mais pour le Génabe de César, tout dit, démontre et affirme *Gien*.

combat, mais une épouvantable boucherie ; au nom de Furius Cotta, répété par vingt mille bouches furieuses, le sang ruisselle et se mêle aux eaux de la Loire, pendant que le feu est mis aux maisons de bois et de chaume, et qu'une fournaise s'allume et tourbillonne dans les rues pour éclairer cette horrible scène.

Les poutres du pont crient et se démembrent à demi ; des grappes sanglantes de femmes, d'enfants, de vieillards, culbutés, foulés aux pieds, roulent dans le fleuve impassible qui se referme sur ces hécatombes. Bientôt la ville n'est plus qu'un vaste brasier, autour duquel des milliers de soldats ivres tourbillonnent, arrachant à l'incendie des vivres, du vin, du blé, des armes. Toute la nuit se passe de la sorte ; il ne reste pas à Génabe une maison debout, et les premiers rayons du soleil viennent éclairer de leur pure lumière une de ces scènes d'épouvante qui sont comme le dernier soupir d'une ville livrée aux vengeances d'une soldatesque en délire.

Bientôt l'armée passe la Loire sur le pont de Génabe, chassant devant elle les restes d'une population éperdue. Les Romains de César marchent sur le sang gelé, mais ils arrivent et se massent sur la rive gauche du fleuve, pendant que César, tranquille et calme, paraît en tête des légions et s'écrie, en levant aux cieux son épée teinte de sang :

— Maintenant, je pense que le Roi des Gaules peut lever le siége de la Gergovie des Boïes... et il le fera pour me plaire... sans que je me donne la peine de faire un pas pour l'en prier.

— Bien joué, dit en souriant Labiénus, mais je persiste encore à dire... ce n'est pas la guerre, c'est la chasse.

Trois jours plus tard, en effet, César apprenait que toute l'armée Arverne et Biturige, ayant repassé rapidement la Loire, arrivait à sa rencontre, et il disait à ses lieutenants :

— Vous voyez bien que les Boïes sont délivrés, et que j'ai forcé mon ennemi à venir m'attaquer dans un pays où du moins l'on peut se battre en rase campagne, et rencontrer des villes qu'il soit possible de mettre à rançon pour les vivres et le fourrage. La cité biturige est la plus fertile, la plus civilisée de toutes les Gaules; et je pense que maintenant nous ne manquerons plus de blé, quand même les Boïes et les Édues cesseraient de nous en fournir.

Le lendemain l'armée arrivait en vue d'une petite ville biturige appelée Noviodun qui était — *positum in via* — sur la route de Génabe à la capitale des Bituriges (1).

La cavalerie gauloise parut, et comme elle enfonçait avec furie les escadrons romains, César fit avancer les farouches Germains qu'il avait pris avec

(1) Le village des *Malechains* ou, si mieux on l'aime, de *La Male Chance*, station Biturige que nous nous réservons d'interroger comme nous avons fait pour la Gergovie des Boïes.

lui après la défaite d'Arriowist, comme les Boïes après la défaite d'Orkedorigh.

Les Germains combattaient d'une façon étrange et violente. Aux crins de chaque cheval à demi-sauvage était suspendu un fantassin presque aussi sauvage que ces sinistres chevaux venus des profondeurs de l'Hercynie. Au milieu de la mêlée, le fantassin germanique coupait les jarrets des chevaux gaulois, leur plongeait de courtes javelines dans le poitrail et jetait un désordre inouï dans les rangs de la brillante cavalerie gauloise.

Noviodun ne put être arraché à César, et les habitants eux-mêmes, stupéfaits de terreur, furent les premiers à se soumettre, peu soucieux d'être traités comme les Carnutes de Génabe.

Alors toute l'armée gauloise fit un pas en arrière, pendant que Sennakerigh disait au jeune chef Arverne :

— Le renard latin a senti ton piége et ne s'y est point laissé prendre. Mais je lui ménage maintenant l'argument suprême à employer contre ses pareils... la fumée qui étouffe et le feu qui brûle.

— Ah! il a craint de manquer de vivres !... criait le fils de Celtill, dont la voix tremblait de colère, et il s'est jeté chez les Bituriges dans l'unique but de ne pas mourir de faim, lui et les démons qui le suivent ! Mais où donc était Guturvat ?. . Pourquoi ne s'est-il pas enfermé dans Génabe, après en avoir rompu le pont ?... C'est Guturvat qui nous perd ; c'est Guturvat qui m'a contraint à quitter le siége de l'oppidum des Boïes... Et voilà l'ennemi sur la rive gauche du fleuve, quand j'avais tout fait pour l'arrêter sur la rive droite. Ah ! mais ce qui n'a pas réussi une première fois peut réussir le lendemain ; et nous verrons s'il est possible de déjouer l'astuce étrange de ce maudit.

— Il va être démontré, dit Sennakerigh avec un ton de sarcasme farouche, que les Bituriges savent souffrir, et n'appellent personne à leur secours, quand leur souffrance doit être féconde.

Puis s'adressant aux divers chefs qui l'entouraient :

— Partez ! s'écria-t-il en faisant un geste exterminatoire, et mettez le feu à toutes vos villes afin que César n'y trouve pas même du sang à boire et des cadavres à dévorer !... Allez !... et que toute ville, tout village qui ne s'enflammera pas devant l'ennemi soit réputé lâche et infâme !... Semez de cendres et de ruines le sol sacré de la patrie, et préparez un lit de feu au triomphateur qui s'avance !

— Gloire à toi !... cria le Roi des cent rois en se découvrant ; et quand les villes bituriges ne seront plus qu'un monceau de cendres, tiens-moi pour le plus vil des hommes si j'hésite un moment à mettre le feu de ma main aux chaumières de Heergawbia.

Mille cris d'un enthousiasme forcené répondirent à la voix des deux chefs. Tous ceux qui étaient là pour recevoir le mot d'ordre de la défense commune déclarèrent avec orgueil que toutes les villes bituriges s'enflammeraient au même jour et à la même heure.

— Et quant à moi, reprit Sennakerigh en tournant ses grands yeux verts du côté d'un groupe qui paraissait moins résolu, que l'ombre des rois mes aïeux me renie si je ne mets de ma main le feu salutaire aux somptueux palais d'Awe-Righ !

Alors des cris lugubres se firent entendre. Cent voix violentes protestèrent ; les grands d'Awe-Righ s'écrièrent qu'ils ne pouvaient consentir à la destruction d'une ville qui était la première de toutes les Gaules.

— Quand les petits se dévouent, dit le roi des Gaules avec calme, il ne faut pas que les grands se réservent. Si vous ne brûlez Awe-Righ, tout votre sacrifice sera stérile ; car si César concentre toutes ses forces contre votre ville, s'il l'attaque par un siége régulier, il la prendra, et y trouvera des vivres pour toute une année.

— Pourquoi dis tu qu'il la prendra ?.. crièrent les chefs Bituriges d'un ton menaçant, si nous sommes là pour la défendre ! Tu oserais bien lui résister, n'est-ce pas, s'il venait mettre le siége devant Heergawbia ?

— Il est possible, dit en souriant le chef arverne ; et il ajouta d'une voix peut-être trop empreinte d'un sentiment de patriotisme local :

— Pour prendre Awe-Righ il ne faut avoir que

des pieds, mais pour prendre Heergawbia il faut avoir des ailes.

— Eh bien ! crièrent les chefs avec emportement, ne fût-ce que pour en voir l'événement, Awe-Righ ne brûlera pas, car Awe-Righ est dans l'eau, et le feu ne saurait l'atteindre.

Un tumulte épouvantable s'ensuivit. Sennakerigh cria, protesta, ordonna ; il se jeta aux pieds des grands, en leur attestant avec larmes que le chef arverne avait raison, et qu'il valait mieux brûler vingt capitales que d'en exposer une à être envahie et pillée. Rien ne put y faire. L'orgueil, plus encore que l'intérêt, avait profondément surexcité les Bituriges. Ils ne voulaient pas accepter la pensée que leur capitale pût être prise ; et rien que par les premiers désastres qui signalaient le commencement de la campagne, ils voyaient une porte ouverte au grand réveil de leur ambition.

— Vous ferez ce que vous voudrez, dit avec calme le Roi des cent rois. Mais si vous vous enfermez dans Awe-Righ, je vous déclare que moi, du moins, je ne m'y enfermerai point avec vous. J'irai asseoir mon camp sur les cendres mêmes des villes qui se seront brûlées ; mais ayant déjà l'horrible faute de Guturvat à subir et à réparer, je ne participerai point à celle que vous méditez. Défendez votre ville si vous pouvez, mais trouvez bon que je me réserve pour le cas où César viendrait, après le sac des palais d'Awe-Righ, mettre le siége devant les chaumières de la Heergawbia des Arvernes.

Sennakerigh sortit des rangs, ivre de douleur et de colère ; puis il entraîna le jeune chef arverne et lui dit d'une voix éteinte :

— Fautes sur fautes ! malheurs sur malheurs !... Guturvat nous a manqué de parole ; à l'heure où ce présomptueux devait arriver à la défense de la Vellaunodun des Sénons, il n'était pas même à Génabe.

Pendant ce temps, les chefs bituriges s'étaient séparés de l'armée gauloise ; ils tenaient conseil entre eux, bien résolus, disaient-ils, à sauver la commune patrie ; puis ils raillaient les Carnutes qui n'étaient pas arrivés à temps ; ils chargeaient d'outrages les Édues, et ils s'écriaient avec arrogance que le peuple-roi suffirait bien à sauver la ville-reine, et que la cité biturige régnerait une fois de plus sur toutes les Gaules réunies.

Un moment plus tard Beelissane, pâle et abattue, moins par la fatigue que par le chagrin, prenait le jeune Beïltheut à part, et lui disait :

— Rentrez dans Noviodun ; pénétrez dans le camp de César et remettez cet anneau à la patricienne Métella ; c'est la réponse au message qui me fut apporté par Afranius.

Puis elle rejoignit le Roi des cent rois, qui lui dit à demi-voix :

— Je n'ai pu réussir à l'attirer sur les pentes de la Heergawbia des Boïes ; voyons, Beelissane, voyons si je réussirai mieux à l'attirer sur les pentes de la Heergawbia des Arvernes.

Puis il ajouta en baissant la tête :

— Les Bituriges vont commettre une énorme faute ; il importe d'en prévoir les conséquences.

— Oh ! dit en souriant la noble femme, nous avons échoué chez les lâches Boïes... mais je n'ai pas désespéré des Édues.

XIII.

Comme on le voit, la grande préoccupation de César, c'était de ne jamais s'éloigner des villes, afin de trouver des vivres. En effet, l'entrée du proconsul dans les Gaules avait eu presque le caractère d'une fuite ou d'un acte inspiré par le désespoir.

Il était venu comme la tempête, courant au-devant de son armée, mais, après l'avoir rejointe, ne sachant trop comment la nourrir.

Le conquérant avait donc résolu de s'arrêter un moment à Noviodun, après la retraite de l'armée gauloise, car Noviodun n'avait pas résisté sérieusement aux armes latines ; et, après le combat, la pauvre ville avait livré à César les malheureux chefs, auteurs de la première résistance.

Partout, au milieu des misérables maisons qui affectaient un air de fête, le soldat romain campait triomphant, un peu oublieux de sa frugalité ordinaire, et se lestant par avance en prévision de la rude campagne que lui promettait César.

De grands feux brûlaient de toutes parts, dans les rues, sur les places publiques. L'intrépide légionnaire, ce petit Latin basané, à la tête brune et rase, à la face tranquille et dure, était assis fièrement entre ses armes et son bagage. Chaque groupe contemplait stoïquement le quartier de bœuf embroché dans un épieu que venait caresser la flamme. Les uns étaient accoudés sur le ventre de grandes amphores pleines de vin ou de cervoise. D'autres s'occupaient gravement à contempler les beaux garçons ou les belles filles gauloises qui leur étaient échus en partage, et faisaient signe au marchand d'esclaves, qui suivait de loin les armées romaines, comme le loup suit les enterrements, pour savoir le chemin des sépultures.

D'autres enfin, le sac au dos, le casque en tête, la cotte d'armes bien luisante, la hache inclinée sur l'épaule, se tenaient debout aux portes d'une vaste maison, ornée à la fois et protégée par des trophées d'enseignes romaines, où l'aigle d'or de Marius se montrait à côté de l'antique louve, de la couronne triomphale et du faisceau d'herbe.

Plus loin, des groupes étranges de cavaliers germains étaient rassemblés pêle-mêle avec leurs chevaux dont les crins balayaient la terre. Tous ces sauvages riverains du Rhin, ces sombres enfants de l'Hercynie étaient d'une grandeur extraordinaire ; leur peau était blanche, leurs cheveux absolument roux, rattachés sur le sommet de la tête, et rejetés en arrière en une énorme crinière rouge, qui leur descendait jusqu'au milieu du dos, sur la peau d'ours ou de loup qui leur enveloppait les épaules. Tous avaient l'œil glauque, le regard craintif et dur, la moustache très-longue, la lèvre épaisse et proéminente, le front fuyant et déprimé. Leurs chefs avaient de longs cheveux flottants enveloppés au front par un cercle d'or, et tenaient à la main une sorte de hache à double tranchant, qu'ils maniaient avec une adresse merveilleuse, et que parfois ils lançaient au loin en poussant de grands cris de triomphe dès qu'ils atteignaient le but indiqué (1).

Les Germains paraissaient avoir oublié leur pauvre chef Arriowist ; les Romains n'avaient point encore à venger la perte des légions de Varus : aussi, en ce moment-là du moins, l'accord était admirable entre les bruns enfants du Tibre et les blonds enfants du Rhin, et ils paraissaient étroitement unis pour le malheur de la Gaule.

Le temps a un peu marché depuis ces époques primitives, puisque, de nos jours, ce sont les Gaulois oublieux et insoucieux qui se baissent pour arracher les Latins des griffes de la Germanie.

Cependant, comme si la querelle eût été déjà pendante entre les têtes rases du forum et les têtes chevelues de la Forêt-Noire, il ne fallut qu'un misérable

---

(1) La francisque ou framée du Germain de l'ancien âge, salien, sicambre, istewung ou ripuaire. On a beaucoup disserté pour établir ce point, que la Ligue des Franks prit son nom de l'arme terrible qui leur était familière. C'est là, ce nous semble, une erreur qu'il importe de relever. Frank, de fraken, ne veut pas dire le moins du monde *celui qui porte la framée*, mais bien *le fracasseur, le briseur, le casseur.* Le mot *framée* d'ailleurs ne veut dire autre chose que *l'instrument qui fracasse* ; le vrai, l'unique radical est *frak*, qui indique l'action et non la chose qui est l'instrument de l'ac-

troupeau de moutons introduit dans Noviodun pour faire éclater ce litige, qui devait passer un jour par de plus terribles phases.

Les Germains se ruèrent les premiers sur le troupeau. Les légionnaires prétendirent s'y opposer. Déjà les sinistres Suèves faisaient tournoyer leurs framées ; les Latins, froids et impassibles, relevaient leurs javelines ; les uns souriaient d'un air insolent, les autres criaient avec furie, quand la porte de la maison, gardée par les Latins, s'ouvrit avec fracas : un groupe de gens légèrement avinés en sortit. A la tête du groupe était l'homme à la mine altière et spirituelle que nous avons vu déjà chevauchant à travers les neiges des Cévennes ou méditant ses coups de dé entre les murs d'Agedigh ou de Vellaunodun. Il donnait la main à Métella, parée comme une reine d'Orient. Derrière eux se montraient vingt personnages, grands de Gaule ou chefs latins, tous un peu en désordre et parlant avec animation.

— Eh bien ! dit Jules César en s'avançant calme et magnifique au milieu des groupes qui se menaçaient, que se passe-t-il en ce lieu ? — Les barbares reviennent-ils sur Noviodun ? Sortent-ils des cendres

---

tion *Frak*, *fraken*, *frangere*, *fracture*, *effraction*, tous ces mots divers sont indicatifs d'action destructive. Le Frank est donc *celui qui brise*, de même que le Boïe est celui *qui ébouille, qui écrabouille, qui met en bouillie*. Mais c'est le guerrier qui qualifie l'arme, et non l'arme qui qualifie le guerrier.

de Génabe ?... ou serait-ce que notre jeune rival ne serait pas retourné faire le siége de l'oppidum des pauvres Boïes ?... Par Aphrodite, je le croyais ; et vous l'avez assez bien reçu en ce lieu pour qu'il aille nous attendre maintenant... de l'autre côté de la Loire ! Mais quoi !... une querelle... une dispute... presqu'une bataille... le lendemain d'une victoire... une querelle entre peuples de Rome et peuples de Germanie ; entre braves gens si bien faits pour être unis... Soldats, c'est déraisonnable, et vous pouvez parler à César... César vous fera justice.

— Si les Germains prennent tout, s'écria un vétéran de Marius avec hauteur, que restera-t-il aux Romains ?

— Des têtes d'oignon et de la gloire !... repartit le futur dictateur, en faisant un geste superbe, et il ajouta en adressant un regard de coquetterie toute féminine à ses vétérans basanés :

— C'est votre métier de vaincre et non de disputer à des loups un vil troupeau de moutons.

Ivres d'orgueil et d'enthousiasme, les vétérans de César allèrent se rasseoir tranquillement près de leurs feux ; et, honorant à peine d'un regard les Germains trop affamés, ils se disaient entre eux, en contemplant leur chef avec un respect suprême :

— C'est notre métier de vaincre et non de disputer à des loups un vil troupeau de moutons.

Pendant ce temps, César parlait aux Germains, et pour leur marquer sa reconnaissance de leur belle conduite pendant le combat, il leur abandonnait avec joie l'objet de leur convoitise.

Déjà les Romains étaient calmés ; les Germains dépeçaient stoïquement leurs moutons, et César disait à demi-voix à Métella :

— Crois-tu que je m'entende à gouverner ?

— Les petits... répondit la fantasque créature, je ne dis pas non... mais les grands !

— Les grands ! fut-il répondu d'un ton de suprême dédain, les grands se gouvernent par la convoitise, les petits par l'enthousiasme, d'où je conclus que le dernier des petits a le droit de porter plus haut la tête que le premier de tous les grands.

— Tu t'oublies !... murmura en souriant Métella.

— Oh ! non, repartit doucement César, je m'isole.

— Prends garde ! ajouta la jeune femme en portant son doigt noir et décharné dans la direction du sud-est ; il vient de se lever dans les cieux gaulois un astre blond, mais formidable, qui me paraît s'avancer juste dans le chemin que suit ton ardente étoile.

Les lèvres de Jules César pâlirent légèrement, ses yeux se fermèrent à demi ; sa main trembla dans celle de Métella, et il murmura d'une voix brève et saccadée :

— Il est assez grand, celui-là, pour me forcer à le plaindre et à l'admirer. Je l'ai vu plus d'une fois, du temps des intrigues qui coûtèrent la vie à son père. C'est un homme grave et entier, plein de réserve et de froideur, que je ne braverais pas impunément, si je ne connaissais mieux que lui le terrain qui se dérobe peu à peu sous ses pieds et s'affermit heure par heure sous les miens. Je le vois venir... il paraît m'éviter et il me cherche ; et son siége de l'oppidum des Boïes était une œuvre de stratégie d'un étonnant caractère, s'il n'eût eu affaire à César. Métella, j'en ai tremblé, et moi, qui me fais un honneur des décisions rapides comme l'éclair du glaive... devant l'audace de cet enfant..., je me suis vu indécis !...

Puis César pencha la tête, et reprit d'une voix triste et presque douce :

— Je suis fâché qu'il me force à le combattre. J'ose dire que je l'ai aimé. Je l'aurais comblé de faveurs s'il eût voulu seulement se donner la peine de les prendre ; je lui aurais permis de prendre la Gaule s'il eût daigné la tenir de moi. Mais c'est un présomptueux que l'illusion domine, et il ne sait pas le peu que valent les peuples qu'il tente de rassembler. Moi, quel que soit le caractère de ma force, je suis une force homogène, et jamais rien ne séparera de moi les fiers bandits qui marchent avec audace dans le chemin de ma fortune. Lui, au contraire, c'est une force pure et saine dans un élément malsain de dépravations et de divisions, toujours prêt à fuir et à se dérober sous les pas de sa trop honnête ambition. Si les dieux bienfaisants ne s'étaient éloignés du monde, Métella, ton César ne serait qu'un malfaiteur, et le fils de Celtill serait le bras des dieux.

Mais comme aujourd'hui ce sont les puissances funestes et délétères qui gouvernent un monde impie, le fils de Celtill sera leur victime, et César sera leur glaive.

Puis, revenant avec Métella sur le seuil de la porte qu'il avait franchie, César reprit d'un ton de sarcasme inouï :

— Mais ce n'est pas moi qui le vaincrai, ce fier jeune homme à la face asiatique et haute, qui défend les remparts d'une nouvelle Troie contre la lance d'un autre Achille. Mais vois donc à ma table les chefs Édues, Sénons ou Séquanes, qui ne rêvent que l'abaissement de leurs rivaux. Voici le grave Convictolitan qui me sollicite pour aider son ambition, le brillant Cott, son rival, qui est venu s'excuser près de moi de la défection des Édues. Puis, ne vois-tu pas en face le superbe Eporedorigh et le sagace Virdumare qui me suivront à la conquête de leurs clients les Bituriges ? Et dans ce recoin obscur, n'aperçois-tu pas le jeune Beïltheut, le Biturige, un des arrière-petits-fils du centenaire Sennakerigh ? Que je serve ses convoitises et il sera le premier à me livrer son fier aïeul. Leurs chevaux sont rapides comme le vent, quand je leur ordonne d'aller relever le courage des Édues ou raffermir la résistance des Boïes. Mais ces mêmes chevaux, les plus parfaits, les plus admirables du monde, sont plus rapides que la lumière quand il s'agit de ramener leurs maîtres vers le foyer de ma puissance. Hier, les chefs Édues étaient encore à Bibracte... Ce soir, tu les vois buvant et mangeant en la compagnie de César, prêts à l'adorer s'il triomphe, à lui mettre le pied sur la tête s'il leur apparaît qu'il chancelle. Cott et Convictolitan ici... Boïo-Righ au sommet sinistre de la Gergovie des Boïes... à Bibracte, Vedeliac et Litavicus... Partout des amis, partout des créatures, partout des lieutenants gaulois à faire marcher contre les peuples de la Gaule. Tu le vois bien, Métella, il ne me faut que de la patience... pour vaincre et prendre le fils de Celtill.

— Où le prendras-tu ?

— Je l'ignore. Mais je pense que ce sera dans son rude oppidum arverne, où tu le verras bientôt s'efforçant de m'attirer. Moi, je veux y rétablir le digne Gobanitio que tu vois à quatre pas, se guérissant d'un rhume opiniâtre pris dans les Cévennes, avec mon vieux Falerne d'Opimius. Puis, n'est-ce pas dans cette sinistre Gergovie des Arvernes que Celtill a trahi ma cause et en a reçu le châtiment?... N'est-ce pas dans cette place mystérieuse que son fils a reçu les insolents Druides venus de la forêt des Carnutes qui l'ont salué du titre de roi ?

— Ah ! murmura la jeune dame romaine, il a le titre de roi !

César détourna un moment la tête, puis il reprit d'une voix âcre et sardonique :

— Cette Gergovie des Arvernes m'attire comme le gouffre l'enfant qui s'y penche. J'ai pris Génabe pour venger Rome. Je prendrai Avarique pour offenser l'orgueil gaulois... Mais je prendrai Gergovie, parce que c'est là que le fils de Celtill m'a bravé... Puis, te le dirai-je, Métella... je prendrai d'assaut cette ville, parce que déjà une fois j'ai lancé mon cheval de bataille sur les pentes de ce nid d'aigles... et que j'ai été obligé d'en redescendre !...

A son tour, Métella baissa les yeux pour que César ne vît pas l'émotion qui la dominait; puis un froid sourire reparut sur les lèvres pâles du neveu de Marius, et il revint prendre sa place au milieu des brillants convives qui se disputaient l'honneur de l'approcher et de recueillir ses paroles.

— Tu sais, lui dit bientôt le grave Convictolitan à demi-voix, tu sais que nos sages Druides, ceux du moins qui suivent la bannière de Divitiac, ont résolu de m'appeler prochainement à la charge de Vergobreith. Daigne seconder nos efforts, et plus que jamais les Edues seront dévoués à ta fortune.

— Le puissant Cott m'a déjà parlé pour le même objet, répondit César, toutefois sans me convaincre.

— Cott !... murmura Convictolitan en portant la main sur la garde de sa lourde épée, Cott !... Mais personne n'ignore à Bibracte que le frère de Cott, Vedeliac, est Vergobreith pour cette année. Or, nos lois ne permettent pas que le frère succède au frère dans la souveraine magistrature.

— Il est vrai !... repartit tout bas César, en cherchant la main du chef Edue ; et il la lui serra d'une façon significative en ajoutant :

— Respect aux lois et aux coutumes. Mais ne te

vante pas de ma faveur devant ton rival : ce serait l'armer contre nous.

Quelques instants plus tard, c'était Cott lui-même qui disait à César :

— Tu perdrais à jamais l'amitié des Edues si tu soutenais la prétention insolente de Convictolitan. Vedeliac est adoré dans Bibracte, et, malgré une loi surannée, les amis de Vedeliac songent à moi pour lui succéder. Ce n'est pas à toi, ce me semble, qu'il appartient de prendre parti pour de vieilles lois que personne ne respecte plus ; sois pour moi et plus que jamais je te serai fidèle.

— Dumnorigh me faisait les mêmes promesses, dit à demi-voix César.

— Traite-moi comme Dumnorigh, répondit le malheureux chef Edue, si j'abandonne jamais ta cause.

— Qui a détourné, reprit César, l'armée venue de Bibracte, quand elle s'apprêtait à passer la Loire pour porter secours aux Bituriges menacés par les Arvernes ?

— Je te le dirai, ajouta Cott à voix basse, en riant d'un air funeste, si tu me promets ta faveur.

César lui prit la main à la dérobée, puis lui décocha un regard de femme habile aux dominations, et il détourna la tête en murmurant à voix basse :

— Je n'ai jamais eu la pensée de favoriser Convictolitan. Respect au libre choix des Edues.

Puis il ajouta de nouveau pendant que tous les convives se rapprochaient de Métella :

— Dis-moi ce que je veux savoir.

— Tu veux connaître la personne qui a détourné les Edues ?

— Nomme-la-moi, brave Cott, afin que je n'aie pas besoin de le demander à mes lieutenants, quand je rentrerai à Bibracte.

— Eh bien ! seigneur, c'est une femme... la veuve elle-même du misérable Dumnorigh.

La face blême de Jules César devint verdâtre, puis le sang lui monta au front ; un rictus étrange entr'ouvrit ses lèvres déjà flétries ; puis éclatant d'un rire sonore, il se leva brusquement, prit sa coupe d'or couronnée d'écume rose, et d'une voix aiguë et sifflante, il s'écria :

— Triomphe à Mars victorieux, triomphe à Vénus ardente, pour le jour où les vétérans de Marius entreront dans la capitale des Bituriges !

Rien ne saurait se comprendre de haut, de clair, de vibrant, de terrible, d'impérieux, de superbe et de magnétique comme les notes de miel et d'airain qui s'échappaient par moments de ce gosier démoniaque caressé par le soleil d'Italie.

A l'ordinaire, Jules César avait la voix grêle et molle en pleine harmonie avec la nonchalance impertinente de son incommensurable orgueil ; mais aux instants rares où une colère intérieure venait déranger quelque chose de la symétrie de ce caractère si artistement drapé, la passion coulait un moment à pleins bords, et, au lieu d'un débauché vieilli avant l'âge, on eût dit Neptune irrité, prêt à remuer l'Océan.

— Triomphe à César victorieux !... crièrent presque en même temps Convictolitan, Cott, Eporedorigh et Vidumare ; et ce ne sera pas la première fois que les Edues victorieux entreront dans la capitale des Bituriges.

— Triomphe à César ! hurla l'horrible Gobanitio, ivre comme Silène, et il ajouta en chancelant :

— Que ma tête se dessèche au grand air, clouée aux portes de Hergawbia, si je ne suis le premier à te les ouvrir... ô César !

Seul, triste, atterré, la tête basse, Beïltheut était debout, appuyé contre la muraille. Sa coupe renversée gisait à ses pieds, et deux longues larmes coulaient sur ses joues pâles et sévères. Métella courut à lui, lui prit les mains et lui dit :

— Enfant, pourquoi pleures-tu ?

César, à son tour, se leva de son lit de festin, et fendant les groupes avec hauteur, il marcha droit au jeune Biturige, et lui dit :

— Fils des temps qui ne sont plus ou qui ne sont pas encore, te repens-tu, dis-le-moi, d'être venu vers César ?

Beïltheut releva la tête ; ses lèvres se serrèrent fortement ; ses larmes cessèrent de couler ; puis il dit d'une voix profondément triste et douce :

— Il y a si peu de temps que j'ai quitté le giron des femmes... Pardonnez-moi si je pleure... Hier j'étais un enfant... hier j'avais une mère. Demain, je marcherai avec vous du côté des eaux sacrées qui enveloppent la ville reine ; et dans le sac d'Awe-Righ, où j'aurai ma place comme vous, je ne serai pas le dernier à menacer mes rivaux.

— Veillez sur ce jeune homme !... dit tout bas César à ses familiers, je ne connais pas les larmes, mais j'aime ceux qui les répandent.

Puis il ajouta d'un ton railleur et léger :

— C'est un jeune loup biturige dont notre Métella si savante ne manquera pas de faire un agneau.

Métella, en effet, semblait ne pouvoir se détacher de la conversation du jeune guerrier. Bientôt César sortait avec les chefs gaulois et latins, pour aller faire mille caresses aux habitants de Noviodun. Métella ne les suivit pas. D'un geste violent et rapide, elle arrêta Beïltheut, le retint avec force et lui dit d'une voix émue :

— Noble enfant, explique-toi mieux, si tu veux que je te comprenne.

Alors le jeune Biturige tira de ses vêtements un anneau d'or, et le remettant à Métella, il lui dit :

— Fille des grandes races sénatoriales, n'hésitez pas à prononcer devant moi le nom de celle à qui vous confiâtes cet anneau et qui vous envoie ainsi la réponse au message d'Afranius.

Métella poussa un cri de joie rapidement contenu ; puis, se rapprochant de Beïltheut, elle murmura d'une voix étouffée :

— Beelissane !... ma Beelissane... ma bien aimée Beelissane !

Puis, ses grands yeux jaunes et pleins de feu brillèrent d'un éclat inouï, et elle reprit avec élan :

— Où est-elle ?... que fait-elle ?... que devient-elle ?...

— Elle est, répondit Beïltheut, dans le camp de ceux qui laissent tomber leur coupe quand on boit au triomphe de César.

— Je m'en doutais ! s'écria Métella en joignant les mains avec un pur sentiment d'extase ; elle vit... elle se souvient de moi, elle m'aime encore !... Elle m'envoie un messager... que m'importe le reste !

— Elle demande, dit Beïltheut, que tu lui donnes des nouvelles de Rome. Chargée par son mari mourant d'aller réveiller l'ambition vengeresse du Vergobreith de Heergawhia, elle a figuré parmi les saintes femmes présentes à la grande assemblée des Carnutes ; puis elle a tenu entre ses bras le pauvre jeune homme qui lui apportait le message de César et le tien ; puis je l'ai conduite au pays arverne où elle a salué Roi des Gaules le héros destiné à vaincre ; puis elle est allée menacer les lâches Boïes, jusqu'au sommet de leur colline ; aujourd'hui, elle attend près de mes parents que tu lui parles de Pompée.

— Je savais bien, dit fièrement Métella, qu'avec ce noble visage et ces belles larmes échappées de tes yeux, tu ne pouvais pas être un de ces vils Gaulois modernes qui livrent leur patrie pour la joie de faire du mal à leurs rivaux. Tu es un homme de l'ancien âge, toi, un vrai grand de bonne race, un pur patricien biturige, digne de comprendre et de servir les hauts intérêts du patriciat romain, si étrangement menacé.

— Oh! s'écria Beïltheut avec transport, Beelissane nous avait bien dit que tu n'aimais pas César.

— Oh! non!... s'écria Métella en levant avec fureur son petit poing noir et crispé, oh! non, je ne l'aime pas.

— Et cependant tu le suis.

— Oui, je le suis, comme Némésis ardente toujours prête à s'accroupir sur le rebord de la fosse où va s'abattre sa victime. Je le suis pour le voir tomber ; je le suis pour m'attacher à ses pas et pouser le premier cri de triomphe, dès que j'aurai la joie immense de voir chanceler ce maudit. Ceux de ma race et de mon sang disent à Rome que j'ai laissé toute pudeur et toute retenue dans les antichambres d'un aventurier, successeur de Catilina ou de Verrès !... Va, si jamais tu les rencontres, ces pauvres descendants des Quirites, dis-leur que la fière Métella, irritée, a tout abdiqué, en effet, hormis la vengeance, dont les patriciens n'ont pas l'énergie. Si j'étais homme, jeune Beïltheut, déjà j'aurais tué César ; femme, cependant, et par là plus fantasque et plus violente, je ne me sens pas la force de contraindre les destins ; mais je veux le spectacle tout entier de leur sentence effrayante. Venue au théâtre la première, je n'en sortirai qu'à l'heure où le sang aura inondé les planches ; et j'ai payé ma place assez cher pour m'écrier avant de sortir : Je veux tout voir, je veux tout voir ! Tuer César, moi, tuer César, et me priver par là du spectacle de son agonie, non, jeune Biturige, non, l'agonie de César est à nous, aux vieilles races si étrangement insultées .. et nous devons aux peuples, à titre de leçon, toutes les lentes évolutions de l'agonie de César.

En parlant ainsi, Métella ressemblait à une Pythonisse en délire ; Beïltheut frémit en répondant :

— Avec les Cott, les Convictolitan, les Gobanitio, les Eporedorigh et les Virdumare qui entrent en scène, le spectacle sera peut-être un peu plus long que tu ne penses.

— Qu'importe ?.... cria Métella avec rage, qu'il dure autant que ma vie, pourvu que j'assiste à la fin, et que j'entende le poëte crier: *Plaudite, cives !*... Je vais écrire de nouveau à Beelissane ; tu lui porteras le pergamin que je t'aurai confié pour elle, et que sans doute elle ne manquera pas de communiquer au roi des Gaules. Va, et dis aux tiens que s'il y a encore des Gaulois pour combattre les envahisseurs, il y a aussi des Romains pour combattre les aventuriers et les attendre dans le rerers de leur fortune.

Quelques instants plus tard, César reparut tout pensif ; il s'approcha de Beïltheut, et lui dit de sa voix brève et saccadée :

— Je me sers des traîtres... mais je les frappe quand ils m'ont servi. Je combats les braves, mais je les aime et je les comble, quand ils cessent de me combattre.

Beïltheut s'inclina froidement et sortit. César le suivit des yeux, puis il regarda Métella en souriant et lui dit :

— Il est très-beau, ce jeune Biturige, et il verse de belles larmes qu'une main patricienne a sans doute le droit d'essuyer.

— Quand partons-nous? dit Métella en éludant toute autre réponse.

— Quand tu voudras, dit César en lui baisant la main, mais tu es moins pressée que moi, si ton fier Biturige est ici, et que ma belle Helvète soit là-bas !

— Tu songes encore à ce caprice? dit la patricienne en fermant à demi les yeux.

— Métella, je ne me permets d'oublier un caprice qu'en sortant de le satisfaire.

— Est-ce que tu l'aimes sérieusement, cette noble fille d'Orkedorigh ?

César ricana un moment de la façon la plus insolente ; puis, de sa voix fine, légère, mordante et spirituelle, il repartit :

— Métella, je n'aime que ma gloire. A Rome, les gens de ta caste font courir sur mon compte toute sorte de bruits abominables, dont la rumeur n'a pas même le don de m'irriter. Toutefois, me tenant dans une réserve prudente pour ce qui concerne les maris, je te dirai, à l'égard des femmes, que si j'en ai vaincu plus d'une, c'est que j'en ai désiré fort peu, et recherché moins encore. En toutes choses, Métella, je ne connais, je n'admets, je ne comprends que l'escrime ; et quand par hasard je fais à une femme l'honneur de la souhaiter, c'est encore un siége que je prépare et une victoire que je convoite. A ce titre, une femme qui me résiste m'irrite, et m'irrite d'autant plus que cette résistance est plus rare. Je n'aime donc pas la fille du seigneur Orkedorigh, car, en fait d'amour, je ne sais que celui que j'inspire. Non, je ne l'aime pas, cette dame, pas plus que je n'aime Noviodun ou Gergovie ; je les attaque quand il s'agit de les prendre, et dès que j'y suis, je me hâte d'en sortir avec ennui. Je n'ai donc pas aimé, je n'aime pas, je n'aimerai jamais la veuve de ce misérable Dumnorigh que j'ai dû faire maltraiter ; mais, par Vénus mon aïeule, j'ai dit que je posséderais cette dame, et je la posséderai, aussi vrai que j'entrerai dans l'Avarique des Bituriges et dans la Gergovie des Arvernes.

— Quand partons-nous ? dit froidement Métella.

— Demain, à l'aube, répondit César, car mes vétérans sont toujours affamés de gloire, et je pense que mes Germains ont digéré leurs moutons.

— C'est d'autant mieux fait, dit la patricienne, qu'ils en trouveront bien d'autres dans les riches villes bituriges que tu vas prendre en passant.

— J'y compte beaucoup, répondit César : le pays des Bituriges est l'un des plus féconds de la Gaule, et dans les villes que je vais atteindre, je ne pense pas que mes vétérans courent risque de mourir de faim.

XIV.

Les mouvements de l'armée gauloise ne sauraient plus être un mystère pour quiconque a compris la tactique de ces chefs intrépides et leur implacable détermination.

Le Roi des cent rois avait passé la Loire à Gorthona, en vue de châtier les Boïes, de menacer les Édues et de provoquer César.

Toute cette brillante stratégie une fois mise à néant par l'incurie des chefs carnutes, par la prise de Génabe et le passage de la Loire, le chef gaulois avait brusquement repassé le fleuve, était venu au secours de la première ville biturige attaquée; et, n'ayant pu la sauver, il s'était rapproché de la Loire, dans le but d'empêcher les Boïes et les Édues-Latins de fournir des vivres à César. Pendant ce temps, les villes bituriges s'enflammaient de toutes parts; et au conquérant latin il ne restait plus de ressource que d'aller provoquer une lutte suprême sous les puissantes murailles d'Awe-Righ.

Quand César quitta Noviodun, bien sûr que l'armée gauloise l'accompagnait lentement, lui interdisant tout secours qui pouvait venir par la Loire, le proconsul était inquiet, comprenant bien que désormais il allait avoir à soutenir cette lutte ardente et désespérée que les prédestinés dominent la plupart du temps en aveugles.

— Marche !... avait dit Eporedorigh, le servile Édue ; au vol le plus rapide de tes aigles consulaires, précipite-toi sur l'orgueilleuse ville que nos armes ont prosternée sans la vaincre. Poursuis notre œuvre, achève-la ; mais souviens-toi que pour la prendre, cette reine des eaux bituriges, il faut la frapper à la tête.

— Ainsi ferai-je !... s'écria César, qui marchait en avant de son armée soucieuse, et il ajouta en frémissant :

— Trois ou quatre rivières pour ceinture, un immense lac de marécages pour enveloppe ; mais les aigles romaines ont des ailes et fondent de haut sur leur proie.

— Arrête-toi un moment, dit le chef Édue, et regarde monter ces vastes brumes qui tourbillonnent à travers les collines. Tu es sur la terre sainte des vieilles Gaules... Arrête-toi pour la saluer.

Et déjà, comme ayant deviné la pensée de leur chef, les légions romaines, pliées sous le poids énorme de leurs armes et de leur bagage, faisaient halte et se redressaient comme pour contempler une terre nouvelle.

Partout des champs cultivés et chargés de blés verts qui perçaient à travers la neige fondue ; partout de riches pâturages qui semblaient ne plus attendre qu'un premier rayon de soleil pour donner des montagnes de tendre fourrage ; de toutes parts des promesses ; de toutes parts la certitude d'une prochaine abondance. Les Romains, calmes et muets, se regardaient cependant avec une expression de satisfaction évidente. Les Germains poussaient de grands cris de joie en agitant leurs framées.

Bientôt toutes les enseignes romaines se relevaient sous la splendeur du soleil couchant ; cent buccines déchiraient l'air de leur bruit fantasque et terrible, et toute l'armée enthousiasmée faisait mine de s'avancer vers une pauvre ville déjà prise avant que d'avoir combattu.

En effet, à quelques centaines de pas se dessinaient dans les rouges lueurs de l'Occident des murailles sinistres et nues qui paraissaient envelopper quelque pauvre population silencieuse, déjà vaincue par la terreur.

Cependant Convictolitan venait d'accourir près de César au galop de son cheval de bataille. Il inclina un moment son visage dans les vapeurs noirâtres que le vent chassait du côté de l'armée romaine. César fronçait les sourcils ; sa face prenait une rapide expression d'inquiétude ; mais déjà Convictolitan avait relevé la tête. Une sorte de terreur étrange se lisait sur les traits altérés du chef Édue; son manteau de peau semé de peintures bizarres était tombé de ses épaules ; d'une main il tenait sa lourde épée nue, de l'autre il caressait le cou de son cheval qui frémissait de colère, piaffant, soufflant, s'irritant, et rejetant sa tête en arrière avec un sentiment de frayeur instinctive.

— Eporedorigh se trompe!... s'écria le futur Vergobreith des Édues, ce ne sont pas là des brouillards... et c'est ainsi que s'agite le cheval que j'ai dompté, quand je le fais passer dans le feu.

— En effet ! dit Eporedorig en faisant halte à son tour, ce sont des tourbillons de fumée.

— De fumée?... dit César plus pâle encore qu'à son ordinaire.

— De fumée !... dirent les chefs latins en se rapprochant.

Alors César s'élança au galop de son cheval ; une foule de centurions, un groupe de chefs germains partit après lui, pendant que les légions stupéfaites se disaient avec inquiétude :

— Il n'y a donc plus d'ennemis à combattre? Où sont les Gaulois de Noviodun?

Bientôt César, ses lieutenants et les Germains s'arrêtaient sur le penchant de la colline qui dominait les tristes murailles. Ce n'était plus une ville gauloise, mais un amas de ruines fumantes ; partout les maisons effondrées et noires ne contenaient plus que des foyers à demi-morts entre leurs murs grossiers et aux trois quarts démolis. Çà et là des cadavres de femmes, d'enfants, de vieillards, gisaient dans les rues étroites et sinistres ; çà et là se montraient des squelettes de chevaux, de bœufs brûlés, calcinés, noirs ; et quand on les touchait du pied, leurs os s'en allaient en poussière. C'était la mort volontaire dans toute son horreur sublime, la destruction dans toute sa fécondité salutaire, le sacrifice dans l'explosion de sa grandeur.

Un moment le visage de Jules César parut transfiguré. Son expression, d'ordinaire si molle, si railleuse et si arrogante, parut revêtir le plus étonnant caractère de tristesse vraie, de sévérité grande. Un moment sa tête se pencha sur sa poitrine ; quand il la releva, il avait les yeux secs, durs et clairs, la bouche contractée par la colère ; il finit par sourire avec amertume et dit de sa voix âpre et saccadée :

— Qu'on m'amène ici les marchands d'esclaves !

Sur l'ordre du maître, les marchands d'esclaves parurent, faisant des signes d'horreur et de désolation.

— Eh bien ! vous autres, dit Jules César en riant, si toutes les villes bituriges se conduisent de cette façon, vous ne ferez pas fortune en Gaule.

Puis il ajouta en se retournant :

— Où est le jeune chef Beïltheut ?

— Il s'est enfui !... murmura Métella, qui dévorait des yeux le visage de Jules César.

Le chef latin serra de nouveau les lèvres et poussa un grand soupir : bientôt cent vétérans étaient autour de lui et contemplaient avec stupeur les ruines que la flamme dévorait encore.

— Enfants, dit-il avec affection, vous ferez ici moins bonne chère qu'à Noviodun, et vous ne vous y querellerez pas avec les Germains pour un troupeau de moutons bituriges. De quoi vous nourrirezvous désormais, et que trouverez-vous dans le sac des villes, si elles s'enflamment devant vous ?...

Un vétéran basané répondit en frappant le sol de sa javeline :

— Des têtes d'oignon et de la gloire.

Et cent voix ardentes de répondre :

— En avant ! toujours en avant !...

— Ils le veulent ! dit César en souriant à Métella ; avec des hommes de ce caractère je ferai, quand on le voudra, neuf fois le tour du Styx, et j'irai détrôner Pluton.

Puis, se tournant vers les chefs édues, il leur dit d'une voix presque dure :

— Vous voyez jusqu'où va l'orgueil de vos rivaux les Bituriges. Il y a dans cette frénésie du désespoir quelque chose de surhumain qui étonne la pensée et l'irrite. Vous autres, du moins, élevez-vous à cette hauteur ; et quand les Bituriges meurent et se dépouillent de tout pour affamer mon armée... au moins mettez un peu de courage à réparer les effets de leur horrible résolution. Volez à Bibracte ; prévenez les Boïes ; portez mes ordres à Cabillonum, à Matisco, au Noviodun des Édues... et procurez-moi des vivres... faites-moi venir un peu de blé !...

— Tes ordres !... dit Eporedorigh en baissant la tête, Cabillonum, Matisco... Noviodun !... Et où veux-tu que nous passions la Loire pour retourner chez les Boïes ou chez les Édues ? L'armée gauloise garde toute la rive gauche du fleuve et te coupe toute communication avec tes amis ou tes villes fidèles.

Tu ne recevras rien des Édues, travaillés par tant d'influences ennemies ; tu ne recevras rien des Boïes, qui sont trop pauvres et trop exposés aux coups de l'armée gauloise ; ne compte donc que sur toi-même et la volonté de tes soldats, qui vaut l'héroïsme biturige. Tu ne peux pas, tu ne dois pas reculer ; et il faut que la louve romaine, dût-elle marcher dans le feu jusqu'au ventre, se repose dans Awe-Righ et y fasse son festin de sang.

Le lendemain, l'armée romaine marchait dans les cendres d'une autre ville biturige, pendant que les chefs édues s'éloignaient, après avoir fait au proconsul mille promesses qu'ils savaient bien ne pas pouvoir tenir. Bientôt le désordre parut grandir dans les rangs de cette pauvre armée qui commençait à sentir les dures atteintes de la faim et de la misère. Les nouvelles les plus désastreuses arrivaient de toutes parts. Un jour, c'était un prisonnier qui jurait avoir vu de ses yeux la flamme dévorer les palais d'Awe-Righ ; le lendemain c'était un espion qui racontait le pillage des convois de vivres qui étaient parvenus à passer la Loire. Les Germains murmuraient tout haut ; les Latins se répandaient de toutes parts ; puis ils revenaient pâles, sinistres, exténués, ramenant à peine avec eux quelques misérables têtes de bétail échappé des incendies. Chaque matin les Germains se débandaient, et, sous prétexte de courir après le fourrage, il y en avait qui ne revenaient pas.

Un soir, César, triste et souffreteux, enveloppé de

peaux de bêtes., était assis au milieu de ruines fumantes qui semblaient le narguer et lui sourire. Tous les principaux chefs latins étaient près de lui, la tête basse, le front soucieux.

— Les légions murmurent, dit le centurion Pétréjus à demi-voix. Il faut aller en avant ou retourner en arrière.

— Si ces misérables Bituriges ont brûlé leur capitale, dit César avec un sentiment d'horreur, aller en avant c'est rouler dans l'abîme.

Puis il laissa tomber sa tête pesante entre ses deux mains, et il songea.

Métella était à trois pas, le contemplant avec une fixité implacable.

Le lieutenant Fabius dit à la jeune dame :

— Tu souffres ?

Elle répondit en souriant :

— Non pas.

Quand César releva sa face bouleversée par l'horreur, ses yeux brillaient d'un éclat inaccoutumé. Le regard était humide, la paupière fixe et rigide comme le marbre ; la prunelle noire et profonde regardait les cieux ; mais dans les cils déjà éraillés et rares roulait une perle diamantée qui hésitait à tomber.

— Laissez-moi !... dit-il à ses lieutenants, de l'air d'un bourreau qui parle à ses victimes.

Demeuré seul avec Métella, il regarda un moment les murs broyés, les maisons brûlées, les blés pourris ou en cendres avec une expression de furie amère ; puis, frappant de son épée une pauvre pierre druidique qui se trouvait à sa portée, il s'écria d'une voix saccadée et tremblante :

— Malheur à vous, ruines fumantes qui avez vu pleurer César !

— Que résous-tu ? dit froidement Métella.

— Si je n'avais en moi une foi aveugle, je ne serais pas César. Qu'on m'apporte une chaudière d'huile bouillante, je m'y plongerai en riant, et j'en sortirai plus fort.

Mille cris de triomphe répondirent à ces paroles, dictées par la toute-puissance de la prédestination. Vingt cavaliers latins et germains venaient d'arriver au camp, apportant la nouvelle que la capitale des Bituriges s'élevait fière et haute encore entre ses fleuves et ses marécages ; puis quatre grands chariots chargés de blé avaient pu rejoindre les légions ; la confiance était revenue, et sûr désormais de ne pas mourir de faim entre les ruines des villes bituriges, César se sentait plus résolu que jamais à tenter le grand hasard, et à réparer par des prodiges d'activité le temps qu'il avait perdu.

— C'est ce misérable Vergobreith de Gergovie, s'écria César en fureur, qui a exigé des Bituriges ce sacrifice épouvantable.

— Tu te trompes, dit un chef Gaulois de la nation des Rhèmes, et tu ne connais pas la Gaule. Chez nous, rien ne se fait que par émulation, par orgueil et par envie. La décision héroïque des Bituriges est une insulte aux Arvernes qui ont rappelé leur chef à leur secours ; et là où les Arvernes ont failli, les Bituriges ont voulu mériter une fois de plus leur vieux renom de peuple-roi.

Le lendemain, toute l'armée romaine était en marche, et trois jours plus tard, elle arrivait en vue de la région mystérieuse et sombre où les Gallo-Kimris de la grande époque avaient caché leur capitale.

César paraissait haut de cent coudées en désignant du doigt dans le lointain les hautes murailles qui semblaient de toutes parts se refléter dans les eaux. Sa face arrogante rayonnait d'ivresse, et il disait à ses lieutenants :

— Les dieux jaloux ne permettent au génie de s'élever dans les cieux qu'à l'heure où la dernière épreuve l'a irrité sans l'abattre. La tempête lui a tordu les ailes sans les briser ; le vide s'est fait autour de lui ; la terre a manqué sous ses pieds ; le feu l'a enveloppé de toutes parts ; mais ce feu qui devait le détruire n'a fait que l'inonder de lumière, car le génie échappe à tout, aux dieux qu'il fatigue et aux hommes qu'il épouvante ; le génie est maître de tout ; quand il a faim, il s'alimente de sa propre chair ; quand il a soif, il boit ses larmes ; les coups qu'on lui porte le font vivre, et c'est quand on l'a vaincu qu'on s'aperçoit de sa victoire !

Après ce moment d'ivresse, César ne fut pas longtemps à comprendre que son étoile victorieuse n'était pas encore fixée dans les cieux, car il commençait à être certain que l'armée gauloise existait encore.

En effet, depuis la veille, l'armée romaine était suivie ; et déjà des nuées de cavaliers gaulois la harcelaient et se sauvaient sans faire mine de livrer bataille.

César avait donc devant lui une ville de premier rang, puissamment fortifiée, gardée par toute une armée, et derrière lui tout une autre armée qui s'apprêtait à l'affamer, à l'isoler de ses alliés, tout en lui refusant le combat.

Dès que son camp fut assis sur la langue de terre qui seule arrivait vers la ville, entre le marais et les cours d'eau, César ne fut pas longtemps à comprendre que sa situation allait de moment en moment devenir encore plus terrible qu'entre les ruines des villes brûlées. Chaque fois que les soldats quittaient le camp pour aller aux fourrages qui commençaient à reverdir dans les prés, ils étaient attaqués et chassés par des masses confuses de Gaulois qui paraissaient et se retiraient au fond des bois. Impossible désormais de recevoir des Édues ni vivres, ni renforts, car les légions romaines étaient cernées de toutes parts et condamnées à la lutte géante que semblait leur offrir Awe-Righ.

La place ne pouvant être enveloppée, et n'étant, comme l'avait dit Eporedorigh, vulnérable qu'à la tête, César, dès le second jour de son campement, donna des ordres pour la création d'une terrasse et d'une série de tours roulantes capables de s'approcher des murailles véritablement énormes qui de toutes parts enveloppaient la ville.

En effet, les murailles des grandes villes gauloises étaient formées de poutres de quarante pieds de long posées en travers, et dont les intervalles étaient remplis par des pierres, de telle sorte que la longueur des poutres formait la largeur de la muraille, laquelle ressemblait à l'extérieur à un immense damier et formait à l'intérieur un rempart où pouvait se mouvoir au besoin une légion tout entière.

Mais la terrasse et les batteries roulantes ne furent pas plus tôt commencées que, dès le lendemain, César vit avec effroi les Gaulois armer aussi leur muraille de tours puissantes qui s'élevaient rapidement.

Un soir, pendant les travaux, Métella dit à César :

— Une femme fantasque et ardente passe partout sans rien craindre. Veux-tu me permettre de quitter le camp ?

— Volontiers, dit en souriant César ; apporte-moi quelque nouvelle qui puisse rassurer l'armée, car, une fois de plus, le découragement se montre et la faim va se faire sentir. Ces traîtres d'Edues et ces misérables Boïes ne m'envoient ni blé, ni vivres ; l'armée n'a plus à manger qu'un peu de viande et l'ail dont elle fait provision dans les marais Bituriges... L'armée Arverne m'investit de toutes parts ; et je suis là comme un naufragé sur sa lagune, enveloppé par la mer et menacé par la tempête.

Puis, souriant de nouveau avec cet air de confiance insolente qui l'abandonnait si rarement, César ajouta :

— Si par hasard, au camp de ces Gaulois barbares où tu as au moins un ami, tu rencontrais la pauvre Beelissane égarée par les préventions qu'elle nourrit contre moi... tâche de nous la ramener.

Le rude et triste Labiénus se rapprocha quand Métella eut quitté César et dit d'une voix amère :

— Tu ne te défies pas assez de cette fille des vieilles races astucieuses et violentes. Que va-t-elle faire au camp des Gaulois ?

— Se désennuyer, dit César en haussant les épaules, et retrouver son Beïltheut.

— Tu as tort, ajouta Labiénus, de garder parmi nous cette femme.

— J'ai raison, repartit César ; il est possible qu'elle me haïsse, mais il est certain que je la domine... Elle parle de moi, je le sais, au Sénat et à Pompée ; mais aussi elle me parle d'eux, et j'aime mieux la voir sans la craindre, que de la craindre sans la voir.

Puis le futur dictateur ajouta d'un ton qui n'appartenait qu'à lui :

— César aime assez le danger pour aller toujours au-devant.

L'implacable jeune femme paraissait comprendre que l'heure devenait solennelle dans la vie de Jules César. Elle croyait à une chute prochaine, rapide, terrible, foudroyante ; et déjà elle le prenait de plus haut avec cet homme bizarre prêt à se colleter une fois de plus avec le groupe hautain de ceux qu'il avait vaincus, avec Orkedorigh par sa fille, avec Dumnorigh par sa veuve, avec Celtill par son fils.

Quand la patricienne Métella, arrêtée aux avant-postes de l'armée gauloise, fut amenée en face des chefs réunis sous la tente du Roi des cent rois, le cœur presque gâté de cette fille d'une société en décadence se gonfla d'un de ces sentiments de terreur inquiète qui rendent aux femmes insolentes le respect qu'elles ont perdu.

Le Roi des cent rois, semblable à un dieu vengeur et courroucé, était assis dans une chaise d'airain qu'entouraient trente chefs debout. Ce n'était plus là le fils tendre soutenant sur les pentes de Heergawbia les pas de sa vieille mère ; ce n'était plus le jeune homme hardi, chassant de sa ville natale un parent stupide et aviné ; c'était un roi, un agent de justice et de majesté, avec le front chargé de colère, la joue pâle, le regard fixe et droit comme le tranchant d'un glaive, la lèvre dure et dédaigneuse, le corps immobile et le poing crispé.

A ses pieds un homme était prosterné dans la poussière, les vêtements déchirés, la face horriblement pâle, les yeux hagards et injectés de sang.

— Ce n'est pas la vie que je te demande !... criait le pauvre Gaulois en versant des larmes qui paraissaient lui marbrer les joues de teintes sanglantes ;

ce n'est pas vivre que je veux, mais bien purger mon forfait !...

Puis, étendant sa main crispée vers le chef suprême, il cria de nouveau :

— Fais couper cette main maudite, si tu la crois inutile au bien de notre patrie.

— Misérable Guturvat !... repartit l'austère jeune homme d'une voix indignée, je ne te ferai point mourir, car si tu étais un traître de la race des Convictolitan ou des Gobanitio, tu ne serais pas revenu. Mais je te flétrirai, en proclamant, en face de toute notre armée, que si la Gaule est égorgée par César, ce sera le Carnute Guturvat qui aura tenu le couteau. Pourquoi n'étais-tu pas à Génabe à l'heure où l'armée romaine a paru sous les murs de cette malheureuse ville?... Pourquoi n'as-tu pas brûlé le pont de Génabe, comme je t'en avais donné l'ordre?... Si tu l'avais fait, misérable, au premier faux pas de César dans les gorges du Sénonais, les Boïes et les Edues revenaient à nous, et César ne repassait pas la Loire.... Tandis que, grâce à ton exécrable faute !...

— Ce n'est pas la mienne !... ce n'est pas la mienne !... criait Guturvat en se tordant les bras et en poussant des sanglots affreux ; mais des trahisons partout, mais des promesses mensongères, mais des indécisions du dernier moment... Puis les lâches habitants de Vellaunodun avaient juré de se défendre, et ils ne se sont pas défendus !... Mais toi, chef impitoyable qui as brisé mon épée en me déclarant indigne de la porter, permets du moins que j'aille me jeter tout nu et sans armes au milieu des vétérans de César, et ils seront moins durs envers moi, eux qui me verront sourire à la mort, que toi qui me vois pleurer.

Et Guturvat tomba la face contre terre, en murmurant d'une voix éteinte :

— Au moins abrége le supplice.

— Qu'il soit décapité devant toute l'armée !... crièrent des voix violentes et indignées. Quand la patrie est en danger, la mal défendre c'est la trahir.

Mais Beelissane venait de quitter les groupes qui entouraient le Roi des cent rois. Déjà elle était à genoux en face du trône d'airain, et tendant ses belles mains vers les chefs gaulois, elle disait de sa voix si suave et si pure :

— Au nom de la Gaule qui a besoin de ses enfants, je vous demande à tous la grâce du chef carnute Guturvat.

Les yeux du fils de Celtill s'abaissèrent tout à fait. Les chefs gaulois, qui poussaient jusqu'au délire l'enthousiasme de leur prophétesse, ne prononcèrent pas un mot, ne firent pas un geste qui pût la contredire, pendant que Guturvat murmurait d'une voix étouffée :

— Je ne veux pas de la vie, si l'on m'arrache mon épée !

Le Roi des cent rois tira sa lame du fourreau, et,

d'un mouvement rapide, la tendant au chef carnute, il s'écria :

— Prends la mienne, et bénis la parole qui te sauve la vie.

— La vie !... interrompit Guturvat déjà debout, et brandissant la formidable épée du roi gaulois, la vie !... Je ne demande rien aux dieux que de la perdre avec honneur... Et pour peu que ma tête ne tombe pas en face de l'armée gauloise, elle peut tomber, si les dieux me font cette joie, en face des armées romaines.

— Métella !... cria Beelissane en recevant dans ses bras la jeune patricienne qui venait de pousser un grand cri en s'élançant vers celle que tant de fois elle avait appelée son amie.

Puis se tournant vers les chefs gaulois, les yeux éclatants de joie, elle ajouta :

— Une patricienne du vieux monde latin... une Métella, une femme du parti de Pompée... une amie à moi... pour vous une complice !

Puis elle ajouta rapidement :

— Que fait César ?

— Il meurt de faim ! — repartit en souriant Métella, mais il espère toujours que tu reviendras à lui.

— Oh !... nous en reparlerons, dit doucement Beelissane, et elle ajouta en tournant ses beaux yeux bleus vers le Roi des cent rois :

— Nous en reparlerons certainement... quand il aura pris Awe-Righ.

XV.

Le jeu que jouait près de César la patricienne Métella n'était pas aussi dangereux qu'il fût permis de le craindre ; car, avec des hommes de cette nature, il suffit, pour les tromper, de feindre une dépravation plus grande encore que celle qu'ils affichent. Là-dessus ils se reposent, et ces dissolus, qui ne veulent croire ni aux concentrations ni aux résistances, se laissent aisément duper par ceux qui flattent leur idée fixe et leur manie.

Au nom de Beelissane prononcé par César, Métella répondit en souriant :

— Elle hésite, mais elle est femme ; son mari mourant lui a parlé de vengeance ; elle ira dans ce chemin tant qu'elle le verra facile ; mais pour peu que le sol lui brûle les pieds, elle fera semblant d'être bien lasse, ira s'asseoir sur le bord de la route, et sourira au victorieux qui aura daigné lui tendre la main. Prends seulement Awe-Righ, et sois assuré du retour de Beelissane.

Puis, Métella, baissant le ton, ajouta d'une voix basse et mystérieuse :

— Dis encore que mes excursions nocturnes ne servent de rien à ta cause. Dès hier, le roi des Gaules a quitté son camp, faute de fourrage ; demain, il sera en personne sur le penchant de la colline qui commande les vastes prairies où tes cavaliers mènent paître leurs chevaux.

Le jour commençait à baisser à travers les grands voiles de brume qui enveloppaient la ville assiégée. César sortit du pavillon situé en tête de son camp, et il s'en alla, sombre et préoccupé, examiner les travaux du siége. Quand il parut sur la batterie où deux légions tout entières étaient occupées, un désordre inexprimable se laissait voir de toutes parts. Ici la terre effondrée engloutissait les fascines, les poutres et les amas de terre. Là, des torrents de fumée s'échappaient de larges fissures qui ressemblaient aux bouches ouvertes d'un volcan; et, dans les profondeurs du sol excavé, on entendait des cris de joie ou d'angoisse, des rires éclatants et terribles.

— Ces jours derniers, dit le fidèle Pétréjus, deux cents mineurs et ouvriers venus des forges qui battent le fer dans la profondeur des bois, sont entrés dans la ville en traversant le marais tantôt à la nage, tantôt enfoncés jusqu'au ventre dans la vase. Ce sont eux qui ont fait des galeries souterraines et viennent ruiner nos travaux.

Les légionnaires exténués haletaient de fatigue et contemplaient avec un morne désespoir leur terrasse à demi-rompue et leurs fascines qu'engloutissait la terre. Ils avaient faim, et pas une mesure de blé ne restait parmi les bagages; les Edues n'arrivaient pas, et les vétérans de Marius et les recrues récemment amenées de l'Italie tombaient d'inanition en essayant de dévorer un lambeau de chair à moitié crue ou la pauvre tête d'oignon que César leur avait promise.

Il n'y en avait pas un qui fît entendre un murmure. Têtus, violents, impassibles et habitués à la peine, ils semblaient donner ingénûment le spectacle de leur misère, sans en faire montre ou scandale.

— Tire-les de là, dit Fabius à demi-voix, et fais diversion à leur désespoir.

Vers le milieu de la nuit, par un temps sombre, froid et humide, César se jeta au milieu de ses chers soldats ; et comme ils s'étaient groupés autour de lui avec un empressement extrême, il leur dit d'une voix émue :

— Si vous voulez que je lève le siége, enfants, je le lèverai.

— Si nous devons mourir, murmura une voix âpre et fatiguée, fais du moins que nous mourrions en combattant, afin que le dernier tressaillement de notre agonie fasse honneur au nom romain !

— Comment deviendras-tu le maître du monde, dit une autre voix, si tes indignes compagnons n'ont pas même la force de venger une seconde fois le massacre de Génabe ?

— Comment vaincrons nous avec toi les patriciens de Rome, ajouta une voix nouvelle, si nous ne pouvons pas même vaincre les barbares de la Gaule ?

— Donne-nous du pain !... soupirait une voix étouffée.

— Fais-nous du moins la mort du soldat! ajoutait une autre voix.

Quelques instants plus tard, trois légions ivres d'enthousiasme et de fureur se pressaient sur les pas de César, pendant que Fabius et les autres chefs demeuraient à la garde des travaux.

— Je vais porter un coup terrible! s'était écrié César ; et puisque l'insolent Arverne a résolu de m'attendre et d'accepter le combat qu'il me refuse depuis si longtemps !...

Ainsi pressé entre deux dangers ; engagé entre une ville qui paraissait imprenable et une armée qui cessait de se tenir à l'écart, César allait de l'une à l'autre, à la façon d'un loup furieux hésitant entre le chien qui le mord et le chasseur qui l'attend, cherchant une issue à sa fortune à demi désespérée, et se ruant au danger le plus proche avec une frénésie aveugle.

Quand le jour parut blanc et pâle sur les forêts et les marécages, César avait en face de lui une colline vaste et découverte qu'enveloppait un cours d'eau et que protégeait une sorte de lac verdâtre plein de joncs et de roseaux. Les ponts avaient été rompus ; et sur le versant de la colline on apercevait l'armée gauloise divisée par corps de nations qui poussaient de grands cris en lançant sur les légions une grêle de traits et de pierres.

Un moment César poussa son cheval jusque dans l'eau du marais, pendant que des centaines de cavaliers gaulois tournaient la colline et tombaient à grands coups sur les légionnaires qui s'étaient aventurés jusqu'à couper du fourrage.

Quand le soleil se leva sur cette scène si imposante, César aperçut le grand chef des cent chefs à cheval, sur le sommet de la colline, et vêtu avec magnificence, le front protégé par un cimier d'or, et levant au loin son épée, comme pour saluer le chef latin, qu'il semblait inviter au combat.

Un moment les légions se précipitèrent en poussant des cris de fureur ; mais César était toujours en avant, tournant autour de la colline à la façon d'un aigle en furie, et mesurant de son œil rapide ce que pouvait tenter son inconcevable audace. Ici l'audace, si grande qu'elle fût, se rendit aux conseils de la prudence.

— Mais !... s'écriaient les centurions en frémissant de colère, ils nous offrent le combat !...

— Vous croyez ? interrompit César en essayant de sourire, et il ajouta :

— Il y a bien quelque apparence... mais je pense qu'ils n'ont pas envie de combattre. Que ne descendent-ils jusqu'à nous ?

— Que ne montons-nous jusqu'à eux ?... cria un rude légionnaire en lançant son javelot à travers les joncs et les roseaux.

— Prends garde !... dit un chef accouru à toute bride auprès de César. On se remue dans la ville ; si tu acceptes le combat, dès que nous serons aux prises, les assiégés sortiront et nous mettront entre deux feux.

— Ah! le misérable!... le misérable!... criait César hors de lui, en menaçant du geste le grand chef des Gaules unies, immobile sur la colline, c'est le manque de fourrages et de vivres qui l'a fait sortir de son camp... Sans cela il ne me braverait pas de cette façon insolente... C'est un traître qui n'est venu ici que dans le but de fuir la colère des siens... et si je disais un mot... un seul !... ce chef Arverne, qui hait en secret les Bituriges, deviendrait mon allié, et rentrerait avec moi dans Awe-Righ !

— Le crois-tu? dit le centurion en baissant la tête.

— J'en ferais serment! repartit César d'un ton haut et imperturbable.

Quelques instants plus tard, toute l'armée romaine tournait le dos, et, poursuivie par les flèches, les pierres et les huées, reprenait, en poussant des hurlements de fureur, le chemin du camp devant Awe-Righ (1).

— Si j'avais accepté la bataille, dit César à Métella,

---

(1) *Indignantes milites Cæsar quod conspectum suum hostes ferre possent, tantulo spatio interjecto, et signum prœlii exposcentes, edocet, quanto detrimento, et quod virorum fortium morte necesse esset constare victoriam; quos cum sic animo paratos videret, ut nullum pro sua laude periculum recusarent; summæ se iniquitatis condemnari debere, nisi eorum vitam sua salute habeat cariorem.*

(*Commentaires*, livre VII, ch. XIX.)

Après un pareil passage, on se demande si César se moquait de ses soldats, de ses lecteurs ou de lui-même. Il y a du vrai dans chaque hypothèse; mais ce qu'il faut ici le plus admirer, c'est l'aplomb imperturbable de ce capitaine qui colore si étrangement son *excès de modération*, et qui *adore* ce marais était le tombeau de ma fortune.

— Et l'eau des marais serait insalubre au neveu de Marius, dit en souriant Métella.

Le chef gaulois, revenu dans son camp, y fut reçu avec des transports d'enthousiasme. Il menait avec lui des soldats faits prisonniers qui racontèrent la détresse de l'armée romaine. Il y en eut qui attestèrent avoir entendu dire à César que, s'il n'était pas secouru par les Edues, et si la ville résistait à l'assaut, il lèverait le siége dans trois jours.

Alors, bien que les Bituriges eussent réclamé pour eux seuls l'honneur de la résistance, il fut décidé que, pour donner à cette résistance un caractère plus grandiose et plus national, dix mille hommes de l'armée gauloise pénétreraient dans Awe-Righ, avec Beïltheut à leur tête. Cela fait, la grande armée devait reculer d'un pas en arrière en attendant l'événement, et que les privations et la misère eussent achevé leur œuvre. Pendant ce temps aussi, toutes les petites et belliqueuses peuplades des villes brûlées se dirigeaient lentement vers la capitale, avec ordre exprès de ne point combattre, et de se borner à l'œuvre de destruction qui peu à peu, comme un incendie, enveloppait les légions.

Quant à la défense d'Awe-Righ, dirigée par Sen-

---

trop ses soldats pour compromettre leur existence!... *Nisi eorum vitam sua salute habeat cariorem !...*

Leur vie lui est plus chère que sa gloire.

Oui, sans doute... il les adore... quand il a peur d'être battu.

nakerigh en personne, par cet implacable vieillard qui avait tant reproché aux Arvernes leur moment de défaillance, la défense se présentait avec un caractère de grandeur et de puissance dont nul autre siége au monde ne devait reproduire les étonnantes péripéties.

En face des travaux de l'assiégeant, toute la muraille avait été armée d'un vaste parapet garni de tours couvertes de cuir. A mesure que les tours romaines s'élevaient, les tours gauloises s'élevaient en même temps ; et peu à peu elles se rejoignaient par des galeries. De là, jour et nuit, et sans relâche, des groupes de soldats bituriges armés d'épieux durcis au feu, d'énormes quartiers de roche et de bassins de cuivre pleins de poix bouillante, repoussaient avec une prodigieuse audace tout l'effort des assiégeants (1).

Cependant, après vingt-cinq jours de siége, la batterie couvrait un espace de plus de trois cents pieds ; elle était haute de quatre-vingts, et déjà elle touchait presque aux murailles. Dès la chute du jour on la

(1) En étudiant le récit de César, dont la partie descriptive ne saurait être notée de suspicion, que peut-on penser des doctrines qui considèrent la Gaule du dernier siècle avant notre ère, comme un amas confus de peuplades à demi sauvages ? Et le récit du siège d'Awe-Righ ne démontre-t-il pas surabondamment une énorme puissance de civilisation selon les temps ?... Or, cette civilisation était orientale, presque babylonienne, et le malheur est que l'histoire n'en ait jamais été faite que par ceux-là qui ont achevé de la détruire.

12*

vit fumer sur plusieurs points, car une fois de plus les mineurs étaient venus y mettre le feu. Alors un cri de triomphe s'élève de la ville ; les portes s'ouvrent, et l'armée biturige s'élance au milieu des travaux, pendant qu'une pluie de feu, de poix, de fagots embrasés tombe de toutes parts sur les tours de la terrasse. Les deux légions de garde aux retranchements se massent d'une façon intrépide ; d'autres entr'ouvrent la terrasse, reculent les tours, tandis que le gros de l'armée se porte du côté de l'incendie.

César, à cheval, était partout, l'épée à la main, résistant à l'impétuosité gauloise, tranquille et calme aux lueurs du feu qui tourbillonnait de toutes parts. Partout les groupes luttaient corps à corps, inondant de sang les travaux du siége, comblant de morts et de mourants les tranchées et les excavations.

Sus ! sus ! les enfants de la louve, criait César d'une voix frémissante, et tout pour l'honneur du nom romain !

Alors une pierre l'atteignit à l'épaule ; un moment il chancela, puis, vaincu par la douleur, il tomba ; puis il se releva tout sanglant, pendant que Métella, livide d'horreur aux lueurs du feu, lui disait en le soutenant :

— Si tu aimes l'honneur... regarde !

Un superbe soldat gaulois, tranquille comme en une fête, venait de s'avancer d'un pas méthodique hors d'une des portes de la ville, droit vis-à-vis d'une des tours roulantes, et de là il jetait dans le feu des amas de boules de suif et de poix qu'on lui tendait de l'intérieur.

Tout aussitôt une machine joue, et un trait pesant, aigu, lancé avec une force prodigieuse, s'en va traverser d'outre en outre le soldat qui roule au bas du rempart.

Immédiatement un second soldat se présente, avec sa charge de boules de suif et de poix. Il est tué, un troisième prend sa place et se fait tuer de nouveau ; puis un quatrième.

Ils tombèrent ainsi près de vingt, jusqu'à ce qu'une sorte de colosse humain, enveloppé de peaux de bêtes, le front orné d'une hure de sanglier en guise de casque, vint parader à son tour au poste de mort. Le trait part et manque le soldat ; alors celui-ci ramasse une hache énorme, se précipite sur la machine, la fait voler en morceaux et se retire pendant que César s'écrie en essayant de se raffermir :

— On n'a rien vu de semblable au siége de Troie, et je rapporterai ceci, quand je ferai le récit de la guerre des Gaules.

Deux heures plus tard, les feux de la terrasse étaient éteints, et les Gaulois repoussés dans la ville, derrière leurs remparts, attendaient avec anxiété les ordres suprêmes de leurs chefs.

Ces ordres ne devaient pas tarder. En effet, vers

la fin de cette nuit affreuse, une porte s'ouvrit du côté de l'Orient ; un groupe parut dans la ville ; et bientôt Beïltheut, trois chefs arvernes et les bardes carnutes se présentaient sur la grande place d'Awe-Righ, sorte de forum entouré par des monuments d'un caractère qui rappelait à la fois l'orientalisme des âges antérieurs et le latinisme des époques récentes.

Là, plus de vingt mille soldats, échauffés par une lutte ardente, étaient rassemblés autour de leurs chefs qui tenaient conseil.

— Comprenez-vous maintenant votre faute? criait Sennakerigh avec désespoir. Vous n'avez pas voulu brûler votre ville, et, en manquant à la défendre, vous perdez toutes les Gaules.

— Et, s'écria le barde ami des choses de l'ancien âge, par la faute des grands, le sacrifice des petits n'est pas monté vers le Seigneur.

— Que veut-on de nous ?... dirent les chefs Bituriges un peu émus.

— Vous ne pouvez défendre ces remparts, ajouta le barde. Un assiégeant qui attaque avec des soldats affamés une ville où règne l'abondance est certain de la victoire. Le roi des Gaules, qui vous a tant avertis du malheur qui vous menace, vous commande de faire aujourd'hui ce que vous ne fîtes pas il y a vingt-cinq jours. Mettez le feu à la ville ; quittez-la et rejoignez l'armée gauloise.

— Mettre le feu à ma ville natale... s'écria Sennakerigh en se dressant aux lueurs des flammes, je le veux bien, mais la quitter, jamais ! Que l'armée, en effet, se retire, j'y consens ; mais que le roi des Gaules me permette de ne pas survivre au désastre du peuple sur qui mes ancêtres ont régné. Les Romains de Jules César ne peuvent entrer dans Awe-Righ qu'en marchant sur mon cadavre et sur celui de toute ma race.

Alors cent vingt personnes, hommes, femmes, vieillards et jeunes hommes se rangèrent autour du centenaire, bien résolus à partager sa destinée.

Mais déjà de grands cris se faisaient entendre ; les groupes armés s'entr'ouvrirent, et bientôt une masse confuse de femmes portant leurs enfants dans leurs bras se précipitait vers les chefs et s'écriait avec des amentations :

— Vous allez quitter la ville et nous laisser à la merci de l'ennemi !

— Prenez garde ! dit le barde avec terreur, si vous empêchez par vos cris l'armée de quitter Awe-Righ, pas une de vous qui échappe demain à la fureur du soldat.

— Ne nous quittez pas ! s'écriaient les femmes épouvantées, en se traînant aux genoux des chefs ; défendez vos mères, vos épouses, vos sœurs, vos filles, et ne les livrez pas à la rage du soldat romain.

— Ah ! les malheureuses ! les malheureuses ! s'écriait Sennakerigh en se tordant les bras avec désespoir, les voilà qui font comme les Arvernes, et qui détournent de leur chemin les défenseurs de la patrie ! O tristes mères, tristes épouses d'un peuple dégénéré, vous ne vous rappelez donc plus que vos aïeux ont eu des mères qui les suivaient à la guerre, et mouraient avec eux du même coup qui perçait leurs fils ! Quoi !... vous vous parez du nom de mères, du nom d'épouses... et vous ne savez plus souffrir !... Vous avez peur de la mort, et, lâches jusqu'à la démence, vous ne savez plus donner à la patrie une vie infâme, inutile et déréglée !... Femmes Bituriges, si vous étiez vraiment les mères et les épouses d'un peuple-roi, vous vous donneriez la mort entre vous, afin de vous soustraire à l'outrage ; mais vous ne vous traîneriez pas suppliantes aux pieds des hommes dont vous provoquez le mépris.

Le lendemain toute la grande ville d'Awe-Righ retentissait de cris et de plaintes ; les Romains entendaient tout de leurs remparts, et déjà les escadrons venus de Germanie se lançaient à travers les marais, et, se massant en arrière de la ville, surveillaient, pour y faire obstacle, la sortie des assiégés.

Le lendemain, dès la pointe du jour, César, comprenant bien que la place était en proie à une anxiété fatale, se jeta au milieu de ses légions, rassembla les chefs et leur dit avec une animation prodigieuse :

— Honte et malheur à qui ne comprendra pas que nous jetons ici les fondements d'un monde nouveau. J'ai plus d'une fois ouï dire à des savants de Grèce ou d'Egypte qu'un temps viendrait où quelques marins audacieux iraient planter leur pavillon sur des régions inconnues que ne soupçonne même pas le vulgaire. Or, ici, nous autres, fiers naufragés du vieux monde latin qui nous méconnaît et nous offense, rudes Argonautes demi-perdus à la recherche de la toison d'or, insatiables propagateurs de ce génie hellénique qui, en un jour de triomphe, put découronner l'Asie, ne porterons-nous pas aux héritiers dégénérés le coup qui frappa les ancêtres ? Et la révolution qui se nomme César et le peuple romain ne saurait-elle achever l'œuvre de cette autre révolution qui se nommait Achille et les aventuriers hellènes ? Pourquoi combattons-nous ici en effet ? Pour briser à la fois des dieux menteurs, une aristocratie décrépite et des institutions surannées. Or, vous tous qui avez encore dans l'âme l'ardente parole de Marius, vous tous qui avez subi les lâches persécutions de Sylla, vous tous qui avez frémi d'indignation en entendant tomber le colosse qui se nommait Catilina ; vous tous, esprits libres, cœurs dévorés par le besoin de semer une foi nouvelle et populaire sur les débris du vieux monde, à moi ! Il me semble que le jour est venu qui va nous ramener à Rome par le chemin d'Awe-Righ !

En parlant ainsi, César à cheval, tête nue et l'épée haute, la face irritée, les yeux tachés d'un fil de sang, la bouche toute tremblante et bordée d'un léger flocon d'écume, était comme l'ange des ténèbres prêt à se rouler furieux dans l'ivresse de son orgueil. Plus rien sur cette face mobile qui rappelât le scepticisme, l'esprit, la raillerie abondante, et cet indulgent dédain de toute chose qui laisse encore place à la justice et à la pitié ; plus rien du Latin dépravé mais élégant qui charmait la mauvaise société romaine par ses vices, et irritait la bonne par son ambition. Il n'y avait plus là que le révolté féroce, le satan helléno-latin, inspirant sa noire furie aux démons qui le suivaient. C'était déjà l'aigle impériale, hérissant ses plumes, crispant ses serres, et ouvrant toutes grandes ses ailes qui portent le feu, mais le feu sinistre et sans lumière d'où tombent les pâles étincelles, fatales messagères du mensonge, de l'erreur et de la mort.

Le ciel était presque noir d'un effrayant amas de nuages qui montaient de l'Occident. Toute la nature semblait gémir et se plaindre dans l'attente d'un grand événement. Les Latins de César souriaient, et le front haut dans l'orage, la face fouettée par le vent, ils se ruaient du côté de leurs tours et de leurs remparts, tant il leur semblait que la nature complice s'apprêtait à se pencher avec eux sur le grand corps de la Gaule condamnée.

Déjà l'une des plus hautes tours touchait le rempart. A ce moment les cieux parurent se déchirer ; une pluie torrentielle vint fouetter les murs et les ouvrages sans que la fureur romaine parût même s'en apercevoir. Les vastes nimbes de nuages montaient ; un vent terrible apportait en tourbillons des flots d'eau et même de grêle mélangée de neige. La muraille était dégarnie, et l'on entendait encore de longs gémissements qui venaient de l'intérieur de la ville.

Alors César fait entrer une légion dans la tranchée. Là, il parle de nouveau, il prie, il adjure, il commande ; il fait des promesses royales à ceux qui monteront les premiers sur le rempart. Toute la légion est ivre de fureur et d'enthousiasme; ils s'élancent, ils montent, ils se ruent; et bientôt des milliers de têtes humaines se montrent sur la muraille. Alors toute la population gauloise pousse un cri d'épouvante et d'horreur ; le vieux Sennakerigh lève sa formidable épée; toute la garnison va se porter en avant à la rencontre de l'ennemi. Mais, par une inspiration infernale, les Romains, au lieu de descendre, se rangent en bon ordre et s'élancent le long de la vaste muraille, comme s'ils étaient plus pressés de couper la retraite aux fuyards que de combattre les valides.

Alors un horrible mouvement de recul se fait sentir dans l'armée gauloise qui encombre les places publiques et les rues. Le vertige de la terreur les gagne ; ils jettent leurs armes, et se précipitent vers les portes opposées aux travaux du siége, comme pour suivre, trop tard, hélas! le dernier ordre du roi des Gaules.

Portant leurs enfants dans leurs bras, les femmes bituriges demi-nues, les cheveux dénoués, ruisselants d'eau et de neige, la face fouettée par le vent, se jettent au milieu des fuyards et redoublent leur confusion. Les portes sont atteintes et brisées ; mais une légion tout entière soutenue par les cavaliers germains est là ; et à ces portes, trop tard ouvertes, commence une effroyable boucherie. Tous veulent sortir en même temps ; avant même que cent vétérans aient mis le pied dans la ville, l'horreur et l'effroi poussent aux portes toute une population en délire. Les mères élèvent leurs enfants au-dessus de leurs têtes ; c'est la framée d'un soldat germain qui les reçoit et les dépèce. Les vieillards sortent en faisant entendre des cris de détresse ; c'est la pique d'un vétéran qui leur répond. Les jeunes femmes, les jeunes filles à demi étouffées, livides d'horreur et le sein nu, lèvent les mains en demandant grâce... Le soldat romain est comme une machine de bois et de pierre ; il n'entend pas, il n'a pas d'âme, il n'a pas d'entrailles ; sourd même aux cris des marchands d'esclaves qui demandent qu'on épargne leur marchandise, le soldat romain tue tout ce qu'il touche ; il met le pied sur les cadavres, il marche dans un ruisseau de sang ; et quand il a bouché les portes avec des tas de corps morts, il monte dessus, et il fait signe aux soldats germains de franchir ce nouveau rempart.

Pendant ce temps toute l'armée romaine achevait de briser les portes, et se ruait dans la ville contre les derniers défenseurs de cette capitale expirante. Ils étaient là cinq ou six mille soldats massés en une **formidable colonne, Sennakerigh et Beïltheut** en tête, avec toute la famille du grand personnage qui n'avait pas voulu sortir de sa ville natale, n'ayant pu réussir à la sauver.

Il était sans armes, le fier et superbe centenaire, monté sur un cheval de la plus haute taille ; ses vêtements étaient en lambeaux, sa tête nue ; son visage ruisselait de sang ; et chaque fois qu'un soldat gaulois tombait à ses côtés, il s'écriait :

— Ah ! vous n'avez pas voulu brûler Awe-Righ, Bituriges dégénérés !... Ah ! vous n'avez pas voulu souffrir et mourir en silence, femmes maudites et filles damnées !... Eh bien ! subissez du moins la loi que vous vous êtes faite à vous-mêmes, et ne criez pas à Dieu devant qui vous allez paraître... car si vous aviez suivi le conseil du jeune héros qui est votre roi, ce serait Rome qui râlerait dans les ruines fumantes de votre capitale, tandis que vous la lui livrez avec une épouvantable victoire et des vivres pour la moitié d'une année ?

Un moment la mêlée fut épouvantable entre cent vétérans conduits par César et un groupe au désespoir que venait de rassembler Beïltheut. Le jeune Biturige n'avait plus d'épée ; son cheval, inondé de sang, était percé de vingt blessures ; quand il tomba, César le touchait en l'appelant traître. Quand il se releva, il tenait d'une main le cheval de César à la bride ; le cheval fit un faux pas et tomba sur les genoux ; les mains de Beïltheut portèrent dans le ruisseau ; quand il les releva rouges de sang et inondées, il frappa le Proconsul au visage, et imprima toute la paume de sa main sanglante sur la joue pâle du triomphateur.

César poussa un cri affreux, pendant que son cheval se relevait et se cabrait tout debout, au milieu de cent javelots qui se croisaient sans l'atteindre autour de la face du maudit.

Beïltheut fut foulé aux pieds ; mais l'intrépide jeune homme se releva, et, sautant sur un cheval qui errait à l'aventure, il s'élança du côté des portes, pendant que deux pierres énormes atteignaient Sennakerigh, qui tombait parmi les morts.

Pendant cette journée d'épouvantable mémoire, quarante mille personnes de tout âge, soldats, citoyens, femmes, enfants, vieillards, furent massacrés sans pitié, César voulant, disait-il, leur donner une leçon dont ils se souvinssent : triste leçon, dont hélas ! depuis ce temps misérable, ils ne se sont pas toujours souvenus, mais qui ne s'oublie point absolument et ne s'oubliera jamais chez les Bituriges, qui, en toute occasion importante, se souviennent du siége d'Awe-Righ et de ce qu'ils doivent à César.

De cette sauvage exécution, huit cents personnes seulement échappèrent, et rejoignirent le camp du Roi des cent rois, lui ramenant Beïltheut criblé de blessures, pendant que César et ses légions se consclaient dans Awe-Righ de leur trop longue abstinence, faisant des libations avec le vin des coteaux bituriges à Mars victorieux et à Vénus impure, dont César se vantait de descendre.

LIVRE QUATRIÈME.

—

SOMMAIRE : Imprécations. — Convictolitan. — César n'entre pas à Bibracte. — Numitor. — Le printemps. — L'Elfe des glaciers du nord veut retourner en Helvétie. — César dans l'île de la Loire. — Beelissane près de César. — Satan s'irrite... Dieu le renverse. — Rupture des ponts de l'Allier. — Assaut de ruses. — Duel de l'aigle et de l'alouette. — César à Heergawbia. — Le grand camp et le petit camp. — Litawigh et les Édues. — La fausse attaque. — Les femmes de Heergawbia. — Le triomphe de l'alouette. — Désespoir de César. — L'envie. — Pas un qui ne veuille être Roi. — L'Alésia des mandubes.

XVI.

Muse des Gaules Orientales, muse qui marches tête nue, souriant avec dédain aux débris du diadème qui, ayant orné ton front inspiré, traîne aujourd'hui dans le sillage des peuples distraits et oublieux... muse offensée, qui étais absente le jour où naquit Homère, ne dépose pas encore la harpe aux cordes d'airain, qui chante l'horreur et l'imprécation violente que fait naître l'odeur du sang.

La rage au cœur, la colère aux lèvres, le front irrité, l'âme tout en feu, achève de dire ce qui se passait dans Awe-Righ emportée d'assaut, pendant que les Latins de César menaient leur saturnale insolente, tournoyant sur les ruines, ivres de vin et de carnage.

Ah !... ils n'avaient pas voulu mettre le feu à leur capitale, ces Bituriges en décadence que la lutte avait amoindris, que la prospérité matérielle avait gonflés et rendus stupides.

Eh bien ! leur ville n'était plus qu'un monceau de cendres brûlantes ; un tas de cadavres dépecés par l'épée latine ; une arène de mort et de honte qu'il n'était plus possible de saluer que par ces mots, dernier soupir des peuples tombés :

— Tout est perdu... même l'honneur !

Cependant au pied des prodigieuses murailles ruisselantes d'une effroyable lumière, un groupe sacré résistait encore, non par le glaive qui flamboyait dans la main des victorieux, mais par l'inspiration solennelle et fière des âmes que rien ne peut jamais vaincre.

Ils étaient là plus de cent druides souriant à la mort prochaine ; leur long vêtement blanc tout parsemé de taches rouges, la face arrogante, les cheveux au vent, et jetant dans la nuit sinistre leurs cris d'angoisse et de fureur.

Elles étaient là aussi, les belles et chastes druidesses qui demandaient à mourir en même temps que leur patrie.

Il était là aussi, lui, le rude vieillard soutenu par cent mains dévouées, inondé de sang, couvert de blessures ; on eût dit que ses pieds augustes ne tenaient plus à la terre ; et pendant que mille jets de flammes venaient inonder son front puissant et jadis couronné, ont eût dit qu'il s'échappait déjà de la terre ingrate où l'honneur ne pouvait plus être affirmé que par la fierté dans la mort.

En face du groupe gaulois, César, pâle comme la nuit, se montrait presque stupéfait de ces prodiges, et semblait ne pas vouloir perdre un mouvement du spectacle grandiose qui se déroulait à ses yeux. Sa cape rouge tournoyait dans le vent de la nuit ; son cheval cabré frémissait, battant l'air de ses pieds ardents, au milieu d'une foule effrénée de centurions qui s'approchaient pour protéger leur damné maître.

Alors une voix éclatante, terrible, une voix de mort et de haine, poussa un de ces cris capables d'arrêter les armées. La cithare druidique résonna, et les Latins atterrés durent écouter le chant lugubre qui saluait leur lâche victoire :

— Eh bien ! pourvoyeur de tombeaux — as-tu mesuré la hauteur — du ruisseau de sang gaulois — que l'Enfer t'ordonne d'emplir ? — Mais va, destructeur effréné — de toute chose et de toi-même — sache bien que le sang versé — dans la mort féconde la vie — et que sous le feu la cendre — garde les germes généreux — qui préparent le renouveau !

— Passe donc, ravageur funeste — insolent amant des ténèbres — que nous fait le bruit du triomphe — de la gloire qui t'a souri ?

— Tu restes vrai comme la haine — vrai comme l'orage en fureur — tu restes vrai comme la foudre

— tu restes vrai comme l'hiver. — Mais que prouve le vrai sinistre — contre le vrai des jours heureux — contre le vrai de l'âme ardente — contre le vrai de la vertu ? — Le méchant passe comme l'orage — César triomphe comme la mort — le lendemain le soleil brille — la nature cesse de pleurer — l'oiseau chante, la fleur s'entr'ouvre — et le passant étonné se baisse — pour rechercher dans la poussière — la trace des pas de César !

Et comme un nouveau groupe de soldats romains, gorgés de viandes et pris de vin, s'était jeté entre César et les druides, une femme échevelée parut : son grand bras blanc et fier, son poing crispé, sa face anguleuse et dure la faisaient ressembler au génie de la menace; et ce fut d'une voix véritablement surhumaine qu'elle se mit à hurler selon la cadence farouche des triades celtiques :

— Mangez donc et buvez mieux — Latins allaités par la Louve — ou nourris par le faisceau d'herbe !
— Chantez et réjouissez-vous — dans Awe-Righ prise d'assaut — en compagnie du Germain — qui dans les siècles des siècles — vous cassera les plats sur la tête — et vous dérobera tout — même le nom de César — dans l'horreur des nuits — de votre agonie !...

— Chantez !... et que l'outrage fait à la Gaule — vous serve du moins d'excuse — pour l'outrage que vous méditez — de faire à votre patrie !

— Chantez !... et faites sonner haut — la fanfare de votre ivresse — car votre ivresse est — celle des bandits — qui, n'ayant plus rien à perdre — se ruent au chevet misérable — des peuples qui ont tout perdu !

— Au temps du roi Bellovèse — vous ne chantiez pas plus haut — que vous ne chanterez demain — quand la Gaule aura secoué — son suaire de décadence. — Non ! vous n'êtes plus des soldats — mais des fossoyeurs trop pressés — qui se hâtent de porter en terre — la nation morte en apparence — mais qui n'étant qu'endormie — brisera la pierre de sa tombe — pendant que l'aigle impériale — se sauvera comme une peureuse — devant l'alouette gauloise — fredonnant au-dessus des blés verts — sa pure chanson de réveil !

César s'agitait d'une façon convulsive en écoutant ces imprécations inouïes. Une horde germaine se précipita ; tout un corps de hastaires latins les suivit, et bientôt la griffe de l'aigle romaine s'enfonçait dans le flanc saignant de la Gaule, pendant que l'âme gauloise, pareille à la légère alouette, montait dans les airs, et murmurait une dernière chanson qui parlait de l'avenir, du printemps prêt à reparaître après l'hiver, de la foi qui rend aux peuples déchus un amour et le lendemain une patrie.

Pendant que le *chef à la vue perçante* tombait au milieu de cette ville condamnée au feu pour en avoir redouté l'horreur ; pendant qu'un dernier souffle de mort passait sur ces ruines fumantes, les débris informes de l'armée biturige arrivaient au camp du

Roi des cent rois, impassible et immobile à quelques pas de ce prodigieux désastre.

On apporta le pauvre Beïltheut sous la tente du chef suprême. Le brave enfant avait le corps percé de vingt blessures ; un sentiment de douleur profonde et amère se lisait sur le sombre visage de ce jeune homme qui faisait de la vie un si douloureux apprentissage ; sa joue était d'une pâleur mortelle, ses yeux à demi éteints, et de longues traces de sang tachaient encore les langes qui l'enveloppaient à demi.

Auprès de sa rude couche, Beelissane vint s'agenouiller, lui prit les mains et le contempla un moment avec un intérêt tendre et profond. De l'autre côté, le Roi des Gaules était debout, calme, grave, impassible, la tête nue, la main appuyée sur sa large épée, et il disait d'une voix amère et toute tremblante de désespoir :

— Je voulais me précipiter au secours de la ville attaquée ; j'ai ordonné, j'ai prié, supplié en vain. Les chefs arvernes, sénons, carnutes et séquanes se sont refusés à me suivre, alléguant que puisque les Bituriges n'avaient pas voulu brûler leur ville, il ne se pouvait pas que l'armée se compromît pour la défendre.

— Hélas ! dit Beïltheut en pleurant, que deviendra la pauvre Gaule si les frères haïssent les frères, et si la jalousie qui les aveugle les irrite plus encore que les outrages de l'étranger ?

Puis le tendre jeune homme ajouta :

— Il est si doux d'aimer, il est si doux d'être fidèle. Maître, père, ami, vrai héros que j'ai pris pour exemple, je ne serais pas près de vous, si vous n'aviez accepté que ma vie devînt un reflet de la vôtre. J'ai vu tomber le grand aïeul auteur de ceux dont je suis né, et cependant je ne me suis pas jeté sur les piques romaines, me souvenant que je m'étais engagé à vous et que je ne devais mourir qu'à vos côtés. Sans vous, mon seigneur et maître, je serais couché dans le sang à côté de Sennakerigh. Pour vous, je suis revenu ; et si Dieu permet que je vive, ce sera pour mourir en combattant à vos côtés.

— Quelle tâche ! repartit le chef des cent chefs, quelle tâche ! Les Bituriges m'ont reproché d'avoir secouru les Arvernes, et les Arvernes n'ont pas voulu que je vinsse au secours des Bituriges.

Le blessé releva la tête et dit :

— Ne redoutez-vous rien des Édues ?

— Tout, repartit le roi des Gaules. La chute d'Awe-Righ a irrité le peuple à Bibracte, mais épouvanté les grands. Ah ! si la malheureuse capitale biturige pouvait être investie, pas un Romain n'en sortirait vivant. Mais là je ne puis pas plus envelopper César qu'il ne nous enveloppa lui-même. Il se sauvera d'Awe-Righ et il marchera vers Bibracte pour y réchauffer le zèle de ses partisans. Que ne puis-je quitter l'armée !... Les Édues sont jaloux, légers, arrogants ; mais si leurs vertus sont mobiles, leurs vices ne le sont pas moins. Un mauvais sentiment les éloigne du droit chemin ; un bon sentiment les y

ramène ; et si je pouvais tenir à portée de ma dure
éloquence les Cott et les Convictolitan, les Eporedorigh et les Virdumare !...

— Votre éloquence !... dit Beelissane en se levant,
osez donc vous fier à la mienne... Ignorez-vous que
c'est moi seule qui ai fait rebrousser chemin à toute
une armée venue de Bibracte ? Ignorez-vous qu'un
moment Bibracte m'a aimée avec transport et saluée
du nom de reine ? Ignorez-vous que le malheureux
Dumnorigh avait pour clients, pour amis et pour
débiteurs la moitié des citoyens de Bibracte ? Ignorez-
vous que ma présence en cette ville peut empêcher
César d'y entrer ?

— Je le sais, dit le roi des Gaules en frémissant ;
mais je n'ose pas vous permettre de partir, le pauvre
Beïltheut ne pourrait vous accompagner, et...

— Des forces ! des forces ! interrompit le jeune
Biturige, en se levant avec égarement, puis il
retomba anéanti, pouvant à peine murmurer avec
angoisse :

— Dieu me donnera des forces.

Ce fut à ce moment qu'une sorte de colosse humain, enveloppé de peaux de bêtes, parut à l'entrée
de la tente. Celui-là aussi était couvert de sang ;
mais il ne semblait pas fléchir sous le poids de ses
blessures ; il fit un pas, contempla un moment Beïltheut avec stupeur, puis il dit :

— Les huit cents Bituriges échappés au massacre
de leur capitale demandent si le descendant des
vieux rois est parti pour les terres heureuses, où se

cueille le rameau de chêne qui est dû aux braves.

— Qui es-tu ? dit le roi des Gaules, et comment te nommes-tu ?

— Je suis Bathanat, de la maison de Sennakerigh.

— Bathanat ! s'écria rapidement Beelissane, celui qui jette les femmes sur le garrot de son cheval et les emporte à travers les marais... Dis-moi du moins, Bathanat, si les Romains l'ont tué, ce hardi cheval que tu montais, il y a six mois, quand tu me ramassas mourante entre Génabe et Noviodun ?

— Non pas ! dit le sauvage, en se redressant avec orgueil, car il ne pouvait pas monter avec moi sur la muraille, et jeter sur la terrasse romaine des boules de suif et de poix.

— Je te reconnais ! s'écria Beïltheut, en se relevant à demi, c'est toi qui t'es présenté le vingtième aux portes où étaient tombés dix-neuf braves. C'est toi qui t'es élancé la hache à la main sur la machine romaine et l'as brisée en trois coups.

Bathanat répondit fièrement :

— C'était moi.

— Eh bien ! dit Beelissane, veux-tu m'emporter de nouveau sur ton cheval et me conduire à Bibracte, même à travers les légions de César ou les cavaliers germains ?

Bathanat répondit :

— Que le Roi parle... J'obéirai.

— Va donc, dit le chef suprême avec autorité, je te donne cinquante cavaliers arvernes Va, guide-les, prends les sentiers détournés, passe à travers les forêts ; mais si tu reviens avec notre Beelissane me retrouver à Hergawbia... je ferai de toi mon ami.

— Tiens-toi prêt dans quelques heures, dit Beelissane, en serrant les mains du farouche Gaulois, je veux partir cette nuit même.

Bathanat sortit la tête haute, le cœur gonflé, les yeux enflammés d'une joie ardente, oubliant même de s'épuiser en protestations dont le roi des Gaules n'avait pas besoin.

— Écrivez à Litawigh, dit la veuve de Dumnorigh en baissant les yeux, écrivez et comptez sur lui.

— J'écrirai encore à Convictolitan, dit le roi en faisant un grand geste ; Convictolitan est ambitieux, et en flattant son ambition...

Quelques heures plus tard, en effet, pendant que César et ses légions faisaient bonne chère dans Awe-Righ, le roi des Gaules sortait de sa tente, donnant la main à Beelissane, et lui disait à demi-voix :

— Insistez sur ce que je dis à Convictolitan, et répétez-lui cent fois plutôt qu'une, que la guerre terminée et César anéanti, je déposerai la puissance. Le mal des Gaulois de ce temps, c'est d'avoir besoin de la grandeur et de ne pouvoir la supporter. Si je deviens grand en les sauvant, ils ne me pardonneront le service que je leur aurai rendu que si je suis le premier à m'en punir. Dites-leur que la délivrance de la patrie est mon unique ambition, et que je leur engage mon serment, une fois la guerre terminée, de quitter la Gaule pour jamais.

— Et où irez-vous ? dit Beelissane dont la voix tremblait d'émotion.

— En Helvétie !... répondit le roi des Gaules, en serrant la main de la belle et ardente créature, qui murmura d'une voix douce et molle comme un chant du soir au penchant des collines vertes :

— En Helvétie !

Puis elle frémit et ajouta d'une voix brusque, passionnée et pleine de foi :

— Allons ! vrai roi, allons, grand homme, hâtez-vous de terminer la guerre ; délivrez la Gaule, vengez votre père, vengez le mien ; laissez les triomphateurs à leur délire, les ambitieux à leur malaise, et que ce que vous laisserez en Gaule ne vous fasse pas mépriser ce que vous trouverez en Helvétie !

Bientôt, le Roi des cent rois était au milieu de sa fière armée, parlant avec douceur aux huit cents échappés du massacre d'Awe-Righ, qui se courbaient devant lui dans une attitude suppliante et humiliée.

— Vous qui naquîtes les premiers à la gloire, disait-il, il était juste que vous fussiez les premiers à mourir au champ de l'honneur. La Gaule vous a laissé faire ; vous êtes tombés... que d'autres se lèvent... J'ignore si les Édues, vos patrons, sauveront la Gaule ; mais si les Édues doivent succomber à leur tour, je souhaite pour leur honneur qu'ils sachent tomber comme vous.

Pendant ce temps Beelissane, au milieu de son imposant cortége, s'avançait du côté de la Loire ; et, moins de quinze jours après la chute d'Awe-Righ, celle que l'infâme Divitiac avait saluée du nom de sœur, celle que toute une ville brillante et polie avait presque traitée en reine, faisait sa rentrée mystérieuse en cette même Bibracte des Édues, où le génie helléno-latin semait déjà depuis si longtemps ses aromes et son venin, ses grâces maladives et sa dépravation insolente.

Bibracte était déjà une ville toute romaine, du moins dans sa population élégante.

A Bibracte, le Sénat et les Grands étaient Latins par mode, par manie, par ambition et par terreur. Le peuple était celtique, gaélique et kimrique, c'est-à-dire gaulois, dans la grande et pure acception du mot.

Là, les simples, les ingénus, les purs gens de bien, n'ayant pas besoin de César pour en faire le levier ou l'excuse de leur ambition, avaient la domination romaine en horreur. Quant aux remuants, aux affamés, aux aventuriers grands ou petits, aux déclassés de toute sorte, lie ou écume des révolutions, ils étaient tous dévoués à César, ou du moins ils affichaient avec hauteur ce dévoûment criminel qui, leur ayant déjà permis d'arracher la suprématie nationale aux Bituriges, leur permettait le rêve d'une suprématie personnelle contre leurs rivaux et leurs ennemis.

Cependant, quand la nouvelle de la chute d'Awe-Righ fut connue à Bibracte, elle y produisit un sentiment de stupeur dont il n'est pas difficile de se rendre compte.

Depuis longtemps la lutte n'était plus qu'un souvenir entre les Édues et les Bituriges ; déjà une fois les Édues, honteux et consternés, s'étaient arrêtés sur le chemin de la plus noire trahison, et ils étaient revenus à Bibracte, le cœur plein de ressentiments amers, peut-être même de remords.

Puis, quand ils surent la façon dont s'y prenaient les Bituriges pour échapper à la domination romaine, un immense élan d'enthousiasme national souleva le cœur mobile mais généreux d'une nation qui se rappelait à temps que ses rivaux de la veille étaient encore ses frères.

En écoutant crépiter la flamme qui dévorait les villes Bituriges, les Édues avaient relevé la tête ; en apprenant le siége formidable qu'avait soutenu l'antique et illustre REINE DES EAUX, les Edues avaient frémi d'horreur ; et le sang des quarante mille martyrs passés au fil de l'épée leur avait rappelé à temps que ce sang versé par César était aussi du sang gaulois.

Quand Beelissane arriva dans Bibracte, le désordre et la confusion y étaient à leur comble. Les grands, les prêtres et les magistrats étaient aux prises à propos de la charge de Vergobreith, disputée entre Cott et Convictolitan, qui tous les deux s'appuyaient sur la faveur de César.

Cependant le peuple chargeait de ses malédictions et les électeurs et les éligibles, demandant des armes et faisant entendre mille imprécations violentes contre les partisans de César, les officiers et les commerçants de race latine qui n'osaient plus se montrer.

Dès que la veuve de Dumnorigh parut au milieu de ce peuple qui l'avait aimée, même au milieu de ces grands, si fiers autrefois du sourire qui leur promettait sa faveur, on put croire un moment que l'étoile de Jules César reculait à jamais derrière les nuages, au souvenir du pauvre chef Edue qu'il avait récompensé de son dévoûment, d'abord en essayant de lui prendre sa femme, puis en le faisant mourir.

La vaillante femme raconta au peuple toutes les péripéties étranges du meurtre de Dumnorigh, puis la fuite de la mère, puis le massacre de l'enfant, enfin la sublime horreur du siége d'Awe-Righ, et déjà les sanglants tumultes de Génabe menaçaient de désigner Bibracte à la vengeance du conquérant.

Les prêtres et les grands s'interposèrent; le peuple parut se calmer pendant que Beelissane, acclamée et saluée par toute la ville avec une vénération profonde, devenait l'arbitre d'une situation prête à éclater en magnifiques péripéties.

Quand elle parut, belle et richement parée, à l'assemblée des druides et des chefs, suivie de son héroïque Bathanat, escortée par ses cinquante cavaliers arvernes, on put comprendre que les vieilles mœurs patriarcales n'étaient pas en entier perdues, et que l'idolâtrie de la femme belle, jeune, fière, intrépide et passionnée y conservait encore tout son doux et consolant prestige.

Et de quel étonnant empire ne faut-il pas que le bien, le juste et le vrai soient armés, si, passant par les lèvres timides d'une femme, ils devaient imposer silence à tous les égoïsmes, à toutes les envies, à toutes les passions mauvaises !

Le jeune et brillant Litawigh qui, disait-on, avait aimé Beelissane lors de son premier séjour à Bibracte, fut le premier à se lever ivre d'enthousiasme. C'était un homme de trente ans à peine, d'une taille élevée, doué d'un de ces visages affectueux et heureux qui caractérisent la riche race des Edues ; ses cheveux étaient blonds comme ceux du fils de Celtill ; son front pur, sa bouche souriante ; et si, comme le roi des Gaules, il ne portait pas sur son visage cette sévérité indulgente et douce qui est le signe de cet abandon sublime que le vrai héros fait de lui-même à la foi qui le soutient, du moins pouvait-on lire sur ses traits mobiles tous les signes certains de la droiture.

Il était vêtu avec une grande recherche, les épaules enveloppées d'un triple collier d'or qui descendait sur une cotte de maille d'un travail exquis. Il avait des bagues à tous les doigts, de superbes pendants d'oreille, et portait avec une rare élégance la tunique très-ample que les Gaulois disciplinés avaient adoptée, afin de ressembler aux patriciens de Rome.

—Que Cott et Convictolitan, s'écria-t-il, aillent

vider ailleurs leur querelle, s'ils persistent à réclamer le concours de notre ennemi ; mais tant que la veuve de Dumnorigh sera dans nos murs, je ne permets pas que César s'y montre !

A cette proposition si énergique et si absolue, un frémissement inouï courut dans toute l'assemblée. Interdire à César le séjour de Bibracte !... il y avait là, en effet, de quoi troubler l'âme des chefs Edues depuis si longtemps résignée à l'obéissance. Cependant la chute d'Awe-Righ était si récente, la colère du peuple si hautement déclarée, le souvenir de Dumnorigh si puissant, la présence de sa veuve si imposante, que nul n'osa prendre la parole pour contredire Litawigh ; et, bien que chacun réservât tout bas sa conduite ultérieure, il fut décidé tout haut que César n'entrerait pas dans Bibracte tant que Beelissane y serait.

Quand cette résolution fut connue du peuple Edue, toute la ville demanda des armes et parla de se mettre en marche peur aller rejoindre la grande armée gauloise.

Pendant ce temps Beelissane remettait à Convictolitan le message du roi des Gaules, et le jeune ambitieux lui disait avec l'émotion la plus vive :

— Anathème aux divisions et aux discordes intestines ! mais que voulez-vous que je fasse ? Si je me déclare contre César, César favorisera les prétentions insolentes et illégitimes de Cott. Cott sera nommé Vergobreith et fera un parti puissant à César. Sur l'honneur du nom que je porte, je vous jure que dès à présent je suis avec le roi des Gaules, que je reconnais sa toute-puissance, et que j'ai à cœur de lui obéir. Mais ne vaut-il pas mieux que je lui amène le premier magistrat des Edues, qu'un pauvre candidat vaincu et sans influence? Veuve de notre Dumnorigh, vous connaissez César mieux que moi ; vous savez que cet homme est l'agent de toutes les impiétés, de tous les crimes, de tous les mensonges. Je le sais aussi ; cependant je suis allé trouver César dans son camp ; je l'ai suivi, je me suis fait son client, j'ai combattu près de lui aux portes de Noviodun. Vous le savez, le roi des Gaules ne l'ignore pas ; j'ai servi César, c'est vrai, mais il est plus vrai encore que je le hais et le méprise. Oui, je l'ai servi, mais en même temps je me suis servi de lui contre un rival insolent qui ne recule devant aucun artifice. Je veux être Vergobreith, parce que c'est mon droit, parce que les druides et les grands de Bibracte le veulent... Laissez-moi donc devenir Vergobreith, Beelissane, vous verrez après. Et vous comprendrez, je l'espère, que ni l'astuce ni le mensonge ne coûtent à un homme tel que moi, quand il ne s'agit, au demeurant, que de mentir à César.

Le lendemain de cette entrevue, l'armée romaine arrivait en face de Bibracte, pendant que toute la population prenait une attitude menaçante et que le sénat tout entier sortait de la ville pour aller au-devant de César.

César se répandit en reproches : il déclara que les Edues l'avaient trompé, ne lui avaient pas envoyé de vivres et se tenaient, assurait-on, dans une attitude menaçante.

— A tel point, dirent les chefs druides, que tu ne saurais entrer dans Bibracte, à moins que de la traiter comme Awe-Righ.

César poussa les hauts cris. Dans l'excès de sa fureur, il déclara qu'il traiterait Bibracte comme Génabe ; qu'il y passerait de nouveau quarante mille Gaulois au fil de l'épée. Il appela Labiénus ; il appela les centurions Fabius et Pétréjus ; il appela ses plus hardis vétérans et il leur dit en leur montrant de loin les cirques, les arènes, les aqueducs de la ville gallo-romaine :

— Quoi ! je n'entrerai pas dans Bibracte !... Je n'entrerai pas chez les Edues qui sont les clients du peuple romain ! Je n'entrerai pas chez moi !...

Les lieutenants et les centurions répondirent en souriant :

— Si tu n'y entres pas avec nous, César, c'est que tu ne nous en auras pas donné l'ordre.

Convictolitan prit César à part et lui dit :

— Pourquoi entrer dans Bibracte ? Si c'est du blé que tu veux, tu en auras. Mais à quoi bon, dans la situation difficile où tu es, entasser de nouvelles victimes, pendant que les Belges, les Sénons et les Parises s'apprêtent à marcher sur toi ? A quoi bon te faire envelopper par deux armées et t'isoler absolument par des cruautés stériles ? Si tu saccages aujourd'hui Bibracte, il faudra que demain tu en fasses autant de Matisco, de Cabillonn et du Noviodun de la Loire, où sont tes réserves et tes magasins (1). Sache plier devant l'orage et laisse-nous le soin de le calmer. Le peuple ne veut pas que tu entres à Bibracte... Eh bien ! côtoyons ensemble la Loire ; arrêtons-nous dans l'île de Decezia, règles-y nos différends, et le lendemain tu pourras te fier au Vergobreith des Edues et lui demander une armée.

— Tu parles bien !... dit César, complétement dupe du Gaulois, et tu peux te considérer, dès ce jour, comme premier magistrat des Edues.

César n'entra pas en effet dans Bibracte à la tête de ses légions triomphantes ; mais comme il venait d'apprendre la présence de Beelissane dans la ville où en quelque sorte avait régné son mari, il fit appeler sa spirituelle confidente Métella et lui dit en souriant :

— Elle a tort de me braver d'une façon si étrangement audacieuse. Je veux bien ne pas entrer à Bibracte, puisque je serais obligé d'y faire une hécatombe de ceux qui, jusqu'à ce jour, ont passé pour mes amis. Mais toi, chère Métella, qui n'as pas les mêmes raisons que moi d'être suspecte à la populace

---

(1) Mâcon, Châlons et Nevers. Il n'est pas inutile de faire remarquer ici que la fréquence des villes Gauloises du nom de *Noviodunum* est importante pour la topographie asiatico-celtique. Noviodunum signifie *ville nouvelle, bâtie sur le dun*. Neuvy, au contraire, appellation non moins fréquente, est une désignation latine qui veut dire seulement : *ville nouvelle, novus-vicus*.

édue, tu feras bien d'aller un peu savoir là-bas ce que fait la veuve de ce pauvre fou de Dumnorigh. Avant que j'aille tenter un grand coup sur la Hergawbia des Arvernes, je suis presque curieux de tenter à Bibracte une aventure... Qu'en dis-tu ?

— Je suis prête ! cria la jeune Romaine avec une émotion telle que César en fut frappé.

Quelques instants plus tard, l'honnête descendant de la Vénus impudique appuyait sa pâle main sur l'épaule d'un légionnaire qu'il avait remarqué dans le massacre d'Awe-Righ. C'était un homme de quarante ans environ, qui avait des épaules d'hercule, un cou de taureau, une poitrine de géant, des bras d'acier et une petite tête d'aigle toujours en furie.

— Numitor, dit César à demi-voix, tu es d'Arpinum, un peu parent, assure-t-on, des parents du grand Marius, et par conséquent dévoué jusqu'à la mort à la fortune de César. Ne réponds pas : je suis sûr de toi. Quand nous serons revenus à Rome, que j'aurai brisé le Sénat et que je serai roi des Romains, que me demanderas-tu, Numitor ?

Le farouche latin répondit avec froideur :

— La place de geôlier à la prison Mamertine.

— Fort bien ! dit César, tu as ma parole, à condition toutefois que tu feras aveuglément tout ce que je t'ordonnerai de faire.

Numitor ouvrit une bouche effrayante, comme s'il eût voulu sourire, et répondit d'une voix brève :

— Sans condition.

Alors César baissa la tête ; puis, regardant Métella

qui se perdait dans le crépuscule, il murmura tout bas comme se parlant à lui-même :

— Me trompe-t-elle ?

Et il appela Labiénus et lui dit :

— Puisque nous n'entrons pas à Bibracte, prends quatre légions, une partie de la cavalerie et retourne vers le Nord du côté des Sénons et des Parises. Moi, je vais installer Convictolitan dans la charge de Vergobreith, en retour de quoi il me donnera un corps de dix mille Edues, afin que j'aille traiter la Heergawbia des Arvernes comme l'Awe-Righ des Bituriges.

XVII.

Un clair rayon de soleil glissait sur l'étroite fenêtre d'une maison très-élégante, un peu isolée au milieu des bosquets, muets encore et sans couleur, qui avoisinaient Bibracte.

C'était à peine si la primevère entr'ouvrait sa corolle d'or, au milieu des prés qui recommençaient à sourire. — Çà et là les oiseaux étonnés voltigeaient à travers les buissons sans feuillage, inquiets et ne songeant pas à marquer encore la place heureuse de leur nid.

L'atmosphère était pleine de senteurs indécises bien qu'enivrantes ; et la première hirondelle rasait au loin l'eau verdâtre des grands marécages.

— Le printemps de mon Italie, disait la brune Métella, est plus chaud, plus impétueux, plus rapide et plus soudain que le printemps des blondes Gaules ; mais il n'a pas la chasteté, la retenue, les grâces molles et cependant puissantes dont s'enveloppe ici une nature moins expansive quoique plus riche et plus abondante. En Italie, nos ivresses sont trop rapides, nous dévorons tout sans rien savourer. Ici, au contraire, l'ivresse se dérobe sans cesse au doux entraînement qui la poursuit ; et la terreur de l'hiver nous accompagne encore même dans les bras du renouveau qui nous rassure et nous réchauffe.

— Pourquoi ne connais-tu pas, ajoutait en souriant Beelissane, nos doux printemps de l'Helvétie ?

— Songes-tu donc à les retrouver ?... repartit Métella en baissant les yeux.

— Oh ! oui... Et plus que jamais. C'est la grand quoique funeste ambition de mon père qui a fait à la fois mon malheur et celui de notre patrie. Moi je ne souhaitais pas l'alliance du très-illustre chef dont mon père servait l'ambition. Aussi, pour nous, si ardents à la recherche d'un rêve, tout s'écroula dans un réveil de ruine et de mort. Père, patrie, amis, parents, mari et enfant, j'ai tout perdu dans les Gaules... Et cependant comme il me semble déjà que les Gaules m'ont rendu quelque chose de ce qu'elles m'ont pris, j'ose t'avouer Métella, que j'aspire à retourner en Helvétie.

— Tu n'y retourneras pas seule ?...

— Non, car lui aussi, le héros qui, m'ayant redonné la vie, est pour moi en même temps comme un père, est tout prêt à quitter la nation ingrate à laquelle il ne devra plus rien quand il l'aura délivrée. Lui aussi, son père est tombé victime de César ; sa mère est morte entre nos bras ; ses infâmes parents l'ont chassé de sa ville natale ; et quand il aura rendu à sa patrie en décadence le service qui est dû par le dernier des citoyens, il quittera pour jamais ce vil monde d'envieux et de lâches, d'arrogants et d'impuissants, qui ne se connaissent que pour s'entre-détruire, viles gens, outragés par la vertu, menacés par le courage, humiliés par le talent, qui ne s'entendent plus qu'à couper toute tête qui les dépasse, et n'ont de force que pour ramener toute élévation généreuse à la brutalité de leur niveau.

— Tu en parles avec une indignation bien amère, dit en souriant Métella ; mais fille d'un roi guerrier chef de cent vallées, tu ne hais pas les tumultes de la guerre : pourquoi donc es-tu si pressée de quitter la Gaule, si tu y restes avec celui que tu aimes ?...

Beelissane ne répondit pas tout d'abord. Un moment son doux regard erra du côté des blancs nuages qui s'enfuyaient à l'horizon ; sa joue se colora vivement ; puis, passant son bras demi-nu autour du cou presque décharné de son amie, elle murmura d'une voix toute tremblante :

— Vous autres, femmes du vieux monde latin, vous ne comprenez pas ce mystère ; vos amours ne sont que de tête ; et, n'y cherchant que des victoires, vous ne les comprenez qu'en leur domination excessive et passagère. Nous autres, simples Gaulois de l'ancien âge, ou femmes helvètes au cœur ingénu, nous ne voulons connaître l'amour qu'en ce qu'il a de sublime ; et loin qu'il abaisse ou ramollisse nos cœurs, nous voulons qu'il les surélève et les rende meilleurs, les rendant plus forts. Aussi le grand chef des cent chefs et moi, nous nous sommes promis par serment de n'être l'un à l'autre qu'à l'heure où la Gaule serait libre, nos pères vengés et notre tâche accomplie.

Les grands yeux noirs de Métella brillaient comme deux diamants ; une larme roulait sur la joue maigre de la pâle Latine, et d'une voix toute caressante elle murmurait :

— Puisque tu me le dis... je le crois.

— Si tu l'avais entendu, repartit Bœlissane avec douceur, si tu l'avais entendu quand il me dit de sa voix grave et pleine d'un charme inconnu : — Il ne faut point braver Dieu en s'emparant du laurier avant le dernier combat ; il ne faut point s'affaiblir en suivant à la fois deux pentes, l'une qui mène à l'ivresse d'un grand devoir accompli, l'autre à l'ivresse d'une passion satisfaite. Chercher le devoir en même temps que le bonheur, c'est avoir mille chances pour n'arriver ni à l'un ni à l'autre. Moi, je me suis fait le serment de ne songer aux joies de ce monde qu'à l'heure où sera comblé le gouffre des grands devoirs et des vengeances légitimes. Beelissane, faites comme moi, et promettons-nous, à la face de Dieu, de ne nous aimer qu'à l'heure où l'ombre irritée de nos pères aura cessé de nous poursuivre. Vengeons-nous d'abord.... ; aimons-nous après.

— Ce sont là des sentiments de demi-dieu, dit en souriant Métella, mais je m'étonne de les voir partagés par une femme.

— Moi, dit Beelissane avec feu, ils m'enivrent, ils me rehaussent, ils me remplissent le cœur d'une effrayante énergie...

— Pourquoi ? reprit à voix basse la païenne sceptique et spirituelle. — Ose avouer que c'est parce qu'ils t'importunent. Tu as un désir si profond d'être de l'autre côté du torrent, que tu te sens pour le passer un courage à toute épreuve ; et la fièvre de ton enthousiasme ne donne que la mesure de ton amour.

Deux larmes coulaient sur les belles joues de Beelissane ; un moment ses lèvres brûlantes se collèrent sur le front large et dur de la patricienne, puis elle murmura d'une voix éteinte et harmonieuse :

— Je t'en supplie, ne mets pas ainsi à nu les misères de ma lâcheté. N'arrache point à mes épaules le haillon de pourpre qui les décore... car, en effet, le courage qui me soutient dans la lutte n'est autre chose que le délire qui me transporte dans la vision de la victoire. J'ai un besoin invincible de marcher... hélas ! parce que je voudrais bien me reposer et dormir... de l'autre côté de ces épouvantables luttes. A chaque fois que nos soldats font tête à la louve romaine, j'ai toujours envie de me jeter en avant la première, en m'écriant : Finissons-en ! — Les Gaulois me paraissent lents et lourds ; les calculs de leur chef, marqués au signe de l'erreur ; et bien que l'événement en démontre à chaque heure du jour la toute-puissante autorité, mon imagination irritée court sans cesse en avant, rêvant le triomphe que mes mains débiles sont impuissantes à saisir. Là, en effet, où je crois songer à mon père, à ma patrie, à ma vengeance, je ne m'aperçois pas, pauvre femme, que je ne songe qu'à mon amour. Je me tiens parfois pour la prêtresse clairvoyante d'une pensée pure et toute loyale, quand je ne suis que la pythonisse furieuse d'une passion qui m'irrite et me dévore ; et j'en arrive à me dire avec une sorte d'horreur et de mépris de moi-même que c'est bien moins la plus légitime de toutes les haines qui me transporte que le plus violent de tous les amours. Ce n'est pas le sang de César qui m'attire... ce sont les lacs bleus de mon Helvétie ; ce n'est plus le forum de Bibracte ou les ruines fumantes d'Awe-Righ qu'il me faut... c'est une maison chaste et paisible au penchant d'une verte colline, entre une forêt de mélèzes et les ravins où pleurent les cascades bruyantes. La fin de la guerre ! la fin de la guerre !... c'est là mon cri d'espérance et mon cri de désespoir ; et tu me vois trempée à ce point, Métella, dans les eaux de mon vertige, que si le grand chef des cent chefs venait à moi, et que son baiser tentât d'effacer sur mes lèvres la pureté de notre serment, je le repousserais, j'en suis sûre, en m'écriant avec mépris : Ne tente pas de me dérober la sublimité de mon délire ; je n'en veux rien s'il n'est entier, afin que mon bonheur s'élève dans les régions où a pu planer mon âme. Tu le vois bien, Métella, il faut que cette guerre se termine ; il faut que la Gaule soit libre !...

Et la pauvre femme éperdue s'interrompit brusquement pour ajouter d'une voix molle et enfantine :

— J'en ai hâte.

— O dieux !.... murmura Métella d'une voix amère, se peut-il qu'en nos temps dépravés et affaiblis, on sente encore avec cette saveur et cette énergie !...

Puis elle ajouta d'un ton brusque et rauque :

— Si j'aimais de cette façon, la Gaule serait bientôt libre ; et il n'y a peut-être que toi au monde qui puisses te vanter de tenir la vie de César dans ta main.

— J'y ai songé, repartit Beelissane en baissant la tête ; et César serait déjà mort, si je n'avais que des vengeances à exercer, que des devoirs à remplir. Qu'il rende donc grâce, cet infâme, à la vertu qu'il offense, à la beauté qu'il nie, à la pureté qu'il blesse... Car si la fille du Roi des cent vallées n'eût rencontré sur sa route, en la personne du Roi des cent rois, tout ce qu'insulte César, déjà la Gaule serait libre... l'Helvétie vengée... et le sénat romain rassuré.

— Ose donc !... s'écria Métella d'une voix sourde et violente.

Beelissane fit un signe négatif en répondant :

— Jamais... jamais... Et, je te le dis en vérité, c'est en ce moment le Roi des Gaules qui sauve la vie à César.

— Je ne te presse pas, dit Métella en souriant avec froideur, car moi-même je ne suis pas pressée. J'ai un frère à Rome qui attend dans un morne silence le moment de marquer la place du poignard sur le cou ridé de César. Mais lui et moi, qui croyons à la toute-puissance du destin, nous n'entendons pas le forcer. J'accompagne César, moi, moins pour hâter sa chute que pour me repaître du spectacle de son agonie. J'ai pu croire un moment que tu étais le glaive du destin... S'il n'en est rien... que les dieux prononcent, nous verrons bien l'événement.

Après quelques moments de silence, Métella reprit :

— Il est fâcheux que la passion que tu témoignes te désarme : César sait que tu es à Bibracte ; il sait la fureur que tu as inspirée aux parents, aux clients, aux amis du chef qu'il a fait mourir. Mais pour rien au monde il ne voudrait traiter Bibracte comme Awe-Righ et les Edues comme les Bituriges. C'est par son ordre que je suis ici ; c'est par son ordre que je te parle. Veux-tu revenir à son camp ?

Et l'ardente femme ajouta :

— C'est lui-même qui se livre à nous.

En ce moment la spirituelle couleuvre aristocratique vit passer devant elle la forme grossière d'un légionnaire qui la regarda de telle sorte qu'elle serra les lèvres en murmurant à voix basse :

— Il s'est défié de moi.

Numitor passa et tourna court de l'autre côté de la maison, pendant que Beelissane disait rapidement :

— Pourquoi est-ce que j'aime avec ce délire ?... J'ai plus d'une fois entendu raconter l'histoire d'une

14

femme juive qui osa livrer sa personne pour la joie de tuer un méchant roi...

— Eh bien !... interrompit Métella, et elle ajouta rapidement :

— Ah ! si j'avais ta beauté !...

Et l'autre repartit avec force :

— Ah ! si mon cœur était vide !...

— Prends garde !... ajouta Métella. Si tu as une mission de vengeance, tu ne fais pas ton devoir ; et si tu as une mission d'amour, tu ne le fais pas davantage.

La belle Helvète courba la tête ; un moment elle pleura ; puis elle essaya de sourire, et murmura d'une voix empreinte du plus angélique sentiment de résignation :

— La vérité est qu'aux temps funestes que nous traversons, il n'y a d'amour que dans le renoncement suprême. Je crois que je ferai mon devoir d'amour... mais non pas à la façon que mon imagination l'entrevoit et que mon cœur le souhaite.

Numitor passa une seconde fois, pendant que Beelissane, frémissante, s'écriait à demi-voix :

— Mon Dieu, quelle sinistre figure !... Les regards de ce soldat m'ont remplie d'un sentiment d'horreur confuse. Je ne l'ai pourtant jamais vu. Est-ce qu'il est de ta suite ?

Métella ne répondit pas. Elle sortit rapidement, et se trouva face à face avec dix légionnaires armés jusqu'aux dents, qui lui dirent :

— Un pas, un geste, un cri... tu es morte.

La jeune femme rentra et retrouva Beelissane qui portait à ses lèvres un sifflet d'os percé de deux trous, et qui faisait entendre un bruit strident, terrible, soudain, auquel répondirent des cris affreux qui partaient d'une maison voisine.

Alors Numitor parut, l'épée à la main, s'élança par la fenêtre, et courut sur Beelissane pendant que Métella droite, haute, verte d'horreur, stridente et terrible, s'écriait au milieu des légionnaires accourus :

— Menez cette dame au camp de César... Hâtez-vous... c'est l'ordre du maître ; et n'attendez pas que le peuple se soulève pour la délivrer.

Quelques instants plus tard, Beelissane était jetée sur un léger char attelé de deux chevaux qui mordaient leurs freins ; et Métella se glissait près d'elle pour lui dire tout bas :

— Mieux vaut aller au-devant du danger que de le subir en s'y livrant. Ne résiste pas et compte sur moi.

Pendant ce temps la maison abandonnée était le théâtre d'une lutte formidable entre les cinquante Arvernes donnés pour escorte à Beelissane, et un groupe de légionnaires ivres de fureur. Bathanat, sa hache à la main, en tua dix pour sa part ; il frappa et fut frappé ; puis quand il se retrouva presque seul dans une mare de sang, au milieu d'une confusion de morts et de blessés, il s'élança vers la ville où grondait le peuple en colère, averti déjà de la sauvage agression qui ensanglantait Bibracte.

Mais le rheda de Numitor volait à travers les marécages, pendant que Métella murmurait à l'oreille de sa malheureuse amie :

— Je n'étais pas du complot, mais je l'ai compris à temps, et j'y ai fait face. Tiens-toi en repos et oublie un moment ton amour : l'heure propice enfin arrive.... je te donnerai des armes.

Le lendemain, les deux jeunes femmes, un peu remises de la brusque attaque qui les avait assaillies, voyaient se dessiner dans une vaste plaine, non loin des rives de la Loire, les tentes et les camps de l'armée romaine.

Près d'elles elles virent passer le sénat tout entier de Bibracte, les grands et les colléges de Druides qui revenaient de l'assemblée de Decize (1). Elles virent passer Convictolitan radieux au milieu du groupe brillant de ses amis et de ses clients; puis elles virent passer aussi Cott et ses partisans qui gardaient une attitude menaçante, et qui outrageaient de loin les compagnons de leur heureux rival.

Enfin elles arrivèrent au grand camp romain qui,

(1) César s'explique d'une façon quelque peu équivoque sur son séjour à Decize, pour régler la querelle de Cott et de Convictolitan. Il allègue tranquillement que la coutume ne permettait pas que la charge de Vergobreith fût disputée entre les murs de la capitale. Etait-ce bien là l'unique raison qui éloignait César de Bibracte ?... peut-être. Mais nous persistons à penser que le séjour à Decize fut moins inspiré à César par la coutume que par la prudence.

situé en pays ami, avait un air de triomphe, d'abondance et de fête tout autre qu'au milieu des villes bituriges.

La journée était splendide, le soleil radieux et chaud. De toutes parts, les soldats menaient leurs chevaux faire du fourrage aux prairies ; les tentes étaient dressées ; et, à l'abri d'une légère colline de sable et de galets amoncelés, il était facile de distinguer et de reconnaître l'enceinte presque consacrée où se tenait Jules César.

Quand Beelissane et Métella, fières toutes les deux, tranquilles en apparence, un peu pâles et se tenant la main, s'arrêtèrent devant le victorieux qui sortait au-devant d'elles, il était entouré d'un groupe superbe de lieutenants et de centurions. Tous ses compagnons étaient là, toute cette pléiade d'ambitieux et de factieux qui, moins fidèles que le soldat, étaient moins attachés à César qu'à leur fortune.

La prise d'Awe-Righ avait montré un moment en César le Latin violent et ivre de haine. La présence de Beelissane, fille d'Orkedorigh et veuve de Dumnorigh, l'Édue infidèle, ne laissait plus voir dans le descendant des Jules que le Grec élégant et dépravé, souriant à une conquête charmante, qui lui semblait à la fois la récompense des conquêtes faites, le signe heureux des conquêtes à faire.

Le premier regard échangé entre César et Beelissane fut rapide, soudain, violent, mais tout aussitôt à demi éteint par cet empire de soi qui est la base de toute personnalité supérieure. César était trop haut et trop spirituel pour afficher ou avouer quelque chose de la violence qu'il venait de faire à Beelissane ; celle-ci avait trop de haine et trop d'orgueil et même aussi trop d'amour pour ne pas avoir pris avec une rapidité impérieuse la résolution implacable de se montrer aussi froide, aussi dissimulée que son détestable ennemi.

— Est-ce le plus charmant de tous les hasards ?... dit le brillant aventurier, en faisant les plus grands efforts pour dissimuler une émotion très-réelle sous la féline légèreté d'une voix molle, caressante et satisfaite ; et il ajouta :

— Est-ce Vénus victorieuse qui vient me faire compliment à propos de mon récent triomphe ?... Prendre Awe-Iligh est bon ; mais recevoir à Decize la visite de Beelissane ! ah ! c'est là une douce victoire que je n'osais espérer.

Devant cet excès d'insolence la veuve de Dumnorigh rougit jusqu'aux yeux, et elle répondit d'une voix tremblante :

— C'est le propre du conquérant : ce qu'on lui refuse... il le prend.

César se fit empressé, caressant, presque tendre ; il déclara que la veuve du Roi des Edues, la Reine de Bibracte, fille d'Orkedorigh, était pour lui une personne en quelque sorte sacrée ; la nuit venue, cependant, il était seul, sous sa tente, avec Beelissane assise près de lui sur un escabeau rustique, et Numitor à trois pas. Le conquérant fit un geste ; Numitor sortit ; et Beelissane, se levant avec un profond sentiment d'effroi, dit d'une voix très-émue :

— Où suis-je et quel homme es-tu ?... Tu m'as enlevée de Bibracte par violence ; c'est contre mon gré que tu m'as fait venir seule sous ta tente ; et c'est contre mon gré que j'y suis... Et si j'y suis au su de toute ton armée, c'est dire que j'ai hâte d'en sortir.

César répondit avec une détestable froideur :

— Tu as été prise par mes gens et non par moi. C'est à mes gens que tu appartiens... Veux-tu que je te rende à Numitor ?...

Un moment le sourire de l'audace triomphante vint errer sur les lèvres de la femme Helvète. Un moment, quiconque l'eût vue l'œil superbe et caressant, les lèvres entr'ouvertes, et comme inclinée vers les bras que lui tendait César, eût pu croire la forme pure de Beelissane habitée par l'âme de Métella ; un moment César se crut non moins triomphant à Decize qu'entre les murs sanglants d'Awe-Righ ; mais tout d'un coup la pauvre femme fut prise d'un tremblement épouvantable ; elle pâlit, elle chancela ; un spectre passa devant ses yeux ; elle se couvrit le visage de ses mains et murmura sans que César pût la comprendre :

— Ombre chère, pardonne-moi.

César pleura ; César se mit aux genoux de la veuve de Dumnorigh ; César joua son rôle avec un art merveilleux. Pendant trois heures il lutta ; pendant trois heures il demeura l'esprit irrité, les sens en feu, l'âme bouleversée, en face de la femme belle et jeune qui lui résistait avec une indomptable fermeté.

Puis il voulut parler plus haut, se relever et commander ; et voilà qu'au lieu de la femme souple et dissimulée qui l'avait un moment menacé, il ne trouve plus en face de lui qu'une femme indignée, dans toute la loyauté de ses magnifiques allures. Ce n'est plus Métella qui inspire Beelissane, c'est Dumnorigh qui la pousse et le fils de Celtill qui la possède. Elle ne songe plus à se venger, mais à se soustraire ; et nous la retrouvons sublime d'audace et de désordre, portant son poing fermé jusque dans le visage du conquérant, et lui criant avec effroi :

— Bénis l'horreur que tu m'inspires ; et si tu te souviens que je suis la veuve de Dumnorigh, fais-moi poursuivre par tes cavaliers et tuer... comme tu as fait tuer mon père, mon mari et mon enfant. Cependant laisse-moi te dire une fois de plus que je repousse ton amour sénile comme le monde entier repousse ta domination satanique : à tel point qu'à l'alternative que tu osais me poser tout à l'heure, je n'hésiterais pas, j'en fais le serment, entre ta couche profanée et celle de ton soldat Numitor.

Le propre des hommes de la trempe de Jules César, c'est de résoudre promptement et d'arriver d'une façon en quelque sorte foudroyante à l'apogée, conséquemment à la transformation du sentiment qui les domine. Aux premiers temps il avait trouvé Beelissane charmante ; il l'avait connue toute parfumée d'une grâce à la fois douce et naïve ; près d'elle il s'était retrouvé jeune, avec quelque chose de la richesse de ses émotions premières. Puis il l'avait disputée à son mari ; puis il l'avait disputée aux événements ; enfin il avait compris qu'il la disputait de nouveau à une rivalité plus dangereuse, et il avait voulu livrer son dernier combat, faire sa tentative suprême près de cette pure et forte femme qui avait pu ébranler le mépris qu'il faisait de toute chose.

Mais en face de l'injure froide, amère, implacable qui l'atteignait mieux encore que la main sanglante de Beïltheut, César put se retrouver libre, plus seul, plus isolé que jamais, et sachant arracher de son âme avec une indomptable fermeté le rêve qui lui souriait depuis tant d'années.

Donc, sur le visage si profondément mobile du grand personnage, tout disparut sous une teinte rude et uniforme de colère et de dureté. Ses grandes lèvres blêmes se serrèrent avec effort ; son œil noir devint un moment immobile ; son front osseux se plissa ; ses joues creuses devinrent livides. Sa main se leva pareille à la serre d'un aigle en furie. Beelissane, haute, fière, sereine, le regardait en souriant à demi ; il fit un pas en avant ; mais comme si ce sourire de l'innocence et de la fierté lui eût brisé l'âme, il fit trois pas en arrière ; puis il se porta avec effroi la main au gosier ; le nom de Numitor sortit à demi de ses lèvres violacées.... mais ses yeux venaient de tourner violemment dans leur orbite ; sa face s'était couverte de sueur ; un flot d'écume parut à ses lèvres ; un gémissement rauque et affreux s'échappa de sa poitrine ; il voulait crier et ne pouvait pas ; il tremblait de tous ses membres et ne pouvait bouger de place ; il tournait sur lui-même à la façon d'un oiseau de haut vol qui se débat avant de mourir ; enfin il tomba en s'enveloppant la tête, et se roula un moment en proie au mal effroyable dont les crises lui étaient familières (1).

A son tour Beelissane perdait la tête. Un pareil événement lui sembla un ordre ; il lui sembla que Métella lui criait de loin : — Tue ! tue ! puisque tu sauves à la fois et le monde et ta pudeur.

Elle se jeta sur une panoplie, en arracha violemment une épée ; quand elle se retourna, César à demi relevé était dans les bras de Numitor qui lui essuyait le visage avec des soins de mère tendre ; un abattement inouï se lisait sur la face d'ordinaire si hardie, si confiante du proconsul. Il se raffermit cependant ; puis inclinant sa tête pâle sur l'épaule du soldat grossier, les yeux à demi fermés, les lèvres encore tremblantes, il murmura d'une voix éteinte :

— Malheur à qui me voit souffrir du mal terrible qui me prosterne. Beelissane, malheur à toi !

Puis il essaya de se lever sur les genoux, et foudroyant la pauvre femme Helvète d'un regard d'implacable haine, il reprit :

(1) César était sujet à des accès d'épilepsie. Plutarque dit qu'il *tombait du mal caduc* ; rien d'ailleurs de plus naturel dans la constitution d'un pareil homme,

— Tu peux appeler maintenant à ton aide l'enfant dépravé que tu nommes le Roi des cent rois. J'atteste ma gloire que, pour la dernière fois, je t'ai importunée de mes obsessions ; mais j'atteste aussi que la décision prise par toi sera une atroce vérité, et que, n'ayant pas accepté l'amour de César, tu te souviendras du moins que tu lui as préféré celui de Numitor.

Puis, enveloppant de son bras décharné le cou de taureau de son soldat, César reprit d'une voix déjà plus rassurée :

— Futur geôlier de la prison Mamertine, comment trouves-tu cette dame ?

Numitor répondit en baissant les yeux :

— Fort belle.

— Monstres ! s'écria la fille d'Orkedorigh en brandissant le fer qu'elle tenait à la main, je pourrais, en me jetant sur cette épée nue, échapper à vos fureurs ; mais je ne le ferai pas, tant ma confiance est aveugle que vous êtes encore plus menacés par la colère divine que je ne le suis par vos transports.

Puis, laissant tomber le glaive aux pieds de César, la voyante des glaciers du Nord s'écria en baissant la tête :

— Écoutez !

La tente de César s'ouvrit brusquement ; vingt centurions parurent ; au milieu d'eux était Convictolitan, le récent Vergobreith des Édues ; tous avaient le visage soucieux et chargé de préoccupations étranges. César était debout, et rappelant avec une énergie presque surnaturelle toute sa présence d'esprit, il disait :

— Centurions, que se passe-t-il ?

Alors une rumeur sourde et lointaine se fit entendre, puis des cris, puis des hennissements de chevaux ; des lueurs profondes brillaient dans la nuit ; et de moment en moment le groupe des chefs Latins et des chefs Edues se resserrait autour de César.

— Je m'en doutais !... s'écria Convictolitan ; et ce n'était pas en vain que je t'engageais récemment à ne pas approcher de Bibracte. Le parti populaire s'est mis en révolte ouverte ; et c'est au nom de Dumnorigh et de sa veuve que le peuple en armes marche sur ton camp.

— Le peuple en armes ! cria César avec égarement, le peuple en armes a quitté Bibracte ; le peuple en armes marche sur nous... Eh bien !...

Et d'un geste farouche le proconsul tira son épée, pendant qu'un groupe nouveau se précipitait, celui-là conduit par le brillant Litawigh en personne, qui vint presque tomber aux genoux de César en s'écriant :

— En de certaines occasions, ô César, résister mal à propos c'est tout perdre. Accorde au peuple ce qu'il demande ou achève de noyer dans le sang l'amitié que tu as conquise chez les Edues.

— Que veut le peuple de Bibracte ? demanda froidement César.

— Que tu lui rendes la veuve du roi populaire qui régna sur eux. Ils disent que leur Beelissane a été brutalement enlevée de Bibracte par un audacieux coup de main. Ils disent qu'ils vont aller rejoindre l'armée Arverne après avoir mis le feu à Bibracte, si tu ne leur donnes la preuve que la noble femme objet de leur enthousiasme est saine et sauve, et prête à retourner parmi eux.

César fit un geste exterminatoire, puis, baissant de nouveau la tête, il songea ; quand il releva sa face insolente, le sourire y était revenu ; il fit un pas, prit la main de Beelissane, et la présentant à Litawigh, il dit :

— Quand je rentrerai en campagne contre les barbares, toi, Litawigh, et vous, chefs Edues, me donnerez-vous dix mille hommes ?

Litawigh répondit avec promptitude :

— Je te les conduirai moi-même.

— Eh bien ! repartit César, allez annoncer de ma part au peuple de Bibracte que je lui rends la veuve de leur Dumnorigh, en signe que je ne fus pour rien dans le guet-apens dont elle peut avoir à se plaindre.

Litawigh et les chefs Édues entourèrent un moment Beelissane, puis ils sortirent pour aller la montrer au peuple de Bibracte, pendant que César disait à demi-voix à son Numitor :

— Ne te mets pas en peine, mon fils : ce que je donne, je le livre. Tu en verras l'événement.

XVIII.

Il est bien difficile, on en conviendra, de se prononcer avec quelque apparence de certitude sur les mouvements des deux armées gauloise et latine, à la suite du siége d'Awe-Righ.

Certainement, après l'affaire de Noviodun, César avance dans les terres bituriges, du côté de la capitale; l'armée gauloise le suit lentement, tout en surveillant le cours de la Loire, pour empêcher les Boïes et les Edues de fournir des vivres à l'ennemi.

César vient par le nord-est, et il se trouve en face de l'immense marais qui faisait à la capitale biturige un rempart, doublé par le cours de l'Yèvre. Plus bas, vers le sud-ouest, c'est l'Auron (1) qui enveloppe

---

(1) S'il se trouvait des critiques pour contester ou accueillir d'un doute stérile notre étymologie de l'*Avaricum* des *Commentaires*, nous aurions à les prier de vouloir bien tenir compte des observations suivantes :

Aujourd'hui encore la rivière principale qui enveloppe l'illustre Dun biturige se nomme l'Auron.

C'est le plus fort, le plus important des cours d'eau dont le bonhomme Chapelain disait, il y a deux siècles, dans *la Pucelle* :

« Bourges l'antique mur, ce boulevard des Gaules,
De qui, dans un marais plein de joncs et de saules,
Cinq fleuves tortueux mouillent les larges flancs. »

Mais si l'un de ces *fleuves tortueux* a été nommé et se

le Dun couronné par la puissante ville. De toute nécessité, il faut donc que César remonte vers l'Est, et fasse un détour immense pour arriver sur la lagune qui seule permet d'approcher la ville.

Pendant le siége, l'armée gauloise se concentre, et elle vient braver César par les chemins qu'il a parcourus, et elle s'arrête en un lieu où le lende-

---

nomme encore l'*Auron*., ne faut-il pas voir là un hommage rendu an vieux nom de la capitale des Gaules, qui n'aura pas voulu céder son appellation superbe sans la léguer au moins à la rivière qui était son principal rempart ? Awe-Righ signifie, avons-nous dit : La ville reine au milieu de l'eau ; or, Awe-Righ en langue gauloise se prononçait bien vraisemblablement comme s'il y avait eu Eau-Righ, Aw-Righ, Au Righ. Ce sont les Latins qui disaient *ava, aqua*, mais les Gaulois disaient *aw*, et par suite *eau* avec une prononciation identique. Or Au-Ron est presque le même mot qu'Aw-Righ : nul doute alors que le nom du fleuve ne soit le nom de la ville primitive, puisque le *Rix, Ricus, Ricum* latin répond absolument au Righ celtique, comme l'*ava, aqua, agua* de la même langue latine répond à l'*aw* ou *au* des Gaulois, devenu l'*eau* de la langue française. Donc Aw-Righ veut dire : *La ville du commandement qui est au milieu des eaux*, comme Au Ron ou Aw-Ron veut dire : *Le fleuve qui entoure la ville reine*, ou, si mieux on l'aime, *le fleuve-roi*. Ajoutons encore pour ceux qui trouvent les analogies les plus fortes, les plus ingénieuses, entre la langue gauloise et la langue hébraïque; pour ceux qui estiment que la Gaule antique ne tenait peut-être guère moins à l'Ancien-Testament que la France moderne au Nouveau, qu'il y a encore à quatre ou cinq lieues de Bourges une rivière qui se nomme l'Arnon. Or nous ne pensons pas que ce nom biblique ait été infligé à la Gaule par la conquête hellénolatine.

main l'armée romaine devait aller au fourrage (1).

César s'irrite de cette bravade; il marche à l'ennemi entre le minuit et la première heure du jour;

(1) *Quo nostros postero die pabulatum venturos arbitrabatur.*
(*De Bello Gallico*, livre VII.)

C'est à peine si nous osons produire ici une opinion entièrement nouvelle, à propos du lieu où l'armée gauloise vint braver César et lui offrir un combat qu'il crut prudent de refuser. Mais la ville moderne qu'il faut interroger sans cesse ressemble si peu au rude oppidum des *Commentaires*, que nous ne serons peut-être pas jugé trop téméraire en produisant une opinion qui est certainement discutable. De nos jours, les collines qui avoisinent Bourges du côté du chemin de Génabe touchent presque à la ville, et ne semblent pas, au premier abord, pouvoir motiver le récit de César, qui part à minuit de son camp et arrive au petit jour en face du camp des Gaulois. Mais si nous traversons les âges, nous trouvons que tout l'espace compris entre les collines que nous signalons et la ville fortifiée ne pouvait être qu'un immense marais. Par là, la ville était inabordable ; César ne l'approche qu'en la tournant ; il arrive du côté de GIEN, et il vient se camper sur la lagune dite aujourd'hui de Séraucour. Or, comment peut-il arriver là ?... En faisant tout le tour d'un marais qui s'étendait outre mesure, et dix fois plus certainement qu'on ne le voit aujourd'hui. Or, si l'armée gauloise s'avance jusqu'à la colline d'Archelay, ce que nous supposons, elle est très-rapprochée de César à vol d'oiseau ; elle en est très-loin en réalité, puisque César ne peut arriver sous Archelay qu'en contournant une seconde fois les marais. Ajoutons que César parle de ponts, et que les ponts n'étaient pas assez fréquents à cette époque pour qu'on puisse les supposer loin de la ville. Disons, en outre, que la colline d'Archelay est et demeure consacrée pour un souvenir gaulois, en premier lieu par il trouve le danger trop grand, comme nous l'avons dit plus haut, et il retourne rapidement au siége.

Maintenant, par où ont passé les dix mille hommes que le roi des Gaules a jetés dans la place? Il est difficile de se faire une opinion sur ce point; toujours ne paraît-il guère possible que l'armée gauloise ait changé sa position pendant et depuis le siége, sauf pour faire un pas en arrière.

César revient donc du siége par les chemins qu'il a pris pour y aborder; et, décidé à courir chez les Edues, afin de les raffermir et de leur demander du secours, il laisse l'armée gauloise sur sa gauche et marche directement vers la Loire.

Où la passe-t-il? à Gorthona-Sancerre, ou à Noviodunum-Æduorum-Nevers?

Silence absolu sur ce point.

Toujours est-il que, très-vraisemblablement, et dès lors l'armée gauloise se rapproche des ruines d'Awe-Righ, puis s'avance vers la rive gauche de l'Allier, pendant que César va se consoler à Decize de n'avoir pu entrer à Bibracte.

Cependant voilà Convictolitan installé Vergobreith des Edues; mais Cott son rival le menace; Beelissane les irrite l'un contre l'autre; la rébellion fermente et grandit, tout se prépare et s'organise; les nations indignées rejoignent de toutes parts l'armée gau-

---

son nom, en second lieu par le tumulus qui la couronne encore aujourd'hui. Archelay, de *arx* et *lay* ou *lee*, veut dire *la citadelle dans le bois*; et le tumulus placé là ne l'a pas été sans raison.

loise prête à suivre son chef glorieux, dans la revanche qu'il méditait de prendre de la faute des chefs carnutes à Génabe, du malheur des chefs bituriges entre les puissantes murailles d'Awe-Righ.

Car, ne l'oublions pas, le jeune chef arverne, le brillant Hector asiatico-celtique, dont César osa se constituer l'historien, avait toujours eu raison dans ses actes marqués au signe du plus merveilleux génie ; c'était la Gaule qui avait tort, et qui n'était plus digne, plus capable de servir la fortune d'un tel maître.

Que les chefs carnutes entrent à Génabe, après avoir mis une défense suffisante autour de Vellaunodun, et César, arrêté sur la rive droite de la Loire, se voit contraint d'aller directement au secours des Boïes par les chemins impraticables du Sénonais ; et, ce cas échéant, il avoue lui-même avec terreur le danger profond qui le menace (1).

Il est donc très-sérieusement admissible que, si le siége de l'oppidum des Boïes manque son prodigieux effet, ce n'est pas la faute du Roi des cent rois, mais bien celle des chefs carnutes, qui n'ont pu empêcher César de passer la Loire à Génabe.

---

(1) *Magnam hæc res* (siége de la *Gergovie des Boïes* par Vercingétorix) *Cæsari difficultatem ad consilium capiendum afferebat ; si reliquam partem hiemis uno in loco legiones contineret, ne stipendiariis œduorum expugnatis, cuncta gallia deficeret, quod nullum in eo amicis præsidium videretur positum esse ; sin maturius ex hibernis educeret, ne ab re frumentaria duris subvectionibus laboraret.*

Il en est de même, exactement de même, pour les Bituriges et leur capitale. Le chef arverne affiche hautement la résolution de brûler les villes, en vue d'affamer César ; mais il insiste tout spécialement sur la destruction d'Awe-Righ. Les chefs bituriges s'y refusent ; la capitale n'est pas brûlée, mais elle est emportée d'assaut ; et le génie du Roi des Gaules est démontré une fois de plus par le massacre de quarante mille Gaulois passés au fil de l'épée.

A qui, encore une fois, en revient le blâme ?

La rébellion des Carnutes mise à néant par la faute de Guturvat, la rébellion des Bituriges par la faute des grands d'Awe-Righ, nous avons maintenant à étudier la rébellion des Edues de Bibracte ; puis enfin la rébellion de toutes les Gaules, suscitée par le merveilleux triomphe de la Heergawbia des Arvernes, misérablement noyée dans l'infâme et abominable trahison d'Alesia.

La défense carnute est indigente, la défense biturige à la fois pleine de fautes et de sublimités grandioses ; nous allons assister maintenant à la rébellion édue, pleine d'intrigues étranges dont César ne dit pas le dernier mot, mais qu'il permet de comprendre. Bientôt, sur le plateau du puissant oppidum arverne, nous trouverons le Roi des cent rois maître de lui, de la Gaule et de la fortune, dominant à la fois les égoïsmes, les extravagances, les méchancetés de sa patrie et l'énorme ascendant de son ennemi, en attendant qu'hélas ! nous le retrouvions dans l'attitude que Dieu lui-même devait prendre cinquante ans plus tard, renié, insulté, trahi, vendu, touchant de ses lèvres résignées l'éponge que lui tend le soldat romain, le flanc percé, enseveli et pleuré par de saintes femmes, en attendant qu'il lui fût donné de revivre dans la personne de sa patrie.

A l'heure où nous le revoyons, il était debout sur la rive bruyante et sonore de l'Allier, à cent pas en avant de son camp, regardant monter les nuages qui venaient dans la direction de la Loire. Près de lui le jeune Biturige Beïltheut était assis, la tête penchée sur ses poings fermés, les pieds à demi perdus dans les oseraies, et paraissant dominé par une profonde rêverie.

Tout d'un coup sa voix triste et grave murmura, comme s'il se fût adressé à lui-même :

— Est-ce que nous ne la reverrons plus ?

Le fils de Celtill tressaillit et répondit à voix haute :

— Le destin d'une telle femme n'appartient pas à l'empire des petits hasards. Soyez certain que nous la reverrons.

Déjà Beïltheut était debout, un bras doucement appuyé sur la rude épaule du chef arverne, et il disait :

— Comme on est heureux de savoir !... On peut croire avec fermeté et dormir dans sa foi robuste. Avoir la foi, c'est avoir la force.

Le Roi des cent rois frémit de nouveau. Sa main désigna une forme lointaine, de l'autre côté du fleuve qui roulait à pleins rivages, et il dit encore :

— Regardez, brave Beïltheut, nous allons entendre parler d'elle.

En effet, le vigoureux centaure que nous connaissons de longue date venait de se précipiter dans le fleuve ; un moment les pieds du cheval sauvage battirent le flot limoneux de l'Allier ; un moment la monture et le cavalier furent roulés par la vague turbulente ; puis Bathanat reparut penché sur le cou de son farouche compagnon ; quelques instants plus tard le cheval ruisselant d'eau et d'écume prenait pied dans les roseaux ; et le chef arverne courait vers le fidèle Biturige en criant :

— Si elle était morte, il est certain que tu serais mort à ses côtés. Tu reviens, donc elle est vivante.

— Vivante !... vociféra le sauvage, et enveloppée dans le triomphe comme une fleur entre mille étoiles ; et j'ose dire comme toi que je ne serais pas venu, si je n'avais avec moi son âme.

Et le Gaulois élevait au-dessus de sa tête un rouleau de pergamin qu'il venait de tirer d'un étui de fer.

Bientôt le chef arverne, assis entre Beïltheut et Bathanat, lisait à demi-voix, en proie à l'émotion la plus vive :

« Heur à la Gaule et à ta gloire ! J'ai vu César se rouler à mes pieds, foudroyé par la main de Celui qui met à son gré l'écume à la lèvre des conquérants. Je crois César à demi vaincu. Convictolitan est Vergobreith, nommé par César. Mais tu n'ignores pas qu'au demeurant Convictolitan fera ce que nous voudrons. Cependant Cott irrité s'est mis à la tête du parti populaire, et avec l'aide de Litawigh et de ses frères a soulevé contre César tout le peuple de Bibracte. Les chefs latins ont eu peur ; César n'a pas osé résister et m'a rendue au peuple de Bibracte. Depuis hier je suis plus reine que jamais dans cette pauvre capitale déchirée par tant de haines. Déjà j'ai revu l'infâme Divitiac ; et je t'avertis que le perfide druide, qui joue ici le rôle de ton oncle Gobanitio à Heergawbia, voit la fortune de César bien compromise, car il me donne le nom de sœur, et il fait des sacrifices aux dieux en mémoire de son frère assassiné. La rébellion des Edues est imminente. César a exigé d'eux dix mille hommes en échange de ma personne ; les dix mille hommes lui ont été promis ; et, par les ombres vengeresses d'Orkedorigh et de Celtill, j'affirme qu'on les lui donnera. Ils seront commandés par Litawigh, et je pense que c'est t'en dire assez. D'autre part, Convictolitan n'a pas eu plustôt compris la tactique de Cott et de ses partisans, qu'il s'est fait plus national et plus populaire que pas un d'eux : de telle sorte que nous avons en même temps avec nous Cott et Convictolitan, qui font assaut de fidélité gauloise après avoir fait assaut de servilisme latin. Divitiac et Virdumare n'osent plus se montrer ; et César s'éloigne de Decize, tant il comprend que les Edues lui échappent peu à peu et vont lui échapper à jamais.

» A toi le dé, Roi des cent rois !... la fortune carnute dort dans le limon sanglant de la Loire ; la fortune biturige sous les cendres glorieuses d'Awe-Righ... Allons, va... et fais planer l'alouette gauloise sur le plateau de ta ville natale ; va... et fais des efforts prodigieux pour attirer César sur la rive gauche de l'Allier. Avant la trahison des Boïes et la défaite des Bituriges, il n'y avait rien de grand comme ton idée de tenir César sur la rive droite de la Loire ; mais aujourd'hui que les Édues se révoltent sérieusement, et que les Bituriges ne sont plus là pour disputer la Loire à César, provoque-le à passer l'Allier ; plus il s'éloignera des Édues, plus les Édues le menaceront ; puis, s'il ose aller te braver sous Heergawbia, tu le briseras à demi, et s'il veut rentrer du côté de la province, il y trouvera Lucter qui l'attendra pendant que nous le suivrons. Laisse-le se débattre avant de tomber ; ne l'attaque pas ; borne-toi à marcher lentement vers ta ville sainte ; César sait que toute la fortune gauloise repose désormais sur toi ; les Édues ne lui enverront plus de vivres ; les Boïes ne le peuvent plus ; laisse-le venir au pied de ta fière montagne, où, selon la promesse de Litawigh, les Edues ne manqueront pas de lui envoyer dix mille hommes. Sus ! sus ! haut le cœur et haut le glaive !... Avec Comm chez les Attrebates, les vaillants Belges (1) dans le Nord , Lucter chez les Allo-

---

(1) Nous pensons que le nom des Belges n'a pas une autre origine que celui des Boïes, des Franks ou des Germains. Tacite dit formellement que le nom de Germain était récent chez les peuples riverains du Rhin. Or, nous ne saurions

broges, ta Beelissane à Bibracte et toi-même à Heergawbia, je compte bien que César ne reverra pas la province, et que le Sénat romain ne sera pas moins satisfait que le peuple gaulois lui-même.

» Achevons notre œuvre, Roi des cent rois, achevons notre œuvre, car j'aspire à l'heure où il me sera permis, après avoir vengé ton père et le mien, d'obéir à la voix de ta mère mourante. Je t'avertis en outre que l'insolence de César excédant toutes les bornes, ce chef généreux s'est permis de disposer de moi en faveur d'un de ses fidèles; ne pouvant m'obtenir de moi-même, il a trouvé plaisant de me donner ; c'est à toi et au jeune Beïltheut de voir s'il vous plaît de ratifier le don qu'on a fait de ma personne, et si vous permettrez que la veuve de Dumnorigh aille pétrir la polenta sous la tente d'un légionnaire né au mont Esquilin, dans une taverne à esclaves, et que, par dérision sans doute, on a nommé Numitor.

voir chez les *Germains* qu'une association militaire qui prend un nom *ad hoc*, exactement comme ses devanciers. Il en est de même des Belges. En bas-breton, qui est un dialecte celtique, belge veut dire *envahisseur, ravageur, déprédateur*, de même que frank veut dire *fracasseur*, boïe *bouillant, qui met en bouillie*, et germain, *homme de guerre*, de *heer* et *mann*. Remarquons en outre, pour l'ordre et l'intelligence des choses, que les modernes associations politiques ne procèdent pas autrement que les vieilles associations militaires, et que nous avons encore: les *ravageurs*, les *dévorants*, les *vengeurs*, etc., etc.

» Adieu, maître, adieu, brave ; je t'en dirai plus long, je l'espère, sur le plateau de Heergawbia. »

— Sainte et admirable femme !... dit le fils de Celtill en portant à ses lèvres le message de Beelissane ; j'ignore si toi et moi, Beïltheut, nous sommes les glaives de la Gaule, mais elle en est le génie.

— Maître et seigneur, reprit à demi-voix le jeune Biturige, je tremble de vous comprendre. La veuve de Dumnorigh et vous, vous avez hâte de quitter la Gaule. Vous aimez encore la patrie, quand il s'agit de mourir pour elle ; mais quand l'ennemi commun sera tombé, vous quitterez à jamais une nation que vous aimez assez sans doute pour vous sacrifier à son salut, mais que vous estimez trop peu pour triompher avec elle.

Le Roi des cent rois se redressa dans toute la hauteur de sa taille, dans toute la noblesse de son attitude ; un moment il regarda d'une façon fixe et ardente le jeune homme qui parlait avec cette profonde intelligence des choses vraies ; puis il sourit avec bonté en répondant :

— Il n'y a qu'un enfant des races royales qui puisse parler avec cette haute et fière intelligence. Ceux-là seuls qui ont régné ou qui sont capables du règne peuvent comprendre ce dédain profond de la puissance quand elle cesse d'être un devoir sacré. En effet, jeune homme, tant qu'il y aura danger de mort à servir la Gaule, on me laissera peut-être faire ; mais dès que le danger sera passé, il n'y aura pas un sentiment qui ne s'acharne à ma ruine, pas une haine qui ne m'attende, pas une envie qui ne me menace, pas une colère qui ne demande à se venger de ma gloire et à la flétrir. Le rôle de ceux qui rendent à une nation en décadence un service de premier ordre, c'est de mourir ou de disparaître. On ne leur pardonne qu'à ce prix. J'ai donc résolu de disparaître si je suis destiné à ne pas mourir.

— Et où irez-vous?... murmura Beïltheut d'une voix douce et affectueuse.

Le Roi des cent rois serra la main de son ami en lui répondant :

— Est-ce que tu ne l'as pas compris ?

Puis, comme une larme roulait dans le bel œil bleu du Biturige, le grand chef arverne ajouta :

— Toi, du moins, tu ne connais pas ce sentiment vil, odieux et lâche qui consiste à souffrir et à s'irriter de ce qui fait la joie d'un autre ; et, cependant, tu ne peux pas te soustraire à l'enclin néfaste des temps, tu souhaites ce que tu ne peux avoir; tu aimes qui ne peut t'aimer ; mais ton admirable douceur fait que tu caches ta blessure sans en méditer la vengeance. Beïltheut, Dieu m'est témoin que je te donnerais volontiers Beelissane, si je ne lui appartenais plus encore qu'elle ne m'appartient; mais sois assuré du moins qu'en te devinant je n'ai point fait à ton cœur l'outrage de le soupçonner. Je n'ai lu dans ton âme que pour en connaître toute la parfaite sublimité. Tu aimes et tu te résignes à ne pas être aimé ; le sentiment que tu as conçu ne sera jamais fécond ; et cependant la plus sévère, la plus touchante amitié trouve encore place en ton cœur, car ton cœur est semblable à un œil qui verse des larmes, et non à un flanc qui saigne, dont la plaie crie et s'irrite. Crois-moi, vrai ami, cœur excellent, puisque tu comprends que ma vie est fixée, fixe la tienne maintenant, et prends le sceptre que ma main doit repousser. La Gaule me supporte parce qu'elle a besoin de moi. Dès que j'aurai accompli ma tâche, la Gaule ne me supportera plus, et des milliers de rivalités furieuses se dresseront contre moi. Toi, au contraire, tu les irriteras moins, parce que tu auras été moins en vue. Ils n'auront pas à se venger sur toi du bien que tu leur auras fait ; et si tu leur laisses croire que le fardeau est trop lourd pour tes épaules, ils te permettront de le porter. Puis, ma pensée fixe, ardente, absolue, est de retrouver pour les Gaules l'étincelle du feu sacré qui les a si longtemps animées. Que la Gaule accepte un défenseur arverne, rien de mieux... mais je veux pour elle un roi biturige... car on ne féconde ce qui doit être qu'en le greffant sur ce qui fut.

— Moi !... s'écria Beïltheut avec une sorte d'égarement, moi ramasser le sceptre brisé que ta main repousse avec un dédain si mâle !... jamais. Sauvons la Gaule ou mourons pour elle... mais ne nous abaissons pas en essayant de faire revivre ce qui a vécu. Le lendemain du grand combat, si les piques romaines m'ont épargné, je ne demande d'autre récompense que la faveur de vous suivre où que ce soit que le sort vous mène.

Le Roi des cent rois serra un moment Beïltheut sur son cœur, pendant que les flots de l'Allier semblaient dire en battant le roseau des rivages :

— Triste ! triste ! triste ! Les grands cœurs se dévouent encore pour le salut de la patrie, mais ils ne la respectent plus. Ils ont la sainte force qui frappe ou meurt, mais ils n'ont plus le cœur tendre qui aime, la loyale émulation qui cherche les récompenses pour s'en faire un honneur senti et ardemment souhaité. Ce qu'ils veulent, c'est s'en aller doucement, afin de contempler de loin une mêlée d'où le dédain les éloigne. Triste ! triste ! et la patrie est en danger quand il n'y a plus en elle de grands pour chercher l'honneur, mais seulement des avides pour se disputer des honneurs qu'ils flétrissent, pour s'arracher des avantages avilis par le moyen employé à les conquérir.

Quelques instants plus tard, un magnifique soleil de printemps inondait de ses purs rayons les bataillons de l'armée fidèle. Le roi des Nitiobriges Theutomat, arrivé quelques jours après le massacre d'Awe-Righ, paradait au milieu de sa brillante cavalerie venue au secours de la Gaule. L'intrépide Vergasillum accourait, et, les yeux rayonnants d'audace, il disait à son fier parent :

— Regarde au loin, de l'autre côté du fleuve, entre ces deux lignes de forêts : n'est-ce point là l'armée romaine qui s'éloigne lentement de Bibracte où elle n'a pu pénétrer ? Vont-ils se rapprocher de la province en suivant le cours de la Loire ?

— Pas encore !... dit le Roi des cent rois, et je connais trop César pour croire qu'il se sauve ainsi devant la rébellion des Édues. Son triomphe chez les Bituriges l'a trop enivré ; et je pense qu'il médite un coup nouveau. Laissons-le faire et voyons-le venir.

— Pourquoi, s'écria Theutomat, as-tu fait couper les ponts de l'Allier ?... Et n'est-il pas opportun d'attirer César sous la capitale arverne ?... N'est-ce pas là ton plan depuis si longtemps médité ?...

— Eh ! dit en souriant le grand chef gaulois, si j'avais laissé les ponts debout, César aurait cru que je le bravais, et il ne m'eût pas plus suivi sous les murs de la Heergawbia des Arvernes, qu'il n'est venu me trouver sous la Heergawbia des Boïes.

Pendant trois jours, en effet, les deux armées se suivirent en s'observant, César sur la rive gauche, les Gaulois sur la rive droite de l'Allier. César s'en allait profondément inquiet, ne sachant plus que penser de la rébellion des Édues, désolé des nouvelles qu'il recevait coup sur coup, et attendant toujours les dix mille hommes que lui avait promis Litawigh.

Une nuit cependant, comme les centurions criaient que, puisque les ponts de l'Allier étaient coupés, c'était certainement que l'armée gauloise redoutait d'être attaquée, César s'arrêta avec deux légions dans un bois qui faisait face aux piles ruinées de l'un des ponts. Pendant ce temps, le gros de l'armée avançait toujours, suivant la marche lente de l'armée gauloise. Le Roi des cent rois voit tout, retient ses soldats et continue sa route. Alors César, excité par les cris des centurions, fait réparer le pont avec une rapidité inouïe ; le lendemain toute l'armée romaine revient sur ses pas et passe l'Allier sans encombre (1). Alors l'armée gauloise paraît, puis s'éloigne à grandes journées dans la direction du pays des Arvernes.

(1) Que de flots d'encre n'ont pas été répandus pour discuter le point où César a pu passer la rivière *Haute !* Quel détour du fleuve n'a été interrogé pour lui demander le secret du conquérant ?

Sans avoir à produire une solution rigoureuse comme pour la Gergovie des Boïes, nous tenons à faire observer que les Gaulois ne multipliaient pas, ne pouvaient pas multiplier les ponts sur les cours d'eau. Le pont dont il s'agit ne pouvait donc être situé que là où les habitudes gauloises l'avaient rendu nécessaire, car César dit expressément qu'il fit refaire un pont coupé, et non bâtir un pont nouveau. Or, comme les emplacements gaulois ont tous ou à peu près été conservés par la France, on ne peut donc guère chercher ce pont qu'aux lieux où il pouvait présenter une utilité réelle. Ajoutons qu'il y a un peu plus d'un siècle, il y avait encore aux environs de Varennes toute une région boisée, qui l'était de longue date, et qui déjà paraissait aux érudits le lieu du passage de César.

Nous adoptons donc Varennes comme le point indiqué par les *Commentaires*, sans toutefois attacher à cette discussion une importance trop sérieuse. Que César ait en effet passé l'Allier à Varennes, à Pont-du-Château ou à Moulins, qu'est-ce que cela fait à l'histoire ? N'ayant aucune raison valable pour préférer telle station à telle autre, nous proposons modestement et nous passons outre.

César continue de s'imaginer qu'on bat en retraite devant lui : sentant d'ailleurs l'absolue nécessité de raffermir la foi chancelante des Edues, il va tenter de faire à la Heergawbia des Arvernes ce qu'il n'a pas osé faire à Bibracte : il veut frapper l'armée gauloise qu'il n'a pas vue en face depuis le combat du Noviodun des Bituriges. Il veut entamer le prestige prodigieux qui enveloppe le Roi gaulois, pendant que ce dernier s'apprête enfin à livrer le combat qu'il a essayé deux fois, à la Heergawbia des Boïes, sur la colline en face d'Awe-Righ, et que César a constamment évité.

Quand l'armée latine arriva en face de la fière montagne qui portait le redoutable oppidum d'où était sorti Gobanitio dans les circonstances que nous savons, on peut dire qu'il y eut dans cette armée, si étrangement aguerrie, comme un mouvement de stupeur.

Quel spectacle pour le conquérant satanique, mais certainement intrépide, que le danger remplissait d'une sauvage ivresse, et qui fût aller chercher la joie de vaincre jusque dans les bras de la mort!

Il s'était arrêté sur une longue éminence qui s'étendait au-dessus de grands marais, dominant au loin les flots verdâtres d'un lac qui s'en allait mourir dans un immense lointain de forêts ouvertes et de clairières (1). De ce côté, la montagne se dressait

(1) Nous regrettons vivement que le caractère d'une œuvre où l'imagination a sa part ne nous permette pas d'ap-

formidable et presqu'à pic, sombre, noire, tourmentée, semblable à un gigantesque bloc de fer immobile, mais menaçant. Le ciel était triste et chargé de lourds nuages qui marchaient rapidement, laissant à peine voir les croupes rudes et sinistres des monts qui s'étageaient à l'horizon, dominées cependant à l'Occident par un pic élevé à perte de vue dans les nuées (1).

De ce point, César ne voyait point la ville ; il apercevait seulement un énorme mur de poutres et de

porter aux notes qui l'accompagnent tous les développements susceptibles d'édifier suffisamment le lecteur. Nous regrettons de ne pouvoir discuter ici toutes les opinions qui ont été émises sur *le grand camp* de César en face de Gergovie. Bornons-nous à dire que nous le plaçons à l'est de la corne principale de la montagne, aux environs de la route qui va de Clermont à Veyre, à peu près à égale distance du petit Pérignat et du petit Orcet. Pour nous, César venant par l'Allier ne peut s'être arrêté que là, car là il est à l'entrée des monts, tout en communiquant largement avec la plaine. De ce point il commande le mamelon du Tra, les goules de Merdogne ; il a dans sa ligne stratégique la Roche-Blanche, où il va tout faire pour asseoir un second camp. Par sa droite il observe la pente abrupte de Gergovie ; en face il a la chaîne de Risolles dont les mamelons sont couverts par les bataillons gaulois. Il en résulte que son pas du grand camp à la Roche-Blanche est un vrai pas de géant, car au grand camp il est en situation oblique, au petit il est en situation directe, et n'a plus entre lui et les portes de Gergovie que le fameux vallon qui ne put être traversé, assure-t-il, par le bruit des buccines sonnant la retraite à l'heure du danger suprême.

(1) La chaîne de Risolles et le Puy-de-Dôme.

pierres, puis une seconde muraille en pierres sèches, bâtie à mi-côte et qui s'inclinait du côté de la vallée où il était possible d'entendre le murmure confus d'un ruisseau.

César avança un moment du côté du midi ; à mille pas environ de la lagune où s'était arrêtée son armée, il vit une colline verte et boisée, arrondie avec une régularité parfaite, et comme si elle eût été coupée avec des ciseaux (1). Ce point était gardé par un gros de soldats gaulois ; puis, la vue montant d'étage en étage, il n'y avait pas une colline, pas un mamelon qui ne fût couronné de soldats. Partout des armes, partout de fiers bataillons qui semblaient envelopper le formidable oppidum du côté des seuls points par où il parût abordable ; droit en face de la première colline qui était aussi la plus basse, il était facile de distinguer de hautes et abruptes murailles, des portes lourdes et massives, en arrière du premier mur d'enceinte qui s'inclinait sur le flanc de la montagne. Tout le plateau semblait désert et immobile, le regard ne pouvant plus pénétrer de l'autre côté de ces grands murs qui paraissaient envelopper une ville endormie.

(1) *Atque ex omni parte circumcisus*, phrase qu'on a très-faussement traduite par *colline escarpée*, et qui veut dire seulement colline isolée et régulièrement *coupée*, ce qui est exactement vrai pour *la Roche-Blanche* en face de Gergovie ; et il est à noter que cette description si juste et si précise ne convient qu'à la *Roche-Blanche* et pas du tout à un autre point.

— Grand spectacle !... dit César en faisant un geste superbe, et paraissant saluer de loin la place de guerre qui tentait son intrépidité aveugle.

— Horrible !... murmura Fabius en essayant de sourire (1) : voilà une place qui est moins facile encore à investir que l'Avaricum des Bituriges. Où vas-tu asseoir ton camp ?

— Ici même !... repartit César dont la voix tremblait moins de terreur que d'enthousiasme ; et se tournant vers ses soldats, il s'écria :

(1) *Horribilem speciem præbebat.*
(*De Bello Gallico*. Liv. vii.)

N'a-t-on pas lieu d'être stupéfait de l'inconcevable naïveté des vieux géographes et des traducteurs qui ont osé traduire Gergobia par Clermont, ou mettre avec certains Allemands l'oppidum arverne en plein pays des Carnutes ! De deux choses l'une : ou ces savants-là ne lisaient même pas le texte qu'ils avaient la prétention de traduire, ou ils ne se souciaient pas de le comprendre.

Horribilem speciem !... De toute certitude, César n'était pas un poltron, et nous ne voyons pas comment, en face des douces et onduleuses collines de Clermont, un lettré de bon sens aurait pu jamais écrire : *horribilem speciem !* Mais les géographes de France et les savants de Germanie n'y regardent pas de si près, eux qui ont le courage de mettre la *Gergovie des Boies* à la Guerche-sur-Aubois ; à la Guerche !... une petite ville biturige située au milieu de tranquilles prairies, sans rien dire du texte de César qui proclame que Vercingétorix quittait le territoire biturige — *inde profectus* — quand il voulut aller mettre le siège devant l'oppidum des Boies.

— Ce n'est pas le dos du danger qu'il faut montrer à de tels hommes, mais la tête.

Puis il ajouta d'une voix plus légère et toujours railleuse :

— Si je croyais que le danger eût une face plus dure et plus hideuse, ce serait celle-là que je montrerais à mes soldats, ne fût-ce que pour les y habituer.

Le soir même César fait asseoir son camp ; trois jours plus tard, après quelques escarmouches de cavalerie, il sort en pleine nuit, se jette sur la colline qui était en face de la ville, s'en empare avec une rapidité foudroyante, massacre ou chasse ceux qui la défendent, s'y établit avec deux légions, et fait commencer aussitôt une double tranchée de douze pieds de profondeur, destinée à relier ce campement avec le premier ; puis il retourne vers ses lieutenants, et comme il s'écriait pour la centième fois peut-être :

— A-t-on des nouvelles des Édues et des dix mille hommes de Litavicus?

Eporedorigh et Virdumare paraissent, pâles et défaits, le front soucieux. Eporedorigh parle le premier et dit :

— Tu sauras du moins désormais le cas qu'il faut faire des promesses de Litawigh et de ses frères. Ce traître a quitté Bibracte avec les dix milles hommes qui t'avaient été promis...

— Eh bien ! s'écria César, et il prononça d'une voix impérieuse le nom de Convictolitan.

— Convictolitan est tout à la révolte, repartit Virdumare, qui dans la grande querelle avait suivi le parti de Cott.

— Et c'est Cott lui-même, ajouta Eporedorigh, qui est l'auteur de tout le mal, car si Cott n'eût pas entraîné le peuple, Convictolitan n'eût jamais trahi la bonne cause. Toujours est-il qu'à vingt milles de ce lieu sinistre, Litawigh a dit à ses soldats que tu nous avais fait massacrer, Virdumare et moi ; que le même sort attendait tous les chefs gaulois : alors les soldats se sont révoltés, ils ont pillé un convoi de vivres envoyé vers toi par les Boïes ; ils ont tué tous les chefs latins qu'ils ont pu prendre, et ils arrivent, jurant et attestant les dieux gaulois qu'ils accourent à la défense de la patrie.

L'épée que tenait César lui échappa des mains, puis un flot d'écume parut à ses lèvres, mais il eut la force de se contenir et il s'écria avec une douleur profonde :

— Est-ce encore ici une finesse de l'alouette gauloise qui tournoie dans le vol de l'aigle romaine ?... Quoi ! je ne viens ici que pour en partir !... Il y a quatre mois, je me voyais forcé de laisser ma fortune aux mains de Décimus Brutus, et, aujourd'hui encore, il va falloir que j'abandonne mon camp et mon armée pour aller prendre à la gorge ce misérable Litavicus, et...

César n'acheva pas et fit appeler ses meilleurs chefs. Il les instruisit de tout et finit par dire à Fabius :

— C'est un jour ou deux qu'il me faut. Défends-toi, meurs s'il est besoin, mais appelle-moi avant de mourir, afin que ta mort soit vengée.

Alors César prend deux légions, un moment il parle aux soldats qu'il laisse, il leur rappelle Génabe, il leur rappelle Awe-Righ, il les adjure de tenir ferme devant l'attaque qu'ils vont avoir à subir.

Et il part avec ses deux légions et toute sa cavalerie si habile à se défaire des chefs gaulois qui se séparaient du maître.

Il a fait sept ou huit lieues à peine, et il se trouve au milieu des dix mille hommes de Litawigh.

— Sus au traître !... mort à l'infâme !... crie César à ses cavaliers qui ont encore à leurs épées le sang chaud de Dumnorigh.

Mais Litawigh et ses frères se sont enfuis du côté de Heergawbia. César demande aux Édues raison de leur révolte ouverte, mille voix crient en frémissant :

— Tu as fait tuer Eporedorigh et Virdumare !

Sur un mot de César, Eporedorigh et Virdumare se montrent. César triomphe ; il ordonne, il prie, il adjure ; mais il ne lui est pas difficile de voir qu'il parle à des cœurs rebelles. Il n'ose pas attaquer les Édues ; il fait des prodiges d'éloquence ; il menace, il promet, il implore. Les Édues n'osent se prononcer, les uns s'intimident, les autres hésitent, quelques-uns résistent encore ; César leur offre la grâce de Litawigh et de ses frères ; il croit les avoir domptés ; il donne trois heures de repos à son armée;

puis, comme il va exiger des Édues qu'ils le suivent sous Heergawbia, des cavaliers germains arrivent à toute bride ; ils sont envoyés par Fabius qui crie par leur bouche à César :

— Reviens sans perdre un instant !... toute l'armée gauloise est hors des murs ; j'ai déjà été attaqué trois fois par un nombre prodigieux d'ennemis. Je ne puis plus résister. Reviens ou tout est perdu.

Alors César abandonne les Édues, il se met à la tête de ses légions et de la cavalerie, et il part, profondément effrayé d'une situation qui lui paraît prendre des proportions du plus dangereux caractère. Il est à peine à mille pas de l'armée encore indécise, qu'une femme à cheval sort de la profondeur des bois, s'élance à la tête des Édues et s'écrie avec un accent de triomphe :

— En avant, mes braves, en avant !... et tout pour le salut de la Gaule !...

Le lendemain, les frères de Litawigh revenaient à Bibracte ; aussitôt les faits que nous venons de raconter connus, Cott et Convictolitan, jaloux de se dépasser en zèle pour l'œuvre nationale, font tuer ou jeter en prison tous les gens de race latine ; ils font arrêter à Cabillonum Marcus Aristius, tribun des soldats, qui tentait d'aller rejoindre sa légion ; et ils chassent tous les marchands de race romaine.

Bientôt un peu de terreur — à ce que raconte du moins César — se mêle à leur délire national. Incertains du sort de leur armée, ils font des excuses à

Marcus Aristius, mettent en vente les biens de Litawigh, puis ils cherchent à tromper César par une soumission feinte, en vue de lui retirer les troupes édues qu'il a encore avec lui, c'est-à-dire la cavalerie d'Eporedorigh et de Virdumare. César sans doute n'est pas leur dupe ; mais il reçoit leurs ambassadeurs avec une bienveillance parfaite ; il les assure de son amitié ; il les traite avec la plus prudente courtoisie ; cependant il vient une heure où tous les chefs romains l'arbordent au camp et lui disent :

— La mesure de l'audace est comble ; que veux-tu que nous devenions... avec toute la Gaule déchaînée qui nous menace et va se ruer sur nous !...

— Il est vrai, dit à demi-voix le proconsul, et un air de profond abattement vint attrister un moment son rude et hautain visage ; puis ses lèvres se crispèrent, il sourit d'une façon méprisante, et reprit avec un éclat de voix souverain :

— Ces lâches-là me feraient bien croire à moi-même que César peut être vaincu !... Or sus... que les oiseaux de la montagne se disputent les lambeaux de ma chair... que les loups arvernes viennent hurler sur mon cadavre... mais qu'on ne me réduise pas à fuir devant un enfant qui me brave et une bande de dépravés qui m'enveloppe !... Les dépravés déferont demain ce qu'ils ont fait aujourd'hui... L'enfant fera un faux pas... et se livrera ; mais démontrons que l'oppidum des Arvernes révoltés n'est pas de meilleure trempe que l'oppidum des Carnutes ou celui des Bituriges...

Et le démoniaque personnage ajouta en montrant le poing aux nuages qui roulaient au-dessus de la place de guerre :

— Le meilleur moyen de faire reculer un danger... c'est d'en affronter un plus grand.

XIX.

Le vrai, l'unique sentiment de César doit être cherché sans doute en dehors de ses aveux.

— Il ne veut que se tirer d'affaire... sans que sa retraite ait l'air d'une fuite !... C'est là du moins ce qu'il avance (1). Maintenant, cherche-t-il à justifier ou seulement à expliquer une illusion si cruellement châtiée ? C'est ce qu'il n'est guère possible de déterminer.

Toujours est-il que sa déconvenue fut épouvantable, presque décisive, et que s'il en réchappa pour rentrer dans le plein essor d'une prodigieuse victoire, il ne le dut qu'à l'état du peuple qu'il combattait, et à leur incapacité manifeste de rendre une victoire féconde.

Toutefois, ne manquons pas d'insister ici sur le caractère presque toujours identique à lui-même de ce gigantesque duel, le plus étonnant à coup sûr qui se soit jamais poursuivi peut-être entre deux capitaines de génie.

Ne tentons d'ailleurs aucun parallèle entre la curieuse individualité des deux hommes. Il n'y a point

---

(1) *Ne profectio nata a timore defectionis similis fugæ videretur. — Hæc cogitanti, accidere visa est facultas bene rei gerendæ.* (*De Bello Gallico.* Liv. VII, ch. xli et xlii.)

là matière à équivoque ou à discussion. César est un destructeur dépravé, le fils de Celtill est un défenseur sublime ; l'un triomphe, l'autre succombe, parce que l'état du monde étant donné, il ne se pouvait pas que le mal ne l'emportât sur le bien ; parce que déjà la vérité, la gloire, la grandeur commençaient à s'affirmer par le martyre, comme, dans les époques saines, gloire, vérité, grandeur, s'affirment par le triomphe.

Mais si nous nous bornons à examiner l'escrime de nos deux prodigieux athlètes, nous verrons que celui-ci comme celui-là ne manque jamais à reproduire la même passe, la même feinte, la même attaque ou la même défense.

Le Roi des cent rois n'a qu'un but : amener César sur une pente, l'y arrêter en le menaçant, et le faire envelopper par la Gaule.

César de son côté n'a qu'une tactique : tourner autour du chef gaulois, avoir l'air de lui présenter le combat de côté, quand il le présente en face ; le tromper par une série de combinaisons ingénieuses, et le forcer à quitter sa forteresse, ou empêcher, par tous les moyens, que la Gaule ne l'y rejoigne.

Dans l'affaire de l'oppidum des Boïes, César annonce qu'il y va ; cependant il n'y va pas, et c'est en n'y allant pas qu'il obtient de la façon la plus triomphante le résultat qu'il souhaite.

En face d'Awe-Righ, même tactique. César attaque directement ; mais sitôt le mur envahi, les légions se dispersent, font croire aux Gaulois qu'elles vont tourner le rempart, pendant qu'en réalité César est là pour forcer l'arène où il a jeté la confusion.

Il en est de même du chef gaulois : il assiége la Heergawbia des Boïes dans le but d'y attirer César et de le faire envelopper.

En face d'Awe-Righ, même tentative. Les Gaulois sont sur une colline, et si César les y attaque, la garnison biturige sortira pour envelopper César.

Sous la capitale arverne, même pensée et même pratique de la part des deux capitaines.

Et nous allons voir bientôt, en arrivant à décrire la catastrophe suprême, qu'elle ne fut pas d'un autre caractère que les précédentes, et qu'il serait dérisoire de penser que le Roi des cent rois se fût retiré dans l'Alesia des Mandubes sous l'inspiration du désespoir ou sous la pression d'une défaite.

On conviendra que ces réflexions ne manquent pas d'importance, car elles jettent une certaine lumière sur les deux lutteurs : elles affirment leur caractère, leur constante persévérance dans la pensée qui les domine.

Permis à César de prétendre qu'il ne cherchait qu'une occasion de se tirer d'embarras sans honte. Nous croyons plutôt que, surexcité plus que jamais par la confiance qu'il avait en sa fortune, il jetait son dernier dé sur la table avec une aveugle frénésie, ne pouvant pas supposer même que la fortune eût l'audace de le trahir.

Les centurions étaient tristes, pleins de pressentiments lugubres ; la défection des Edues les avait épouvantés ; mais César à cheval sur le sommet de la colline où il avait assis son petit camp examinait les approches de la ville avec une anxiété dévorante. Les premiers sourires de l'aube venaient éclairer le front des collines ; tout d'un coup César tressaille, et il s'écrie en faisant signe à ses lieutenants :

— Eh !... vraiment, hier ces collines étaient chargées de soldats ; la révolte s'y montrait superbe ; aujourd'hui... pas un soldat, pas une tente... plus rien.... des roches noires et nues.... partout le silence, partout l'aspect de la mort !... Ont-ils abandonné la ville ou sont-ils allés au-devant des Édues ?...

Bientôt un groupe de prisonniers paraît, ils attestent à César que les Gaulois ont pris position de l'autre côté de la ville, tremblant d'être attaqués par les Édues ; ils disent que la consternation est dans l'oppidum ; et qu'il n'y a plus dans les rudes murailles que des femmes qui pleurent comme dans Awe-Righ et des vieillards qui parlent déjà de se rendre.

César croit ce qu'on lui dit, il fait appeler ses espions, les gorge d'or, les accable de caresses, et leur enjoint de traverser la ville pour aller apprendre aux Gaulois en grand secret qu'ils vont être attaqués le lendemain. Puis il retourne à son grand camp par les tranchées, fait venir la dixième légion dans le petit camp, et attend le soir avec une patience à toute épreuve. Le soir venu, il fait vêtir et armer tous les hommes de peine qui le suivaient ; puis il fait charger les mules, les chevaux de trait, et le voilà qui les fait partir, vers la fin de la nuit, dans la direction des camps abandonnés la veille. Persuadé que les Gaulois reviendront à la défense de leur camp, il descend lui-même dans la vallée, et après avoir dit quelques mots à ses fidèles, il tire son épée ; les buccines sonnent ; les rudes légions s'ébranlent, et voilà Fabius qui s'élance vers le premier mur d'enceinte, pendant que César, revenu sur le sommet du petit camp, voit déjà se réaliser une seconde fois et par des moyens identiques l'affreuse boucherie d'Awe-Righ.

Aux premiers rayons du jour, c'était un spectacle prodigieux que de voir ainsi cette longue file de faux soldats qui, faisant un détour immense, montaient lentement par les pentes douces qui reliaient les collines.

Alors deux légions guidées par Fabius, pendant que César sourit à la façon de l'ange des ténèbres, quittent brusquement leur position et se ruent directement sur la pente. A ce moment même, sur un geste du conquérant, Eporedorigh et Virdumare, consternés quoique dociles, à la tête de toute leur cavalerie, s'élancent vers la droite en dessous du premier mur d'enceinte et montent vers la corne principale du mont.

Dès qu'ils ont tourné la pente rapidement gravie, et qu'on ne peut plus les voir, une porte s'ouvre brusquement; douze guerriers à peine vêtus, à peine armés en sortent; l'un se jette à la tête du cheval d'Eporedorigh, un autre à la tête du cheval de Virdumare.

— Convictolitan !... s'écrie Eporedorigh avec stupeur.

— Litawigh !... ajoute Virdumare ; et tous les deux baissent la tête.

Alors le Roi des cent nations gauloises paraît : ses longs cheveux blonds dénoués lui enveloppent la tête d'une sorte de désordre sublime. Ses grands yeux bleus rayonnent d'une joie furieuse ; il met la main sur l'épaule d'Eporedorigh presque tombé de cheval, il lui porte son épée sur la gorge, et d'une voix stridente il s'écrie :

— Sers la Gaule ou meurs !...

Et poussant un petit enfant de cinq ans à peine sous les mains du servile Gaulois, il ajoute :

— Sur le front pur de cet innocent, tu vas jurer par les os blanchis de ton père, par la chasteté de ta mère, de ta femme et de tes filles, tu vas jurer mort à César, ou, en face de tous ces lâches Gaulois qui n'auront pas même la force de te défendre, je jure que tu as vécu !...

S'agitant sous le fer du héros, Eporedorigh se débattit un moment; puis il se tourna vers ses cavaliers qui d'un pas eussent pu fouler sous le sabot de leurs chevaux la troupe de fidèles qui les menaçait. Leur attitude le prosterna ; et, posant ses deux mains fiévreuses sur le front du petit enfant, il cria :

— Par les os blanchis de mon père, par la chasteté de ma mère, de ma femme et de mes filles... je jure mort à César !

Alors le superbe chef arverne lui saute au cou, l'embrasse comme un frère longtemps égaré ; puis il se jette au milieu des cavaliers Éducs, et après quelques rapides paroles, toute la troupe choquait ses armes en criant :

— Heur à la Gaule et mort à César !

— Ah ! il a cru que nous avions peur ! ajoute le chef arverne en serrant la main des chefs édues ; oui, nous avons eu peur en effet... peur de ne pas prendre le loup qui rôde en ce moment aux environs de notre piége... Ah ! il nous a envoyé une fausse attaque... Eh bien ! moi, je viens de lui envoyer une fausse défense... en attendant qu'à son attaque vraie je réponde par une défense qui ne le sera pas moins.

Quelques instants plus tard toute la cavalerie édue était dans la place ; l'infanterie de Litawigh la saluait avec des gestes de joie ardente, toutefois sans prononcer une parole, selon l'ordre exprès qu'ils en avaient reçu. Les rues étaient pleines de soldats couchés ou assis ; pas une tête d'homme ou de cheval qui dépassât le mur d'enceinte. Les camps de l'autre côté de la ville étaient absolument vides ; seulement on pouvait voir dans le lointain, au fond des gorges qui reliaient le plateau aux montagnes, quelques bataillons épars qui semblaient avancer d'une façon timide au-devant des mulets et des hommes de peine envoyés par César.

Vers le centre de l'oppidum, un groupe de cent femmes était réuni ; Beelissane était au milieu d'elles, et l'intrépide créature leur disait :

— Dès qu'un premier groupe de soldats sera aux portes de la ville, montez sur les murs ; lamentez-vous et demandez grâce ; pleurez, déchirez vos vêtements, et suppliez qu'on ne vous traite pas comme les pauvres femmes d'Awe-Righ.

Puis désignant aux chefs Édues les portes qui s'ouvraient du côté de l'Occident, le Roi des cent rois leur dit :

— Sortez par là ; et au plus fort de la mêlée, puisque César vous a envoyés par la droite, revenez au galop de vos chevaux par la gauche... et faites bien votre devoir.

Puis un silence effroyable se fit : jamais il n'y avait eu peut-être, sur la terre asiatico-celtique, un pareil moment d'enthousiasme ; pas un cœur qui ne fût pur, pas une âme qui ne fût dévorée par le saint amour de la patrie ; pas un caractère qui ne fût entier. L'Edue ne haïssait plus le Biturige ; Eporedorigh n'enviait plus le fils de Celtill ; Cott n'était plus le rival de Convictolitan ; Litawigh n'était plus tourmenté par une ambition effrénée ; nul ne songeait à ses passions, mais tout le monde à son devoir.

Pendant ce temps, Fabius, suivi d'un millier de légionnaires, sautait sur le premier mur d'enceinte et s'élançait hardiment dans le camp. Là, une douzaine de tentes se replient rapidement ; de l'une d'elles, on voit sortir un guerrier presque nu (1) qui monte à cheval et fait mine de résister un moment ; le cheval est blessé, le cavalier tombe et se relève ; les portes s'ouvrent, et le fuyard qui n'était autre que Teuthomat, le vaillant roi des Nitiobriges, disparaît de l'autre côté du grand mur.

César applaudit du haut de son petit camp ; les légionnaires alléchés s'élancent, se pressent au delà du premier mur et sont déjà au pied des portes de la ville qu'ils commencent à battre avec furie. Alors des cris lamentables se font entendre ; les femmes presqu'aussi nues que Teuthomat paraissent sur le vaste mur, leurs cheveux sont dénoués et flottants ; elles tendent les bras aux soldats romains en criant d'une voix suppliante que la ville est abandonnée, qu'on les épargne, qu'on ne les traite pas comme les filles maudites d'Awe-Righ.

— Allons, s'écrie Fabius avec confiance, le moment est venu de mériter les récompenses de César.

Le bois des portes vole en éclats ; aidé par trois légionnaires, Fabius monte sur le mur ; il pousse un cri de triomphe, tant la ville lui semble déserte ; et par des gestes de joie il semble crier de loin à César :

---

(1) Certains traducteurs des *Commentaires* disent qu'il était *sans pourpoint*; d'autres veulent que ce fut sans *haut-de-chausse*. César y fait moins de façon et dit simplement : *Corporis parte nudata*.

— En avant ! en avant ! encore en avant !

César fait signe à la troisième légion qui était au fond de la vallée ; lui-même descend les pentes douces du petit camp, et il murmure à ses familiers, parmi lesquels était Métella :

— Ce sera le renouveau d'Avaricum !

Et l'âpre femme des vieilles races s'appuie au tronc d'un chêne en murmurant d'une voix tremblante d'émotion :

— Malheur à qui me chasserait du spectacle... je veux tout voir... je veux tout voir !

Cependant, le dernier ais de la porte menacée avait à peine volé en éclats que déjà un cri nouveau se faisait entendre, mais cette fois un cri horrible, un cri de guerre et de mort, poussé par cent mille poitrines ; cinq ou six colosses gaulois ont paru sur la muraille ; l'un d'eux enlève Fabius comme un roseau, lui enfonce une courte dague dans le cœur et le jette du haut des murs. Au même moment, les femmes se retournent vers la ville attaquée ; ce ne sont plus des cris de désespoir qu'elles font entendre, mais un appel strident et farouche ; ce n'est plus leur sein nu qu'elles montrent aux soldats qu'elles veulent désarmer, mais leurs petits enfants qu'elles présentent à ceux qui ont mission de les défendre ; toute la ville semble s'éveiller comme d'un rêve ; ce ne sont plus des soldats qui dorment, mais comme le dos formidable d'un monstre à cent mille bras armés qui se hérisse et se replie.

Toute l'armée gauloise sort, le Roi des cent rois

et Beïltheut en tête, Gott et Convictolitan à leur suite ; le cadavre de Fabius est foulé aux pieds ; Pétréjus est tué de même, les centurions se ruent en avant à la tête de leurs hommes et se font hacher au pied des murs ; alors toute l'armée romaine s'ébranle ; César traverse au galop le ravin qui le sépare des pentes, et il monte, il monte avec une audace de démon pendant que le glaive gaulois fait sa moisson de mort.

— Soutenez !... soutenez !... criait le proconsul de sa voix aiguë et sifflante. Puis il s'arrête avec stupeur, voyant le flot gaulois grossir sans cesse et les Romains rouler sur la pente. Il espère qu'un effort suprême va faire reculer une défense dont il comprend enfin le mystère, et il s'écrie avec désespoir :

— Mais où est donc la cavalerie d'Eporedorigh et de Virdumare !...

La cavalerie édue, en effet, ne tarde pas à se montrer ; c'est d'abord un groupe de têtes de chevaux qui détourne le col du plateau dans ses parties les plus faciles ; puis les chevaux se montrent de côté, battant de leurs pieds le pavé sonore de la roche ; bientôt c'est comme un serpent qui se tourne et monte, et monte, et arrive au galop sous le mur de la ville attaquée. Les cavaliers édues font entendre mille cris de triomphe ; en vain ils ont le bras nu en signe de paix, leur bras est armé du glaive ; et ils arrivent comme la tempête, foulant aux pieds les soldats de César, tuant, taillant, brisant, massacrant tout ce qui est à leur portée.

Teuthomat a reparu, presqu'aussi nu qu'à l'heure où il se sauvait dans la ville, monté sur un cheval nouveau, le bras armé d'une masue de fer et semant autour de lui le carnage. Le Roi des cent rois est là, l'épée haute, la face inondée de sang ; Beïltheut le précède de quelques pas, et tout d'un coup voilà que l'enfant biturige se trouve au milieu de la mêlée face à face avec César qui se battait comme un lion. Alors le jeune homme se redresse et se penche sur son cheval de bataille qui chancelle à travers les morts et les blessés ; César recule en voyant paraître là un visage qu'il croyait déjà blanchi sous les cendres d'Awe-Righ.

— Va ! s'écrie le hardi jeune homme en brandissant la courte épée qu'il tenait de Sennakerigh, va !... et s'il est vrai que tu ailles trop loin dans le chemin que t'a frayé Marius, sois frappé par son épée, et donne-moi la tienne en échange (1) !...

(1) C'est là-dessus que Plutarque raisonne. « Il paraît, dit-il, que César eut quelque désavantage dans cette guerre, car les Gaulois avaient pendu dans le temple d'une *ville arverne* une épée arrachée aux mains de César. » — Si César perdit son épée dans une défaite, il est bien à supposer que ce fut à Gergovie. Mais, comme il y avait certainement un grand nombre de Bituriges dans l'armée gauloise, on peut bien admettre aussi que l'épée de César lui fut arrachée par un Biturige irrité du massacre d'Awerigh. Dans cette hypothèse tout s'explique : le Biturige a pendu l'épée dans le temple d'une ville biturige ; on a voulu l'arracher devant César qui a dit en souriant : « Laissez-la ; elle est à sa place en un temple, l'épée de César est sacrée. »

L'épée de Marius atteint César à la gorge ; le sang du proconsul a coulé ; Numitor s'élance au secours de son maître, l'épée de Beïltheut atteint Numitor en pleine poitrine ; le soldat grossier roule dans une mare de sang ; mais dans sa chute, le terrible légionnaire a entrainé le jeune Biturige ; le fier enfant qui cherche la mort s'est cependant relevé ; il ramasse une autre épée, l'enfonce dans le poitrail du cheval de César ; tout roule et se tord un moment en une effroyable mêlée ; Beïltheut se relève le premier, l'épée de César à la main, et il s'écrie :

— Je la pendrai dans le temple d'une ville biturige, afin d'effacer l'outrage que ma ville natale a subi !...

Quand César se retrouva debout entouré par vingt légionnaires intrépides, il était blême d'horreur, il avait la face inondée de sang, et il criait d'une voix gutturale :

— En retraite ! en retraite ! sonnez la retraite !... ce n'est pas là ce que je voulais... vous vous êtes trop avancés... c'est la faute de votre courage aveugle... je ne voulais que saisir l'occasion !... En retraite, enfants, en retraite (1) !

Et les flatteurs de donner à la ville le nom de *Sacrum Cæsaris*... Sancerre, qui s'appelait Gorthona.

(1) La raison que César produit de la défaite qu'il avoue est absolument dérisoire. Voit-on un peu d'ici ce capitaine, le plus grand de l'antiquité, se faisant tuer quarante-six centurions, subissant la trahison des Édues, compromettant le sort de toute son armée, pour la joie de profiter

Et déjà les buccines sonnaient, la troisième légion faisait un pas en arrière, pendant que toute l'armée gauloise, ivre de son effrayante victoire, achevait de culbuter du haut en bas de la colline les légions engagées.

Cependant Titus Sextius s'était retiré en arrière avec la troisième légion presque intacte ; César s'était remis à la tête de la dixième ; un moment il traversa le petit camp, puis en descendit et se réfugia dans le grand ; pendant trois jours il fut successivement assailli par l'armée gauloise ; mais la dixième légion faisait merveille, elle tenait tête avec une discipline merveilleuse, cette rude discipline romaine qui faisait la moitié de leurs triomphes. Enfin, le danger devenant trop grand, César prit son parti en brave, détala du côté de l'Allier, le passa rapidement, et re-

---

d'une occasion !... D'après son dire, il n'aurait donc eu d'autre intention que d'effrayer les femmes de Gergovie, et de faire fuir Theuthomat *sans pourpoint*, comme disent les traducteurs ? César se calomnie lui-même de la façon la plus cruelle ; et nous aimons mieux croire à sa défaite qu'à son ineptie. On ne déploie pas un tel luxe de stratégie, dans l'espoir de faire la parade et de se sauver après ; et mieux vaut se retirer après une défaite affreuse, qu'après une attaque ridiculement avortée. Le vrai est que César attaquait sérieusement Gergovie ; et qu'il méditait là le second acte d'Awe-Righ. Ne pouvait-il pas avouer la perte de la seconde partie, lui qui devait gagner la troisième d'une façon si décisive ? mais César est partout le même !... plus de génie que de caractère. Trop coutumier du succès, il méprise tout, même la vérité, dont il ne tient compte que quand elle le flatte.

parut entre les deux rivières, annonçant son intention de retourner chez les Edues châtier Convictolitan. Ce fut dans cette circonstance qu'Eporedorigh et Virdumare osèrent reparaître à son camp, tant le caractère de ces deux hommes poussait à l'excès la versatilité lâche qui avait perdu le malheureux Dumnorigh.

Tout d'abord César les fit arrêter et parla de les punir de mort... Mais les deux malheureux rejetèrent tout sur Litawigh, attestant que c'était lui qui avait entraîné la cavalerie édue, et qu'ils n'avaient rien pu faire là où s'étaient montrés Litawigh et Convictolitan lui-même. Ils terminèrent en priant César de leur permettre de retourner à Bibracte où leur présence allait être bien urgente dans l'intérêt de César, puisque Convictolitan paraissait se détacher à jamais de son bienfaiteur.

César les contempla un moment comme il avait contemplé Dumnorigh quand le pauvre roi des Édues lui avait demandé les Boïes. Cependant, comme il les connaissait bien, il leur dit :

— Partez, et servez-moi du moins dès que vous y verrez votre intérêt.

Eporedorigh et Virdumare partirent ; mais, trois jours plus tard, ayant appris que Convictolitan était revenu à Bibracte, y proclamant son alliance avec le Roi des Gaules, Eporedorigh et Virdumare entrèrent au Noviodun des Edues, y pillèrent tous les approvisionnements de César, tuèrent les marchands de race romaine et mirent le feu à la ville pendant qu'Eporedorigh disait :

— J'ai juré mort à César... et je dois tenir mon serment.

Nous verrons comment il le tint dans la circonstance décisive.

Le soir même de la grande bataille, Beelissane errant parmi les blessés y avait rencontré Numitor inondé de sang, les yeux clos, les dents serrées.

La noble femme s'agenouilla, toucha les yeux du farouche soldat, lui mit la main sur le cœur et frissonna en murmurant :

— Il n'est pas mort.

La nuit venait peu à peu ; la veuve de Dumnorigh fit ramasser le soldat qui l'avait enlevée à Bibracte ; puis comme elle se retournait du côté de la ville triomphante, elle vit paraître Litawigh, et elle lui dit :

— Voici un pauvre légionnaire que j'ai cru mort, mais il respire ; et comme c'est une sorte d'esclave fanatique dont la présence est, je crois, utile à César, vous permettrez que je le lui fasse renvoyer, s'il peut guérir de sa blessure.

— Revenez là-haut !... dit le chef édue d'un air distrait, et revenez-y avec moi, en attendant que nous rentrions à Bibracte.

— A Bibracte !... dit la belle femme avec un étonnement qui n'avait rien de simulé, et elle ajouta après un silence :

— Mais je n'ai plus rien à faire à Bibracte. Le chef

glorieux que nous aimons tous m'a révélé hier tous les mystères de sa sagacité en quelque sorte surhumaine... Désormais, César ne peut nous échapper. Tous les passages sont fermés du côté de la province ; Lucter a soulevé les Allobroges ; nous avons jusque dans le sénat des influences complices, et demain certainement vous verrez le Roi des cent rois reparaître parmi nous, abandonnant César à l'isolement merveilleux qui se fait autour de lui. Il aura beau désormais chercher à rejoindre Labiénus : son jeu est joué, je vous le jure, sa fortune est accomplie... il ne sortira pas de la Gaule.

— Et où irez-vous, une fois la guerre terminée ?

— Prier et pleurer sur la tombe chaude encore de mon père.

Litawigh ne répondit rien.

Quelques jours plus tard, le héros arverne reparaissait dans sa chère ville où il était accueilli avec des acclamations immenses. Mais un soir Litawigh le prit à part et lui dit :

— Si vous mettez quelque prix au service que j'ai pu rendre à votre gloire et à la commune patrie, répondez à la franchise que je tiens à vous témoigner. Lorsque Dumnorigh régnait à Bibracte avec sa charmante épouse, tous les jeunes gens nobles se faisaient une gloire de suivre et de fêter cette admirable personne. Moi seul je tenais à honneur de la fuir... parce que je l'aimais ardemment, et que je ne voulais pas que Dumnorigh me soupçonnât. Depuis son dernier séjour à Bibracte, j'ai senti que je l'aimais encore. L'an prochain, je pense que je n'aurai pas de peine à me faire nommer Vergobreith des Édues, surtout après la ruine de César que j'aurai provoquée de tout mon pouvoir. Dites-moi, mon seigneur et maître, vous qui êtes le chef de toutes les Gaules, pensez-vous que si je mettais ma personne aux pieds de Beelissane, elle consentirait à devenir mon épouse? Je porte un nom cher aux Édues et considérable parmi eux. Ma fortune est grande, mon influence croissante, et si Beelissane n'avait pas, comme je le crois, de répugnance trop sérieuse...

— Je vous arrête, dit en souriant le Roi des cent rois, et en passant son bras sous le bras de Litawigh; mais je vous fais observer qu'en me dévoilant ainsi vos sentiments les plus intimes, vous vous dénoncez en rivalité avec bien des gens. En premier lieu, vous êtes le rival de César, vous ne l'ignorez pas sans doute.

— Oh! dit le brillant Édue en riant avec dédain, je n'ignore point les obsessions grossières dont notre voyante a été l'objet de la part du cynique quinquagénaire dont vous avez prononcé le nom. Mais cette rivalité-là, je ne la redoute point, et je crois qu'en bonne justice nous venons de la traiter d'une façon un peu dure.

— Mais, répondit le Roi des cent rois, il y a aussi le noble Biturige Beïltheut qui aime tendrement notre Beelissane. Beïltheut est jeune et beau, et c'est un rival, ce me semble, plus dangereux que César.

— Un Biturige !... dit Litawigh avec un sentiment de colère sourde ; les Bituriges sont nos clients, et je ne suppose pas que la pensée leur vienne de relever leur tête orgueilleuse... après l'horrible malheur qui les a frappés... malheur que je daigne ne pas leur imputer à crime... mais !...

— Prenez garde !... dit le chef arverne avec douceur, Dumnorigh fut moins sévère que vous ne paraissez l'être... et quand il voulut donner un second mari à sa mère...

— C'est étrange !... dit Litawigh dont le regard se chargeait d'inquiétude : vous, Arverne, vous êtes bien tendre pour les Bituriges... plus tendre que vos pères ne le furent pour les Édues.

— Consolez-vous, reprit plus doucement encore le fils de Celtill, et soyez assuré que la rivalité de Beïltheut n'est pas pour vous dangereuse.

Puis il ajouta :

— Parlez-lui. Il aime Beelissane très-tendrement, mais il ne l'aime que comme une sœur ; et c'est lui peut-être qui, mieux que personne, peut répondre à la demande que vous m'adressez, car s'il a pour Beelissane des sentiments de frère, je puis vous dire qu'elle a pour lui toute l'affection douce et confiante d'une sœur.

Le lendemain, Litawigh abordait de nouveau le Roi des cent rois. Cette fois le chef édue avait le front haut, le regard dur et fier, la face froide, les lèvres serrées.

Il toucha la main du chef suprême et dit à demi-voix :

— Il ne me reste que le regret de ne pas avoir compris plus tôt ce que m'a révélé le jeune Biturige

Mais, quelques jours plus tard, les frères de Litawigh paraissaient à Heergawbia, et ils proclamaient partout que les Edues exigeaient le commandement suprême de la guerre ; que les Edues, chefs de la Gaule, ne pouvaient permettre qu'un autre peuple se mît à la tête du mouvement national. Les Arvernes, dont la querelle avec les Édues avait suivi la défaite des Bituriges, poussèrent les hauts cris ; les Édues firent valoir la destruction du Noviodun de la Loire par Eporedorigh et Virdumare, à tel point que, huit jours après la défaite de César, on eût pu croire que les Arvernes et les Édues allaient s'entre-tuer dans la place même qu'ils avaient défendue de leur sang. Les choses allèrent à ce point que le chef gaulois leur dit un jour, après quelques mots échangés rapidement avec Beelissane :

— Vous dites que ma gloire vous offense, que mon orgueil vous humilie ; que les chefs Édues feront mieux que moi... Eh ! par grâce... déchargez-moi du fardeau qui pèse moins à mes épaules d'homme qu'à ma fierté de Gaulois. Vous dites que Bibracte me repousse et réclame pour ses enfants la direction de la guerre... Eh bien ! marchons à Bibracte, appelez-y les chefs des nations gauloises, accusez-moi, diffamez-moi, renversez-moi... je jure de ne pas me défendre contre vous.. Quand je suis venu chez les Bituriges, ils m'ont demandé ce que je voulais faire du pouvoir ; j'ai offert de le leur rendre, et ils n'en ont pas voulu. Mais aujourd'hui, ce pouvoir, je ne puis plus, je ne veux plus le rendre qu'à la Gaule qui me l'a donné. Interrogeons-la ensemble, je suis prêt à lui obéir.

Quelques heures plus tard, Beelissane, la main appuyée sur le front du chef illustre qu'elle aimait avec une tendresse si austère, lui disait en pleurant :

— J'ai peur de votre destinée. Vous venez de remporter un triomphe qui vous met au premier rang parmi les hommes, car il vous élève au-dessus d'un personnage dont la domination sera longue parmi ses semblables. Mais, prenez garde... vous méditez un autre triomphe plus prodigieux encore... vous voulez forcer la nation qui vous a élu à plier devant votre grandeur comme un roseau devant un chêne. Oh ! quelles haines vous allez susciter... que de colères dissimulées ! que de jalousies ardentes !... que de duplicités abominables !...

— Eh ! que voulez-vous que je fasse ?... dit le pauvre chef dont les mains tremblaient dans celles de sa chère compagne. Si je ne provoque pas la décision que j'ai déclarée, tout le monde m'abandonnera. Si ma tentative m'est favorable, j'ai au moins un mois d'enthousiasme et de fidélité à espérer de cette nation mobile et déchue... Tandis qu'au contraire, si la Gaule a la charité de me remercier de mon service... j'atteste que je suis tout à vous, et qu'il n'y aura pas de chevaux assez rapides dans les pâturages d'Eporedorigh pour me conduire avec vous au bord des lacs de votre Helvétie.

En effet, moins d'un mois plus tard, sur les excitations violentes et arrogantes des chefs Edues, toute la Gaule réunie en grande assemblée à Bibracte confirmait d'une façon éclatante le titre et le pouvoir du Roi des cent rois. Désormais il se voyait maître, chef absolu et incontesté de toutes les Gaules ; désormais il réalisait le magnifique rêve de son père, pendant que César, désolé, affamé, presque perdu, osant à peine s'approcher des Séquanes, se traînait le long des frontières des Lingons, certain d'être enfermé de toutes parts, et n'attendant plus son salut que de la folie et de l'indignité des hommes, qu'hélas ! il connaissait bien.

Ce fut alors que les bardes carnutes, qui s'étaient fait les instruments de l'élévation du chef suprême, vinrent le trouver et lui dirent :

— Si la Gaule en son agonie vient de manifester un dernier, un suprême élan de force et de grandeur d'âme, c'est à toi d'user comme il convient de la dernière chance qui te soit laissée. Marche donc à l'ennemi, mais fais-le rapidement ; que ton action soit aussi impétueuse que le souffle qui t'élève est passager. Aujourd'hui la Gaule est à toi ; demain peut-être elle ne sera plus qu'à ses vices, à son malaise, à ses irrésolutions, aux influences qui se la partagent. Aujourd'hui les chefs étonnés et domptés t'obéissent ; demain ils se disputeront peut-être à qui te reniera le premier. Va donc, poussant avec fureur ton pauvre cheval de bataille ; il te portera jusqu'au bout si tu lui enfonces le fer dans le ventre ; il s'abattra sous toi et te brisera si tu ne le mènes point assez vite.

— Ils ont raison, murmura Beelissane d'une voix douce et résignée, la Gaule s'offre à vous être fidèle pendant quelques jours peut-être... Mais si la Gaule vous trahit une dernière fois, soyez assuré au moins que moi, ne fût-ce qu'en souvenir de votre mère, je serai à votre destin plus fidèle que votre patrie.

XX.

Pourquoi n'avons-nous pas osé raconter à nos lecteurs tout ce qui se passa dans Bibracte, au jour où le Roi des cent rois y reparut pour dire à la Gaule ce qu'il avait dit aux Bituriges :

— Le pouvoir, je viens vous le rendre.

Mais quoi ! c'est un spectacle si douloureux, si désolant et si détestable, que celui d'une nation qui se détruit de ses propres mains ; il est si navrant de contempler la force droite, pure et ingénue aux prises avec les déchaînements hypocrites de l'envie, que nous avons cru devoir épargner à nos lecteurs le triste tableau de ces misères. Pourtant, avec un élan immense, la Gaule entière était arrivée à Bibracte ; tous les peuples jadis rivaux s'y étaient montrés ; la querelle des chefs édues et du chef arverne y avait été tranchée au profit de ce dernier d'une façon énergique et prompte ; il était roi, chef suprême et absolu de la grande nation qui depuis des siècles dominait le monde ; il tenait dans sa main royale un demi-million de guerriers ; il avait les ôtages de tous les peuples, un pouvoir sans bornes, le prestige brûlant d'une récente victoire... Et cependant, en quittant la ville infidèle qui depuis tant d'années sacrifiait aux dieux étrangers, il avait un pressentiment sinistre ; il comprenait qu'on ne sauve pas malgré eux les peuples déchus qui ne veulent pas être sauvés ; et lui, le Roi, le maître de cent peuples unis, il se sentait moins fort avec toute la Gaule derrière lui , qu'avec la poignée d'Arvernes et de Bituriges qui l'avaient suivi sur le plateau de Heergawbia.

Depuis sa défaite, César allait lentement, osant à peine tenter de se rapprocher de la province qui lui était barrée ; songeant tout bas à renouer des relations avec les Séquanes (1), et attendant de la trahison un salut qu'il ne pouvait plus espérer que d'elle.

Et qu'on veuille bien insister avec nous sur l'identité de tactique du célèbre capitaine aux heures où

---

(1) L'attitude du conquérant est ici à remarquer. Désespéré de la défection des Édues, César se retournait du côté des Séquanes. Mais à la bataille sur l'Armançon, César fait prisonnier Eporedorigh qui, avant la venue de César dans les Gaules, était l'agent principal de la guerre que les Édues avaient entreprise contre les Séquanes.

Or, tenant une fois Eporedorigh à sa merci, César dit à ce chef qui ne demandait pas mieux que de se soumettre :

— Si tu ne me rends les Édues, je fais alliance avec les ennemis les Séquanes, et je me mets à leur tête contre toi et les Édues. Cela étant, tout s'explique ; et l'on comprend que le même Eporedorigh, tout à l'heure prisonnier de César, devienne libre tout aussitôt, et retourne tranquillement à Bibracte se mettre à la tête des Édues qui avaient disputé avec tant d'âpreté le commandement suprême au Roi des cent rois, et qui ne devaient paraître devant Alise que *pour la forme*, et pour contenter le sentiment populaire.

il arrive en furie, comme aux heures où il se replie en désespéré.

A sa première irruption chez les Arvernes, César, s'il faut l'en croire, ose à peine mesurer la hauteur de l'oppidum où le fils de Celtill est roi. César se retire devant le héros qui revient ; puis il passe la Loire et s'en va chercher Labiénus.

Une seconde fois le Proconsul arrive en face du grand oppidum arverne, les triomphes de Noviodun et d'Awe-Righ lui ayant donné confiance. Là, il se fait jouer comme un écolier ; Époredorigh et Virdumare le trahissent tranquillement sans qu'il ose même le leur reprocher. Litawigh et ses dix mille Édues pénétrent dans Heergawhia, à sa barbe proconsulaire ; il croit que les Gaulois se sauvent, pendant qu'ils rampent pour avancer ; il leur envoie une fausse attaque pour faire en grand dans les montagnes ce qu'il a fait sur la muraille d'Awe-Righ ; et il se rue à la tête de l'oppidum, trompé par Theutomat qui se sauve à moitié nu, par les femmes de la ville attaquée, qui se lamentent en attendant qu'elles se retournent pour crier : Aux armes ! Les Édues envoyés par César reviennent sur lui à toute bride ; l'armée gauloise se montre, et le Roi des cent rois remporte enfin le triomphe qu'il a constamment cherché, à l'oppidum des Boïes, et sur la colline en face d'Awe-Righ.

Alors César éperdu s'enfuit, oubliant de laisser des légions à la garde de Décimus Brutus ; il passe l'Allier en toute hâte ; passe la Loire avec des peines inouïes, et une seconde fois marche à Labiénus qui revient de chez les Parises.

Mais désormais la Gaule est en feu ; les Édues sont en révolte ouverte ; il ne s'agit plus pour César d'aller au secours des Boïes, mais bien de se rapprocher à la fois , et des Séquanes pour provoquer chez eux de nouvelles défaillances , et de la province romaine pour y tenter quelque coup de désespoir malgré la fermeture de tous les passages et la rébellion des Allobroges (1).

Et César était à ce point réduit aux uniques ressources de son armée et de la dépravation du caractère gaulois qu'il n'en marchande point l'aveu (2).

---

(1) Rébellion fomentée par le chef gaulois lui-même. — *Nihilo minus clandestinis nunciis legationibus Allobroges sollicitat.*

C'est le même chef qui, selon l'auteur des Commentaires, — *his præfecit fratrem Eporedorigis, bellumque inferre Allobrogibus jubet.*

En face de déclarations si expresses, si catégoriques, se peut-il qu'il se trouve des écrivains pour placer Alesia en Savoie, c'est-à-dire chez ces mêmes Allobroges que le chef gaulois avait fait solliciter par des ambassadeurs clandestins? Eh ! s'il avait voulu s'y rendre lui-même, il n'est pas vraisemblable qu'il y eût envoyé des ambassadeurs. Mais quoi ! nous avons la main pleine de preuves que l'Alesia *Mandubiorum* n'était ni en Savoie , ni chez les Séquanes. Nous allons y revenir.

(2) *Cæsar, quod hostes equitatu superiores esse intelligebat, et interclusis omnibus itineribus, nulla re ex provincia atque Italia sublevari poterat , trans Rhenum in Germaniam mittit ad eas civitates, quas superioribus annis pacaverat.*

(*De bello gallico,* liv. VII.)

Mais que ne peuvent les hommes du destin, quand c'est le destin qui est leur complice, sur un sol où croissent sans culture ces fleurs du mal dont le parfum les enivre et les avertit de leur prochaine victoire !

Le Roi des cent rois avait quitté Bibracte, menant avec lui une brillante armée, plus de quinze mille hommes de cavalerie, près de cent mille hommes d'infanterie, une armée vraiment royale, où les chefs édues, Eporedorigh, Virdumare, Cott et Litawigh lui-même avaient des commandements de premier ordre ; puis il avait laissé les envoyés de toutes les nations gauloises en permanence à Bibracte, donnant des ordres à la nation entière, et prêts à organiser une levée en masse de tous les hommes capables de tenir une épée.

L'armée arverne s'était mise en marche, commandée par Vergasillum, le jeune parent du Roi des cent rois. Quand les deux armées se joignirent, elles se trouvaient entre deux cours d'eau qui s'en allaient rejoindre les affluents de la Seine (1). Elles marchaient dans une plaine vaste et riche, dorée encore par un riant soleil d'automne. Rien de magnifique à voir comme l'attitude de la cavalerie gauloise, montée sur ces admirables chevaux que leur enviait le monde ; avec leurs casques d'airain ou de fer, leurs cimiers fantasques, leurs longs manteaux zébrés, et

(1) Le Serein et l'Armançon, affluents de l'Yonne.

leurs colliers d'or ou de dents de loup. En avant de la superbe phalange marchait le Roi des Gaules, vêtu avec magnificence, monté sur un grand cheval noir qui avait la jambe droite blanche jusqu'au genou ; près de lui s'avançait la veuve de Dumnorigh, belle comme un rêve de gloire, la face grave et pure, les regards fiers et inspirés, vêtue de blanc, le front couronné de chêne, la faucille d'or pendue au cou en signe du saint caractère que lui attribuaient les Gaulois ; elle montait une belle haquenée de la couleur d'un jeune faon ; près d'elle marchait Beïltheut triste, mais doux, tranquille et fier, comme ceux qui déjà paraissent ne plus vivre que pour une contemplation profonde, dans la mort de leurs désirs, dans la défaite de leurs passions.

Derrière eux s'avançait le groupe brillant des chefs Édues, qui se retournèrent pour saluer Vergasillum. Le jeune Arverne s'approcha de son parent ; puis les deux armées s'arrêtèrent en poussant des cris de joie, pendant que le chef gaulois, levant son épée vers le nord, disait à ceux qui l'entouraient :

— Ici la frontière des Lingons, à notre gauche les Édues, à notre droite et derrière nous le petit pays des Mandubes (1) avec un puissant oppidum à son

---

(1) MANDUBES, dans tous les dialectes celtiques et teutoniques, ne signifie autre chose que : *les hommes douteux*, ou *les hommes doubles*. *Mann* veut dire *homme*, et *Dubb*, *double* ou *douteux* : ce qui nous donne à penser que dans les Gaules et aux frontières, il n'y avait pas qu'une population de Mandubes, Chaque fois en effet qu'une petite division ter-

centre, fière montagne consacrée à la déesse d'Orient (1), colline fière qui m'a souri en passant, et m'a fait dire par le vent du soir que les pentes enveloppées d'eau sont le salut de la Gaule et le danger de César.

Le jour tombait ; le soleil s'éteignait dans un torrent de vapeurs dorées et sanglantes ; de lourds nuages noirs s'amoncelaient comme un rideau de deuil sur les rayons brûlants qui s'élançaient de la fournaise. L'ombre géante des chevaux s'en allait mourir dans les prés noyés de lumière ; partout se dressait l'or des cimiers, l'airain des cuirasses ou le fer des glaives ; partout la force, partout la confiance, partout la joie et la sérénité d'une grande armée qui se voit déjà maîtresse de la victoire.

ritoriale, un pagus, ne portait pas un nom particulier, il est naturel de penser que ceux qui l'habitaient se désignaient eux-mêmes par le nom de *Mandubii*, c'est-à-dire peuples qui ne sont ni ceci, ni cela, ni Lingons, ni Édues, ni Séquanes, et qui cependant sont quelque chose : *hommes doubles, hommes douteux*. Il pouvait donc y avoir des Mandubes à Novalèse en Savoie, sans que, pour cette raison, Alesia fût chez les Allobroges, ce qui est une erreur si grande qu'on pourrait se passer de la discuter.

(1) Alesia de *Al*l, lieu élevé, élévation, et *Isis* .. lieu haut consacré à Isis. Or, comme le culte de la déesse Isis était très-répandu dans les Gaules, il en résulte qu'il y avait vraisemblablement plus d'un *lieu haut* consacré à Isis, conséquemment plus d'une Alesia. Les noms fréquents de Mandubes et d'*Alise* ne prouvent donc ni n'infirment rien. C'est le texte de César qui dit tout, corroboré par la souveraine logique des choses et l'étude des monuments.

Tout d'un coup le chef gaulois tressaillit ; puis il parut se dresser sur son cheval de bataille ; puis il partit la tête penchée, rasant au galop l'herbe des prés humides, pendant que Beelissane le suivait, pareille à la grâce, compagne heureuse de la puissance.

Vergasillum s'approcha de Beïltheut, pendant que Litawigh disait à demi-voix à Cott et à Virdumare :

— Où va-t-il ainsi dans le soir qui étend ses voiles ?... Le cheval qu'il monte est rapide, aussi rapide qu'il est beau.

— C'est moi qui le lui ai offert ! dit Époredorigh en faisant un geste de résignation, et je n'en sais pas de plus parfait dans mes pâturages (1).

— Ah ! les Édues sont généreux pour cet homme !... Dumnorigh vivant encore lui a donné la Gaule ; mort il lui donne sa veuve ; toi, Époredorigh, tu lui as donné le plus beau cheval de tes écuries ; moi, je lui ai donné les dix mille Édues de Heergawbia... Et Bibracte tout entière a convoqué chez nous la Gaule, afin de rehausser le triomphe du tyran qui va nous briser.

— Qu'a-t-il donc fait, ce chef arverne, dit Virdumare d'un ton amer, pour être ainsi comblé des plus hautes faveurs du sort ?... Ne sommes-nous pas

---

(1) Époredorigh signifie : le chef habile à conduire les chevaux.

d'aussi grande maison que lui ? Ne sommes-nous pas, comme lui, jeunes, braves, dévoués à notre patrie ?

— Le plaisant rôle... murmura Litawigh d'une voix amère, le plaisant rôle en vérité que l'on fait jouer aux Édues !... Et est-ce donc pour servir de marchepied aux Arvernes que les Édues ont vaincu les Bituriges !

— Eh bien ! repartit Époredorigh en essayant de sourire, de quoi est-ce que nous nous plaignons ? Nos pères ont passé des siècles à détruire les monarchies d'origine étrangère, qui ne s'affermissaient que par l'oppression des grands... Nous autres, enfants dégénérés, nous tentons de recréer ce qu'ont détruit nos pères ; et sur les débris des vieilles monarchies gauloises, nous instaurons une monarchie nouvelle au profit d'un ambitieux qui n'est pas même notre égal !...

Les chefs édues baissèrent un moment la tête ; on eût dit qu'ils n'osaient aller plus loin dans l'expression de leur amertume. Puis ils échangeaient des regards sombres et à demi voilés comme pour s'encourager ou s'observer. L'un d'eux cependant osa dire d'une voix éteinte :

— Obéissons à la voix de la patrie.

— La patrie !... murmura Litawigh en levant les yeux vers l'Occident qui vomissait des torrents de feux.

— La patrie ! répéta Virdumare d'un ton de sarcasme et en se détournant à demi.

— La patrie! ajouta Cott en faisant cabrer son cheval ; et il se retourna vers un guerrier à la face lourde et grossière qui arrivait au milieu d'eux ; puis jetant un rire sonore au vent qui soufflait de l'Orient, il s'écria :

— Voilà Gobanitio qui va nous dire ce qu'il pense de la patrie.

— Moi! cria le vieillard cynique, je pense que vous avez tort de railler la patrie, puisque s'étant donnée à mon neveu, elle me reconnaît pour son oncle !... Le Roi des cent rois est un grand capitaine et César un mécréant. Voilà quelle est mon opinion.

— Ton opinion de ce jour !... dit Cott en riant de nouveau ; mais ton opinion de demain !...

— Oh! oh! repartit le vieux chef arverne, hier et demain sont des mots vides dont le sage se déshabitue ; et l'opinion que je professerai demain vaudra sans doute et amplement celle que je confesse aujourd'hui.

Déjà de grands voiles de brume s'étendaient sur les dernières flammes de l'Occident. Une légère vapeur se répandait sur les bois et les marécages. Le Roi des cent rois reparut, entouré par ses brillants compagnons, et se rua comme la tempête au front de l'armée gauloise. Une animation prodigieuse se faisait voir dans ses regards ; tenant son épée nue à la main, il tremblait comme si la peur eût pu atteindre sa grande âme ; il tremblait, mais il souriait ; et de sa lame rougie par les feux de l'Occident, il désignait les profondes clairières inondées par un dernier reflet de pourpre, et il criait avec ivresse :

— Il est là.

— Évitons-le !... dit un vieux chef à la mine austére et haute, et ne lui donnons pas une occasion de bataille en rase campagne. Toutes les portes de la Gaule sont fermées ; il est enveloppé de toutes parts ; impossible à lui de s'approcher même des Séquanes. Ne recommençons pas la faute des Bituriges... Laissons-le mourir de faim, et ne faisons tête qu'à son agonie.

Beelissane jeta un regard suppliant sur le Roi des Gaules, qui fit un pas vers la noble femme et lui dit à demi-voix :

— Ah ! si je ne redoutais rien des intrigues, des lâchetés et des trahisons... puis il ajouta plus bas encore :

— Regardez le groupe des déçus. La fidélité ne leur tient à l'âme que par un fil qu'a trempé l'orage.

Puis, faisant un geste d'audace confiante et résignée, il courut aux chefs édues, et s'écria d'une voix tonnante, capable d'entraîner des armées :

— Frères, amis, compagnons d'armes, êtes-vous certains comme moi que le jour de vaincre est venu ?

— Nous fais-tu l'injure d'en douter?... cria Époredorigh en se rapprochant. Tu es le Roi, tu es le maître ; ordonne ; et tout ce qui porte un nom gaulois est prêt à mourir à tes côtés.

— Montrons à l'insolent latin, dit Cott avec joie, que nous ne le craignons pas plus en rase campagne que sur le penchant des collines.

Tous les autres chefs s'approchèrent ; et pas un qui ne fût d'avis d'arrêter César en sa marche.

— Lions-nous... criaient-ils tous en même temps, lions-nous par les serments les plus terribles ; et jurons tous de ne revoir ni nos villes, ni nos pères, ni nos épouses, ni nos jeunes enfants avant d'avoir passé trois fois à travers les rangs ennemis.

Pendant plus de quatre heures, ce fut un tumulte de protestations, de serments, de déclamations arrogantes. César n'oserait pas même supporter la vue d'une si redoutable armée ; et la Gaule n'avait qu'un geste à faire pour exterminer César.

L'armée marcha toute la nuit avec une lenteur prudente. Le lendemain, au premier rayon du jour, quand l'aube vint blanchir les forêts et les marécages, toute la cavalerie gauloise avait fait halte au milieu d'une profonde clairière. Il y avait sur la droite une colline en pente douce, dominée par d'énormes bouquets de chênes séculaires ; le premier groupe de cavalerie gauloise était en avant avec le Roi des cent rois en tête ; le groupe de droite était commandé par Époredorigh, le groupe de gauche par Vergasillum. A quelques mille pas environ, l'armée romaine campait, accusant un certain désordre ; çà et là on distinguait les légions de Labiénus, récemment revenues de chez les Parises, décimées, fatiguées, à demi rompues. La cavalerie était mal montée ; les chevaux paraissaient exténués de faim et de fatigue ; les hommes avaient le teint pâle, les yeux étincelants de colère ; leurs vêtements tombaient de vétusté, les uns portaient des tronçons d'épées ou de javelines ; de grands chariots se montraient plus chargés de mourants que de vivres, mais de mourants qui chantaient victoire même avant que la bataille fût engagée. Tout à fait en arrière de l'armée cependant, et vers la gauche, il était possible d'apercevoir un groupe énorme et monstrueux de chevaux velus et farouches, montés par des espèces de centaures demi-nus qui avaient les cheveux flottants, les moustaches rouges, les yeux hagards, et qui brandissaient de loin leur hache à double tranchant.

En tête des légions romaines était César avec son éternelle cape rouge et son gracieux cheval blanc ; toujours le même avec sa face maigre et pâle, son nez brusque, sa bouche tranquille et son air toujours railleur. Le rude Labiénus était près de lui, les Antoine, les Brutus, les Fabius, et même quelques Gaulois qui n'avaient pas cru devoir suivre le grand mouvement de la Gaule.

Quand la cavalerie de Vergasillum se précipita sur les pauvres haquets latins, on eût dit en vérité le choc effroyable d'un tigre contre un troupeau de moutons. Les Gaulois entraient dans les rangs comme un coin de fer dans une souche morte ; tout tombait autour d'eux ; mais rien ne se dispersait ; ils jonchaient le sol de cadavres ; mais les rudes

Latins recevaient la mort en face, et pas un ne faisait un pas en arrière.

César fit marcher de ce côté deux légions d'infanterie qui rétablirent un peu l'équilibre ; le Roi des cent rois s'avançait droit au cœur de l'armée latine ; puis il s'écarta pour se rapprocher d'Eporedorigh qu'il surveillait, laissant un passage à la masse énorme de son infanterie qui s'avançait en poussant des cris. Bientôt l'intrépide chef gaulois croit comprendre que le corps de Vergasillum s'est trop avancé au milieu des légions qui l'entourent : il s'élance au secours de son parent, rétablit le combat avec une promptitude merveilleuse, pendant que toute son infanterie incline sur la gauche comme pour aller au-devant des cavaliers d'outre-Rhin qui n'avaient pas fait un mouvement. L'armée gauloise s'arrête le long de la rivière, y rétablit son ordre de combat et va s'élancer de nouveau à travers les légions entamées.

Mais tout d'un coup la masse germanique tremble et se remue : un seul cri, un cri strident déchire les nues ; toute l'effroyable cohue s'ébranle ; un moment ils ont l'air de fuir en désordre ; mais César est à leur tête ; trois légions conduites par Labiénus se précipitent entre l'infanterie gauloise et le mouvement des Germains ; ces derniers, ainsi protégés, font un circuit à travers les marécages ; puis ils paraissent au galop et montent à l'assaut de la colline située sur la droite, pendant que le Roi des Gaules et Vergasillum réunis reviennent sur les légions que commande Labiénus.

C'était ce que voulait César. A leur tour, les Germains se précipitent comme la tempête sur la cavalerie engagée. César effréné d'audace court sur Eporedorigh ; le chef gaulois lève son épée ; César abaisse la sienne en riant ; puis il tend la main au chef édue stupéfait et il lui dit :

— Avant six mois, tu es Roi de toutes les Gaules, si tu as l'art de te faire prendre.

— Ah ! ah ! s'écrie Cott en menaçant César, le voilà donc le faux ami, l'agent des promesses menteuses qui a fait nommer Convictolitan !

César se remet à sourire et dit au chef édue :

— Fais-toi prendre... et tu verras.

La cavalerie d'Eporedorigh fut écrasée ; et juste au moment où Labiénus pliait et lâchait pied devant le Roi des cent rois, les Germains arrivaient comme la foudre, ivres d'un premier triomphe, et rendaient courage aux diaboliques légions.

Pendant deux heures ce choc nouveau fut véritablement prodigieux. Rome et la Gaule se tenaient aux flancs ; mais les farouches Germains rendaient la partie déjà inégale, car chaque cavalier était accompagné d'un fantassin demi-nu qui se glissait à travers la mêlée, éventrant les chevaux gaulois, puis se sauvant en poussant des cris. Suspendus à la crinière des chevaux de leurs maîtres, ces vaillants Suèves d'un autre âge allaient, et paraissaient ne plus se souvenir de la défaite cruelle de leur chef Arriowist.

Vers le soir, l'armée gauloise était tout entière dans son camp, situé le long de la petite rivière ; les légions romaines haletaient et ramassaient leurs morts, car il était impossible de constater dans ce gigantesque duel de quel côté restait la victoire. Tout le monde avait fait son devoir : César son devoir de désespéré, Eporedorigh et Cott leur devoir de traîtres, le Roi des cent rois et Vergasillum leur devoir de vrais héros. Mais il était facile de comprendre que le duel n'était pas fini ; et que chacun des deux athlètes s'entêtait plus que jamais dans la vision de la victoire, mais d'une victoire sans miséricorde, car autant César se sentait perdu s'il ne trouvait une solution au formidable dilemme qui l'enserrait, autant le Roi des cent rois se sentait perdu lui-même s'il ne parvenait par quelque moyen prodigieux à redonner confiance aux indécis, courage aux timides et terreur aux traîtres.

Le moyen était pour lui tout trouvé ; et il ne pouvait venir en tête au triomphateur de Heergawbia que le renouveau de la tactique qui lui avait valu une si considérable victoire.

Le lendemain César, en s'éveillant après quelques heures d'un sommeil fébrile, fait venir les prisonniers que les Germains avaient faits la veille.

— Ah ! dit-il en souriant, Eporedorigh, Cott, Virdumare, Cavarill.. Braves gens qui se battent bien, et qu'il serait cruel de livrer à la hache de nos licteurs.

— Tu es le maître ! dit froidement Eporedorigh

qui connaissait son César.

— Je devrais vous frapper, ajouta le Proconsul, et cependant je ne le ferai pas, en signe certain que l'amitié de César vaut bien la domination illégitime du jeune rival qui l'a emporté sur toi.

— Qu'ordonnes-tu ? murmura le chef édue en baissant les yeux.

— Que tu me parles sincèrement. Que va faire le Roi des Gaules, puisque la Gaule en effet lui a conféré ce titre ?

— Se renfermer dans Alésia et t'y attendre, comme il a fait à Heergawbia.

— Oui, oui, dit César en parlant avec une animation démoniaque, et m'y faire maltraiter par les dix mille Édues que m'avait promis le damné traître de Litavicus !

— Peut-on faire le siége d'Alésia ?... dit froidement Labiénus.

— On le peut ! dit Cott en baissant les yeux.

— Encore une fois, qu'ordonnes-tu ?... reprit Époredorigh.

César réfléchit un moment ; puis jetant un long regard de défiance sur les quatre chefs gaulois qui l'entouraient, il dit :

— Vous êtes libres, libres de retourner à Bibracte, et d'y raconter comment César traite ceux que le sort des armes fait tomber entre ses mains. Vous êtes libres ; mais quand, sur l'ordre de son Roi, la Gaule se lèvera pour venir m'attaquer sous Alésia, faites-vous donner de grands commandements dans l'armée.. et soyez plus raisonnables que Litavicus à Heergawbia. Je vous ferai compter à chacun deux millions de sesterces ; vous serez proclamés citoyens de la république romaine ; et je vous partagerai le gouvernement des Gaules, que vous autres du moins vous voudrez bien tenir de moi. Cela vaut mieux, je suppose, pour de nobles chefs, que d'obéir au fils d'un tyran tombé, qui cherche à se faire tyran lui-même.

Époredorigh, Cott, Cavarill et Virdumare s'inclinèrent, pendant que César sortait pour aller observer les mouvements de l'armée gauloise. Les Gaulois s'étaient retirés en effet, retirés rapidement, et quand César les rejoignit, il comprenait déjà que son cher Époredorigh ne lui avait rien dit que de vrai. Les Gaulois marchaient en effet à travers une plaine vaste et profonde qui, presque unie dans sa déclivité, se montrait, en remontant vers l'Occident, hérissée de mamelons à peu près d'égale hauteur. Tout à fait à l'arrière-plan de la plaine, une colline brusque, escarpée et fière se dressait, avec une citadelle au sommet, une ville forte sur la croupe granitique ; protégée par des murs de pierre, défendue du côté de l'Orient par des portes massives qu'enveloppait un rempart doublé lui-même d'un fossé très-large ; sous les racines mêmes du mont, deux cours d'eau serpentaient en murmurant, et s'en allaient se répandre à travers la plaine.

Toute l'armée gauloise venait de pénétrer sur ce nouveau rocher de bataille, qui n'avait point comme la Heergawbia des Arvernes l'immense avantage d'être, par le moyen de cols et de vastes gorges, en communication facile avec les lieux circonvoisins. Au pied des collines environnantes, l'armée de César vint s'établir plus fière, plus intrépide que jamais ; et déjà la cavalerie germanique s'en détachait une fois de plus pour venir escarmoucher jusqu'aux portes d'Alesia (1).

(1) Nous voici désormais trop au vif de la péripétie suprême qui termine la lutte du Roi gaulois et du Proconsul latin, pour que nous puissions compromettre par de trop fréquentes démonstrations archéologiques la rapidité de notre récit.
Bornons-nous à déclarer ici qu'il ne nous paraît pas un moment possible d'élever un doute sérieux sur la situation topographique de l'Alesia des Mandubes. Nous avons étudié la question sous tous ses aspects ; nous avons cherché, poursuivi, sollicité l'objection avec une patience à toute épreuve. Le texte des commentaires nous paraît rigoureusement décisif, et nous ne disons pas seulement dans sa lettre, mais bien plus dans son esprit. Indiquer l'*Alesia Mandubiorum* chez les Séquanes, nous semble une pure fantaisie d'esprit local qui pour le bien de la cause, oppose volontiers le démenti le plus flagrant aux textes les plus clairs. Or, quand César se donne la peine d'écrire qu'après la chute d'Alesia, il envoya Labiénus hiverner *chez les Séquanes*, nous ne voyons pas comment il se pourrait faire que Labiénus fût parti de chez les Séquanes pour aller chez les Séquanes. Quant à la désignation si excentrique de Novalèse, en Savoie, en plein pays allobroge, elle nous paraît moins sérieuse encore. En effet, la Gaule était en armes, chez les Edues, à Bibracte-Autun, et aux environs. Or, voit-on un peu d'ici la distance d'Autun à Novalèse, plus de trois

Là, les engagements divers n'eurent rien de décisif ; les Germains tuèrent et se firent tuer, pendant que le Roi des cent rois, dans la plénitude de sa force et de sa puissance, se préparait à livrer son dernier combat, conséquence de tous ceux qu'il avait tentés, et dans des circonstances qui paraissaient plus favorables encore.

cents kilomètres, mise en regard du texte précis des *Commentaires* ? Le chef gaulois charge ses cavaliers fidèles de partir pour Bibracte, d'y aller chercher la Gaule en armes, de la ramener au nombre de deux cent cinquante mille hommes, et il leur donne à peine un mois pour aller et pour revenir, car il n'a que pour un mois de vivres. Est-ce assez clair ?... Et à qui fera-t-on croire que, l'état de la Gaule avant le premier siècle de notre ère étant donné, la cavalerie gauloise commandée par Vergasillum pût aller de Novalèse à Autun et d'Autun à Novalèse en trente jours ? En ce temps-là, il n'y avait ni routes, ni voies militaires, ni chemins de fer ; et pour peu que les cavaliers gaulois eussent crevé leurs chevaux pour arriver de Novalèse à Autun en dix jours, il n'est pas un moment supposable que les deux cent cinquante mille Gaulois qu'on allait chercher aient jamais pu s'assembler, se préparer et venir d'Autun à Novalèse en vingt jours. — Il n'y a, croyons-nous, aucune sorte de discussion sérieuse à établir sur ce point. L'Alesia des Mandubes est Alise Sainte-Reine en Bourgogne sans conteste. Nos lecteurs peuvent se reporter à cet égard au remarquable mémoire de M. François Lenormand, sur les antiquités d'Alise, communiqué à l'Académie des Inscriptions et Belles-Lettres. Le jeune savant, dont le nom fait autorité en ces matières, a traité la question *ex professo*, et nous sommes heureux de nous trouver avec lui en parfaite communauté d'opinion. La commission de la topographie des Gaules n'en a pas jugé autrement.

Les Mandubes étaient un petit peuple, plus pasteur que guerrier, une sorte de peuple neutre, qui ne s'était point assez mêlé au mouvement national des Gaules pour en sentir et en adopter le grandiose entraînement.

Les Mandubes étaient donc fort effrayés de l'honneur suprême qui était fait à leur pauvre ville ; mais l'heure n'était plus de compter avec les résistances et les indécisions de caractère. Une bonne partie de la population fut reléguée hors des murs, le reste fut mis en réquisition immédiate pour les vivres. Le soir même de l'entrée des Gaulois dans Alesia, le Roi des Gaules savait ce qu'il lui était permis d'espérer en blé, en bestiaux et en fourrages.

Le lendemain, du haut de la citadelle d'Alise, il vit les légions romaines se répandre et commencer les premiers travaux d'une vaste circonvallation.

La nuit venue, il rassemble ses fidèles, Vergasillum, Beïltheut, Bathanat et le rude Theutomat lui-même ; il leur montre de loin les feux qui courent et se répandent aux environs de la colline, et il leur dit :

— Il n'y a pas une minute à perdre. Pendant qu'il en est temps encore, partez. Que vos chevaux tombent épuisés aux portes de Bibracte, mais arrivez, et dites à la Gaule réunie que l'heure de son triomphe a sonné. Voyez ! César va faire ici ce qu'il n'a pu essayer même devant Awe-Righ ou en face de Heergawbia. Bientôt nous serons enveloppés par une série de travaux effrayants dont vous ne sauriez vous faire une idée. En apparence c'est notre perte, en réalité c'est notre salut ; nous achèverons là ce que je tentai devant Awe-Righ, ce qui nous réussit d'une façon si éclatante sous Heergawbia. Cette fois nous ne serons plus seulement secourus par les dix mille Édues de Litawigh, mais bien par les trois cent mille guerriers que peut nous envoyer la Gaule. Partez donc et hâtez-vous ; j'ai ici pour un mois de vivres, et en un mois vous pouvez conduire une armée sous les murs de la citadelle.

— Ami, parent, presque frère, s'écria Vergasillum avec émotion, que ne pars-tu toi même pour Bibracte, et ne laisses-tu tes fidèles à la garde de ce camp ? Au moins quand tu reviendrais avec la Gaule, et si la Gaule y mettait de la défaillance, tu pourrais te retirer et aller préparer ailleurs un nouveau foyer de soulèvement. Au contraire, si tu restes sur ce mont sinistre, tu peux y subir un désastre, irrémédiable en même temps et pour toi et pour la Gaule.

— Il est vrai !... cria Theutomat avec explosion. Au jeu de la guerre comme en tout, le Roi doit être libre de ses mouvements, maître de ses attitudes et ne jamais enfermer sa puissance dans la splendeur de son désespoir. Roi, maître de la Gaule déchue, va chercher ta servante, mais ne t'expose pas ici à ses infidélités.

Un moment la tête du fils de Celtill s'inclina comme sous le poids d'un pressentiment sinistre. Un moment il parut interroger du regard la femme ardente et enthousiaste qui ne le quittait pas plus que son ombre ; puis d'une voix empreinte d'une tristesse grave qui témoignait de la plus mâle décision, il répondit à Teuthomat :

— La Gaule n'est point ma servante, la Gaule est l'auteur de ma vie publique, et ce n'est pas moi qui ai le droit de croire infâme la nation fière quoique troublée qui m'a porté dans ses flancs. Si elle me manque, tant pis pour elle, et que Dieu la sauve !... Elle est assez forte pour se relever un jour, de l'autre côté de ma chute ; tandis que moi, si je lui manquais, je me tiendrais indigne de lui commander : et ce serait lui manquer de la façon la plus grave, que de faire ce que vous voulez. Si c'est moi qui vais à Bibracte, l'histoire des rivalités, des jalousies, des perfidies va recommencer avec fureur ; on ne voudra pas me suivre ; et quand je reviendrai à vous, César se sera enfui chez les Séquanes où de nouvelles trahisons se préparent. Si, au contraire, vous allez dire à la Gaule que le Roi qu'elle vient de créer lui commande impérieusement de venir, je suis certain que la Gaule viendra.

— A-t-on des nouvelles d'Époredorigh ? demanda Beïltheut avec inquiétude ; on assure qu'il est mort dans le combat.

— Époredorigh est prisonnier de César, repartit tranquillement le Roi des Gaules ; et de la part d'un homme tant de fois compromis, je ne suppose pas qu'il y ait rien à craindre. Partez, vous dis-je, et hâtez-vous ; moi je reste et je vous attends.

Quelques heures plus tard, Beelissane était aux

genoux du triomphateur de Heergawbia, elle inclinait son pur visage sur les mains de celui qui avait consolé son âme de veuve et de mère en deuil ; et elle murmurait d'une voix tremblante :

— Ta gloire vaut mieux que ta vie ; et je t'aimerais moins si tu avais suivi le conseil de Vergasillum.

Puis elle leva sa belle main blanche vers les cieux parsemés d'étoiles, et d'une voix pure comme l'enthousiasme, radieuse comme la foi, elle dit :

— Tiens jusqu'au bout tête à César : car, que tu vives ou que tu meures, tu seras plus grand que lui.

Trois semaines environ plus tard, l'armée romaine avait achevé des travaux de géant qui enveloppaient l'Alésia des Mandubes sur tous les points. La fortification était double et de nature à résister en même temps aux sorties des assiégés et à l'attaque de nouveaux assiégeants. Mille piéges, tous plus ingénieux les uns que les autres, enveloppaient les travaux de défense. Les Boïes avaient fourni du fer et des vivres, malgré la défection éclatante des Édues ; l'armée latine, libre de ses mouvements, s'approvisionnait de toutes parts, en attendant l'heure suprême que César appelait de tous ses vœux, car il ne doutait pas un instant du succès plein et entier de sa détestable stratégie.

Après trente jours d'anxiété, comme les compagnons de César s'étaient rapprochés de la place, en vue d'observer les mouvements de l'ennemi, ils entendirent des cris d'angoisse et de désespoir. Les portes de la ville s'ouvraient çà et là, et des femmes, des vieillards, des enfants, des hommes hâves et exténués sortaient à reculons en tendant leurs bras suppliants vers ceux qui les chassaient ; puis ils venaient tomber auprès des ouvrages de l'assiégeant et ils criaient avec désespoir :

— Du pain !... donnez-nous du pain !

César les fit chasser sans miséricorde ; cependant il en retint quelques-uns et leur dit :

— Que se passe-t-il dans la place ?

— Hélas ! s'écria un vieillard prêt à mourir d'inanition, ils n'ont plus ni blé, ni bétail ; ils chassent tous les pauvres habitants ; et l'on assure même qu'ils songent à se dévorer entre eux (1).

— O sage Époredorigh, murmura César à demi-voix, si au moins tu tardais huit jours !...

— Il tarderait bien plus encore, murmura Labié-

(1) Certainement moins intrépide et moins confiant à la bonhomie de ses lecteurs que l'illustre proconsul latin, l'auteur de ces récits n'a pas jugé autrement opportun de rappeler ici le discours d'un certain Critognat, rapporté tout au long et *in extenso* dans les *Commentaires*. En effet, malgré la déférence pédagogique due aux dix-neuf siècles de frimas qui couronnent le front chauve du vainqueur des Gaulois, nous hésitons à tenir le discours de Critognat pour sérieux et véridique ; et à moins qu'il ne nous soit prouvé que César avait ses sténographes dans Alésia, ou que le rude Gaulois dont il s'agit soit allé corriger dans les actes diurnaux les épreuves de son discours, force nous est de tenir cette harangue pour une pure fantaisie de dictateur intellectuel, qui traite l'histoire de Turc à More, et ne trouve pas moins facile de décréter un discours que de promulguer une ordonnance.

nus, s'il n'y avait à côté de lui Vergasillum et Beïltheut.

Le lendemain, au premier rayon du jour, César sortit de sa tente, au mugissement long et ardent d'une clameur étrange qui partait de la ville assiégée

Toute l'armée gauloise était sur les murs, levant ses armes et ses boucliers vers le ciel ; il n'y avait rien d'horrible à voir comme ces pauvres soldats demi-nus, exténués, qui semblaient avoir à peine la force de se tenir debout; rien de sublime à entendre comme cette clameur de délivrance poussée par une nation à l'agonie qui se croyait triomphante, au prix des plus cruelles souffrances.

Car, il n'y avait point à s'y tromper, l'horizon se chargeait comme d'un orage effrayant qui eût certainement brisé l'âme de tout autre que César. Tous les monticules se couvraient d'hommes, de chevaux ; de toutes parts on voyait flotter les étendards gaulois; pas une nation qui ne fût là, représentée par ses plus braves enfants, conduits hélas ! par des chefs dont l'âme craintive et l'esprit dépravé n'étaient point à la hauteur de cette mission de salut public qui exigeait si peu d'efforts guerriers, si les cœurs eussent été vraiment à la hauteur de la puissance.

Que fallait-il en un mot pour que cette mer de nations courroucées, ce flot de soldats fiers et fidèles balayât de la terre gauloise le sédiment de dépravations latines qui l'avait si profondément envahie ?... Il ne fallait qu'un geste des chefs gaulois, inspiré par le plus vulgaire sentiment de hauteur, de force morale et de loyauté.

Le geste ne se fit pas ; et nous allons voir comment.

En effet, la grande armée gauloise était à peine en vue des camps romains, que César rassembla ses lieutenants et leur dit :

— Sur toute chose, faites bien comprendre aux soldats que ce nombre prodigieux d'ennemis n'a rien qui doive les effrayer. Quant à vous, faites tous vos efforts pour isoler Vergasillum et Beïltheut et les attirer sur un point unique. Là, sera tout le secret d'un triomphe dont j'ai dès aujourd'hui la certitude. Nommez-moi les chefs de l'armée gauloise ?

Labiénus répondit :

— Comm l'Atrébate, qui nous suivit en Bretagne, est à la tête des Bellovakes ; Époredorigh et Virdumare sont à la tête des Édues (1).

---

(1) Nous prions instamment nos lecteurs de s'arrêter avec quelque attention sur les considérations historiques que nous sommes heureux de soumettre à leur sagacité.

Déplorons en premier lieu que, la plupart du temps, des ouvrages de la nature des *Commentaires* soient traduits, lus et commentés sans qu'on paraisse se donner même le souci de les comprendre. On traduit le texte sans faute de syntaxe, autant du moins que faire se puisse ; mais quant à l'interprétation historique de ce même texte, on paraît ne pas s'en soucier le moins du monde, de telle sorte que les vérités les plus saisissantes à l'investigation intellectuelle semblent des lettres mortes qu'il n'est pas même permis d'interroger.

Un éclair de triomphe passa sur le visage de César qui s'écria :

— Bon ! autant vaudrait dire que les Édues sont

Quoi !... on lit dans les *Commentaires* qu'Époredorigh fut fait prisonnier par César dans la bataille sur l'Armançon ; puis on lit trois pages plus loin que le même Époredorigh commandait en chef l'armée gauloise venue de Bibracte... et l'on hésite à comprendre le secret de la chute d'Alesia !!!
Mais pour qu'Époredorigh reparût un mois après sa captivité à la tête des armées gauloises, il aurait fallu que César se fût montré bien tendre ou bien imprudent vis-à-vis d'un homme de cette importance. César cependant d'ordinaire gardait bien ses prisonniers quand il les estimait dangereux : il fit tuer Dumnorigh dans une embuscade ; et il ne fallut pas moins que le charnier du Tullianum pour le rassurer à l'encontre du fils de Celtill. Osons dire même que nous trouvons étrange l'aveu qui échappe à César ; et qu'il en aurait peu coûté, ce nous semble, à un écrivain habile de ne pas confesser avec ce sans gêne, peut-être cette inadvertance, que le chef principal de l'armée qu'il avait à combattre était son prisonnier trente jours auparavant. Et nous connaissons trop notre César, pour ne pas avoir la certitude rigoureuse que si Époredorigh n'eût été un traître, il ne serait pas revenu de Bibracte à la tête des Édues, car il n'y fût point allé. Oui, Époredorigh trahissait ; pas un mot de César qui ne le crie à tous les échos de l'histoire : car Époredorigh étant celui que les Édues reconnaissaient pour chef dans leur guerre contre les Séquanes avant l'arrivée de César en Gaule, il est naturel d'en conclure qu'Époredorigh était celui qui avait poussé les Édues à disputer le commandement suprême au fils de Celtill. A la bataille générale donc, Époredorigh se fit prendre ; il s'entendit avec César ; puis il fut mis en liberté, et revint avec les Édues dans l'unique but de paraître et de se sauver au premier choc. Là est l'histoire, triste, mais sévère, et pas ailleurs.

conduits par Divitiac.

Le lendemain, dès le point du jour, toute la cavalerie gauloise se répand dans la plaine ; l'infanterie se tient en réserve sur les hauteurs, pendant que toute la garnison d'Alésia sort en poussant des cris, et commence à combler les fossés et les tranchées. Bientôt la bataille s'engage, la cavalerie gauloise fait merveille comme à l'ordinaire ; les légions romaines se tiennent avec une rare fermeté à cheval sur leur double rempart ; la cavalerie germaine avance à son tour, porte le trouble chez les Gaulois ; et la chute du jour seule sépare les combattants.

Le lendemain se passe dans une anxiété fiévreuse de part et d'autre. Les assiégés d'Alésia, cependant, ont fait des préparatifs formidables ; d'une autre part, les Gaulois de la plaine se décident à sortir de leur camp vers le milieu de la nuit. La bataille s'engage de nouveau avec des fortunes diverses ; mais au jour le Roi des cent rois s'aperçoit que les Gaulois de la plaine ont fait un pas en arrière, et il rentre dans ses retranchements, le désespoir dans l'âme, pendant que Beelissane lui disait avec angoisse :

— C'est Époredorigh qui commande ; et un prisonnier vient de m'avertir que Vergasillum le charge d'injures en s'écriant qu'il trahit.

Le lendemain, en effet, il était facile de comprendre que les assiégés d'Alésia n'avaient plus à compter que sur les fidèles soldats arvernes et bituriges de Vergasillum et de Beïltheut. Aux cris terribles qui furent poussés de la plaine, on put voir se détacher de l'armée gauloise un groupe sacré qui en formait à peine la dixième partie, et qui s'avançait pour seconder la suprême sortie des assiégés.

Un effroyable engagement s'ensuivit ; mais la grande armée gauloise demeurait toujours immobile, à tel point que les chefs latins pouvaient impunément dégarnir leurs forts et rassembler toutes leurs forces sur le point d'attaque des Arvernes et des assiégés ; dans la mêlée, Sedulius, chef des Lemovices, est tué ; Vergasillum est ramassé par les soldats de César, inondé de sang, criblé de blessures ; à la nuit, Beïltheut qui a l'habitude de voir César en face, et Bathanat l'enfant du peuple, à qui rien ne résiste, ont l'inconcevable audace de se frayer un passage à travers les travaux romains. Ils courent, ils se précipitent et ils pénètrent dans Alésia pendant que le groupe héroïque des défenseurs de la pauvre ville y rentrait pour la deuxième fois.

Le lendemain, au premier rayon du jour, quand le Roi des cent rois reparut sur le rempart, accompagné de Beïltheut et de Bathanat, nulle description, effrayante de douleur et d'énergie, ne saurait donner une idée du spectacle qui s'offrit à leurs yeux.

En arrière des ouvrages de l'armée romaine, la plaine était jonchée de cadavres ; les ruisseaux qui enveloppaient la colline étaient rouges de sang ; les légions romaines horriblement mutilées demeuraient debout sur leurs retranchements rompus ; et de loin, dans le pli des collines, il était facile de voir la masse effrayante des bataillons gaulois qui tournaient le dos, conduits par les chefs infâmes qui venaient de river pour des siècles la chaîne au cou de leur patrie.

Quand les trois chefs se retournèrent vers la place, le spectacle était plus lamentable peut être. Partout des visages décharnés, des fronts inclinés, des armes à terre, et le sentiment certain de cette douleur navrante de laquelle il n'y a pas même à espérer l'énergie du désespoir.

Et comme Beelissane, à demi morte d'horreur, de fatigue et de privations, venait de se jeter dans les bras de celui qu'elle avait aimé, le héros lui dit à demi-voix :

— Au moins, rendez-vous à César, il ne vous fera point de mal.

— Oh ! murmura la vaillante femme plus haute et plus fière que jamais, s'il vous plaît de vous rendre vous-même... César ne vous fera point de mal... pliez devant lui, et il vous pardonnera.

Le Roi des cent rois serra en souriant la main de sa digne compagne, et il lui dit :

— Si j'étais encore ce que je fus il y a quelques années, je suivrais peut-être votre avis ; mais étant ce que je suis, il ne se peut pas que la patrie qui m'a élu et vit en moi succombe d'une façon petite, ou se rachète d'une façon infâme.

Puis se retournant vers ses malheureux soldats, il leur dit :

— Voulez-vous tenter une suprême sortie, et mourir les armes à la main ?

Un silence de glace répondit seul à ces paroles. Beelissane se pencha de nouveau en murmurant :

— Rester ce qu'on est et se résigner !...

A ce moment deux chefs latins parurent à la porte brisée d'Alésia ; l'un d'eux tenait un rameau de chêne ; devant eux marchait Métella qui vint tendre la main au héros abandonné et lui dit tout bas :

— Il est trop fier de t'avoir vaincu... Je pense qu'il pardonnera.

Le Roi des cent rois répondit en souriant :

— Je conteste trop sa victoire pour accepter son pardon.

— Roi, dit le rude Labiénus avec un profond sentiment de respect et de majesté, veux-tu que soit renouvelée ici la boucherie d'Avaricum ?

— Ce n'est pas à moi de te répondre, repartit le fils de Celtill ; parle au peuple et qu'il prononce.

Labiénus se tourna vers la multitude et s'écria d'une voix retentissante :

— Le vainqueur toujours débonnaire demande à ne pas verser une goutte de sang ; il offre la vie aux soldats, à la seule condition qu'on lui livre les armes .. et les chefs. Sinon, avant la fin du jour, tout ce qui est ici vivant sera mort.

Il restait au moins trente mille personnes sur le plateau d'Alésia, des soldats exténués, des femmes, des enfants, des vieillards ; un gémissement lugubre s'éleva de la foule ; par un mouvement unanime tous se prosternèrent à genoux comme pour demander grâce au chef glorieux qu'ils avaient suivi. Ce dernier se porta la main à la poitrine ; puis il leva les yeux au ciel, puis il les tourna avec un sentiment de tristesse profonde sur les campagnes témoins de la défection des Gaulois ; et il s'écria d'une voix à la fois sublime et déchirante :

— Patrie, patrie, ô patrie !... Ce n'est pas sur moi que je pleure.

Puis il disparut un moment, pendant que Métella courait à Beelissane et lui disait :

— Ne te laisse pas abattre. César t'aime encore et te sauvera.

Mais la fille d'Orkedorigh répondit tout bas :

— Rester ce qu'on est et se résigner.

Quelques moments plus tard, le Roi des cent rois reparut, monté sur son cheval de bataille, couvert de ses armes les plus riches, le front orné d'un diadème qui rappelait le faste des rois d'Orient ; de la main gauche il maniait les rênes de son admirable monture ; de la main droite il tenait son casque de guerre, en signe que si la puissance du soldat était en lui amoindrie, la qualité royale ne l'était pas le moins du monde.

Une heure plus tard, il s'arrêtait en face de Jules César assis dans une sorte de chaise curule campée fièrement au milieu des ruines. Le Proconsul était entouré de trente chefs tous blessés et couverts de sang, entouré par celles des légions qui avaient pris au combat la part la plus active.

Le visage du futur dictateur ne révélait aucune joie malséante ; ses grands yeux au contraire étaient à demi voilés ; son vaste front chargé d'orage ; sa lèvre d'une sévérité méprisante qui ne lui était pas habituelle.

Quand le Roi gaulois s'arrêta devant l'ancien ami de Pompée, le cheval élevé dans les pâturages d'Époredorigh fit quelques courbettes gracieuses ; puis il reprit sa marche d'un pas grave en tournant trois fois autour du vainqueur ; puis il s'arrêta devant lui ; le Roi des Gaules sauta lestement à terre, et passant la main dans la crinière du bel animal, il lui dit en le caressant :

— Va, et ne porte jamais sur ton dos celui qui t'a donné à moi, si tu ne veux élever plus haut que la terre un homme de mensonge et de trahison.

— Jeune homme, dit le Proconsul d'une voix lente et très-profondément émue, que viens-tu réclamer de César ?

Le Roi des cent rois tira son épée, la déposa sur l'herbe sanglante à côté de son casque de bataille, puis il se releva lentement, et demeura immobile comme un sphinx de granit à la porte d'un tombeau.

— Comme je ne suppose pas, reprit César, que tu veuilles me traiter avec moins de respect que le cheval d'Époredorigh, je t'engage à me parler, si tu ne veux que je te l'ordonne.

On eût entendu voler une feuille de chêne sur le front chauve de César. Les centurions haletaient d'émotion ; Beelissane souriait avec orgueil, et le fils de Celtill restait immobile.

Une légère rougeur vint colorer un moment le visage du Proconsul ; il s'agita ; ses yeux lancèrent mille flammes, et se levant à demi, il s'écria d'une voix stridente :

— Digne fils d'un père que le sort et les Gaulois ont traité selon ses mérites, tu lui ressembles par ton arrogance, comme tu lui ressembles par ta chute. Ton père, je l'ai aimé, j'ai cru en lui et il a payé mes bienfaits par une noire ingratitude. Toi je t'aimais ; je voulais faire de toi le premier de la Gaule ; je t'aurais élevé au-dessus de tous les misérables qui viennent de te livrer à ma vengeance. J'appréciais ta rare audace, ton élégance, tes belles qualités d'esprit, ta sagacité militaire ; toi tu m'en as récompensé en me haïssant, en me calomniant, en semant sur mes pas mille embûches, enfin en concevant la pensée d'opposer ta fortune à la mienne. Ingrat, dis au moins ce que tu me reproches ?... quel mal ai-je fait à ta patrie ?... n'est-ce pas moi qui l'ai délivrée à la fois des Helvètes d'Orkedorigh et des Germains d'Arriowist ? Tu savais bien que mon plus mortel ennemi ce n'était pas la Gaule pleine de trouble et de divisions ; mais mon plus mortel ennemi, tu t'en es fait le complice, bien que sa cause ne fût pas la tienne ; tu l'as donc fait en pure haine de ma personne, ce que je ne saurais pardonner.

Quand César eut bien compris que la chute du ciel ne ferait pas parler le hardi Gaulois qui voulait se taire, sa fureur parut un moment montée au degré suprême ; puis il essaya de sourire ; et, ayant aperçu Beïltheut, il s'écria :

— Ah ! ah ! je te reconnais, toi, vaillant Biturige dont la main hardie a touché l'épée de César... Dédaigneras-tu de me répondre aussi toi ?...

— Oh ! non, s'écria Beïltheut d'un ton de suprême insolence, je te parlerai volontiers, ne fût-ce que pour te faire observer que ma main ne s'est pas bornée à toucher ton épée, mais qu'elle a touché ton visage, ô César !

Et disant cela, l'arrière-petit-fils de Sennakerigh, ayant dégagé son poignet droit de son manteau, le tenait étendu sur un madrier de bois de chêne. Sur un geste de César la hache d'un licteur s'abattit ; le poignet du Biturige tomba, pendant qu'il avançait le bras gauche et disait en souriant :

— J'en ai un autre.

César se leva de son tribunal, et s'écria d'une voix retentissante, en désignant le Roi des Gaules :

— Licteurs, je remets cet homme sous votre garde ; vous me répondez de lui.

Puis il se tourna vers les légions et s'écria :

— A chacun de vous un esclave, puisque j'ai promis de ne pas faire mourir les vaincus.

Et comme Numitor s'était avancé en rampant, César le reçut presque dans ses bras, le caressa un moment avec les façons d'un tigre en colère, puis osant à peine regarder du côté de Beelissane, il dit à demi-voix à son limier :

— Brave geôlier de la prison Mamertine, tu sais

le présent que je t'ai fait, mon enfant... tu peux le prendre et en user à ton loisir.

Déjà le grossier légionnaire s'était précipité du côté de Beelissane, mais la noble femme n'eut pas de peine à l'arrêter du geste en lui disant avec une douceur angélique :

— Mon ami, ne me violentez pas, je suis toute prête à vous suivre.

Pendant ce temps César disait à Labiénus :

— Allons, prends deux légions, toute la cavalerie, et retire-toi chez les Séquanes pour les contenir, comme j'en ai fait la promesse au sage Époredorigh.

Puis il ajouta :

— Toi, Minutius Basilus, va chez les Rhêmes; toi, Reginus, chez les Ambluarètes; toi, Sextius, chez les Bituriges; Caninius, chez les Rhutènes; Cicéron et Sulpicius, à Cabillonum et à Mastico, tandis que moi je vais passer l'hiver à Bibracte, et visiter en même temps les braves Boïes qui m'ont bien servi.

Et il ajouta en foudroyant le groupe gaulois d'un regard de haine profonde :

— En attendant que j'aille à Rome, damnés Gaulois, en finir avec vos complices.

CONCLUSION

SOMMAIRE :

Le lit de César et de Calpurnie. — Les songes. — Ils ne veulent pas que je règne. — Numitor. — La prison Mamertine. — Les flots du sang qui rejaillit. — Reculer c'est mourir cent fois. — La visite des bons amis. — Le gros Antoine, le maigre Brutus. — Les Ides de Mars. — Misérable Casca, que fais-tu ? — La statue de Pompée. — Les Gémonies. — Bathanat a les fers aux pieds. — Sa main est libre pour défier.

Un silence de plomb régnait ; les pâles lueurs de deux lampes nocturnes envoyaient des reflets sinistres à un grand lit de bois d'ébène incrusté de lames d'or et d'écaille. Les teintes blafardes couraient çà et là, tantôt sur la mosaïque couverte de tapis et de peaux de bêtes, tantôt sur de vastes rideaux à demi fermés le long d'une haute fenêtre, tantôt sur une riche panoplie pendue à côté du lit; tantôt sur un délicieux plafond à caissons rehaussés d'or, d'où pendait une lampe de marbre noir dont la flamme achevait de mourir ; tantôt sur de belles abaques chargées de colifichets précieux. Çà et là le rayon blafard courait sur les peintures murales, superbes fresques qui représentaint des batailles, des courses d'hommes et de chevaux, et qui paraissaient s'agiter aux oscillations précipitées de la flamme mourante ; enfin, quand le jet de lumière se répandait en flots blancs sur le lit un peu en désordre, il y dessinait deux formes humaines, deux têtes blêmes comme la nuit, tristes comme la mort, et qui semblaient plus encore marquées au signe de la fatigue et de la douleur qui abat ses victimes, qu'au signe heureux du sommeil qui incline les membres pour les ramener plus dispos à un réveil heureux et facile.

C'était un homme et une femme, l'un vieilli plus encore par le souci que par les années, l'autre plus jeune, mais portant sur son visage dépourvu de grâces les signes les plus certains de l'ennui et de la terreur.

Tout d'un coup l'homme s'agita ; ses yeux s'ouvrirent et se fermèrent presque en même temps ; puis ses lèvres prématurément ridées se mirent à trembler d'une façon convulsive, pendant que des mouvements désordonnés soulevaient la poitrine de sa compagne, qui se plaignait doucement, et semblait en proie à l'angoisse d'un pénible rêve.

Bientôt l'homme poussa un cri étouffé ; il se dressa sur son séant ; et les reflets de la lampe de nuit parurent un moment se reculer d'épouvante en face de ces traits livides, de ces yeux fixes et hagards qui regardaient sans voir, puis se fermaient instinctivement, croyant par là échapper peut-être au spectacle extra-naturel qui se déroulait dans l'âme troublée de ce grand du monde.

Puis il se passa les mains sur le visage ; puis il frémit de nouveau et s'écria d'une voix étouffée en se tournant violemment du côté des grands rideaux qui faisaient face à son lit :

— Quel est ce bruit ?... que se passe-t-il ? il fait froid ; le vent fait trembler les rideaux... qui a osé ouvrir cette fenêtre ?

Puis il sauta sur la mosaïque, courut à la fenêtre, la secoua rudement ; puis il revint tomber sur sa couche et murmura d'une voix éteinte :

— Elle s'est refermée toute seule.

Bientôt il frémit de nouveau et reprit avec angoisse :

— C'est la porte maintenant. Qui a ouvert cette porte ?

Il y courut et la toucha ; puis il revint en essayant de sourire, et dit une seconde fois :

— La porte aussi... elle s'est refermée toute seule.

Mais des cris inarticulés s'échappaient des lèvres pâles de la pauvre femme endormie ; son visage était crispé par l'horreur ; sa plainte avait quelque chose de rauque et de bestial ; puis elle éleva les bras en l'air, les referma avec violence sur sa poitrine oppressée en s'écriant d'une voix claire, sifflante, aiguë :

— Barbares, barbares, laissez-moi au moins emporter son cadavre !

Puis sa tête retomba ; ses cheveux déjà gris se répandirent, pendant qu'elle murmurait d'une voix éteinte :

— Laissez au moins à Calpurnie le droit d'ensevelir César.

César — puisque c'était lui — poussa un nouveau cri de terreur ; il tendit les bras du côté de sa compagne, la souleva doucement en l'appelant par son nom, la serra contre son cœur et lui dit d'une voix empreinte d'une tristesse navrante :

— Eh ! pauvre chère, éveille-toi ; et sois certaine que ton César est encore là pour disputer aux meurtriers une vie que tu veux défendre.

Calpurnie éveillée en effet poussa un cri de joie ; elle se pencha dans les bras de son mari, y versa un torrent de larmes ; puis elle dit d'une voix éteinte :

— Je rêvais qu'on te massacrait entre mes bras ; et je faisais pour t'arracher à leurs coups des efforts prodigieux (1).

---

(1) C'est le récit de Plutarque qui nous a inspiré la mise en scène des faits que nous essayons de reproduire. Loin de nous sans doute la pensée de tenir Plutarque pour un de ces historiens rigoureux et sévères qui se font croire pour ainsi dire par la seule autorité d'une appréciation mâle, judicieuse et réservée. Sans cesse ramenant l'histoire à la région facile du *on dit*, du merveilleux, de l'anecdote et de la légende ; s'imposant bien plus par la magie d'un style net, vivace, ingénieux et coloré, que par la profondeur des vues et la sévérité des jugements ; s'adressant beaucoup plus aux imaginations qu'aux intelligences, Plutarque est un écrivain qui brille encore plus par ses facultés poétiques que par sa pénétration. Il charme plus qu'il ne persuade, il entraîne plus qu'il ne démontre ; il y a en lui plus de Suétone et de Lucien que de Tacite et de Josèphe. Sa vue s'attache moins au mouvement général des sociétés qu'au mouvement de l'homme sur lui-même. Il en résulte que, même dans ses anecdotes les plus contestables, les moins démontrées, il y a toujours *quelque chose* : de telle sorte que son récit, parfois puéril en apparence, ne l est jamais en réalité ; c'est donc toujours à bon escient qu'on

— On n'échappe guère à son destin, dit César en baissant la tête, mais je ne saurais croire que mon heure soit déjà venue... il me reste tant de choses à faire !

— Mais pourquoi cette haine ardente?... s'écria de nouveau Calpurnie avec un sentiment de rage concentrée. Que leur as tu fait de mal?... quel trouble apportes-tu dans l'État?... Eux, tu les a comblés ; l'État, tu l'as arraché à son désordre ; tu le rends prospère ; tu le fais envier et craindre... Pourquoi veulent-ils te tuer ?

— Hé !... repartit amèrement César, parce que je les ai comblés ; parce que, n'attendant plus rien de moi, il n'y en a pas un qui ne se croie destiné à s'affubler du meilleur de ma dépouille. Les hommes sont faits de la sorte, Calpurnie : tant que le maître qu'ils ont subi peut leur promettre quelque chose, ils l'aiment, le servent et le suivent ; mais quand nous ne pouvons plus rien pour eux, ils nous tuent... après nous avoir déifiés. Tu les vois faire depuis six mois ; il n'y a pas d'ivresse délétère dont ils ne tentent de m'empoisonner ; pas d'éloge grossier qu'ils ne me prodiguent, afin d'irriter contre moi le peuple jaloux qui s'est fait le piédestal de ma fortune.

le voit s'escrimer avec les armes qui lui sont familières, et faire comprendre des vérités considérables par l'anecdote ou la légende ; et c'est à ce point de vue précieux que les terreurs nocturnes de César et de Calpurnie nous ont paru de bonne prise.

Ah! j'ai eu tort de l'oublier... C'est en haine des patriciens que le peuple a souffert mon élévation ; maintenant c'est à moi que l'on en veut, parce que le peuple romain aime à détruire ce qui s'élève.

— Mais toi !... s'écria Calpurnie, te laisseras-tu abattre par ces lâches, par ces ingrats, par ces envieux ?...

— Ah ! ah ! murmura César avec une tristesse profonde, les lâches... les ingrats... les envieux... c'est toujours à eux qu'appartient le dernier mot... Nous avons vu ces gens à l'œuvre, au dernier acte de la guerre des Gaules... Et moi aussi, et moi aussi, voilà que je suis menacé par mes Gobanitio, mes Époredorigh et mes Virdumare !

Puis il reprit en essayant de sourire :

— Ce qui me reste de vie vaut-il la peine que je le dispute au destin ? Et est-ce le fait d'un homme d'esprit que de s'irriter contre les choses nécessaires ?

— Quoi !... tu te laisseras égorger comme un taureau de sacrifice entre les mains du victimaire ?...

— Pourquoi est-ce que je dors si mal ? interrompit le vainqueur de Pompée avec un sentiment d'angoisse profonde ; je sens la vie qui s'échappe de moi, et je ne puis rien pour la retenir. Je dormais si bien dans la boue des marais Bituriges, et même sur le dos arrondi du petit camp de Gergovie ! Je dormais si bien au bruit glorieux des buccines sonnantes, au souffle irrité des orages, au hurlement sinistre des centaures venus pour moi du fond de la Germanie !... Mais aujourd'hui... la douleur m'a pris, même avant que je m'éveille ; la nuit pour moi n'est plus un repos, mais une angoisse déchirante ; et chaque soir je me demande s'il ne serait pas plus heureux pour le dominateur du monde de pénétrer dans la mort que de pénétrer dans le rêve.

Mais déjà un dernier jet de sombre flamme paraissait monter au front du triomphateur aux abois. Il avait la face appuyée sur son poing droit, et d'un œil radieux d'ivresse il semblait contempler les batailles qu'il avait fait peindre sur ses murs. Ses yeux démesurément ouverts étaient fixes et ardents comme des escarboucles enchâssées dans une tête de mort. Son front était livide de pâleur et humide ; ses joues terreuses et marbrées de taches rouges, ses chairs toutes molles, sa bouche tirée par d'effrayantes rides, son cou décharné, sa pauvre poitrine toute rentrée.

Il songea un moment et reprit, comme se parlant à lui-même :

— On ne lutte avec de tels hommes qu'en les gouvernant de loin. Si je reste à Rome, ils me tueront ; si je m'en vais, ils m'estimeront perdu et me permettront de revenir. Il en fut ainsi du temps de Pompée ; il en sera de même du temps de Brutus. Je suis moins vieux que je n'en ai l'air ; je vais entreprendre une expédition chez les Parthes, puis je reviendrai par les Gaules ; et nous verrons si cent nouvelles victoires me donneront ce qu'on me refuse si obstinément.

Puis il ajouta après un nouveau silence :

— Ah ! ils ne veulent pas que je règne ! Cependant l'insensé Pompée soudoyait bien les chefs gaulois pour me perdre ; je ne vois pas pourquoi je ne créerais pas de nouveaux rois gaulois pour me donner de nouvelles occasions de victoires.

— Des rois gaulois !... dit Calpurnie avec étonnement, mais ils sont tous à toi corps et âme ; tu les traites comme des esclaves, et...

— Eh bien ! interrompit César, que dirais-tu, toi, femme généreuse et forte, toi qui as pleuré en voyant le fils de Celtill enchaîné sur mon char de triomphe, que dirais-tu si j'allais trouver ce héros et que j'eusse le courage de lui dire :

— Va et règne, tu es libre !... je veux te vaincre une seconde fois.

— Eh ! que Jupiter nous assiste !... cria Calpurnie avec effroi ; il a vingt-cinq ans de moins que toi, ce Roi des Gaules... et si par malheur...

— Je t'ai comprise, reprit César en se redressant avec une profonde majesté ; mais ne penses-tu pas avec moi qu'il serait plus digne de ma gloire d'être vaincu par Vercingétorix que d'être égorgé par Brutus ?

— Je ne sais pas ! s'écria Calpurnie avec explosion ; mais si tu donnais la liberté à ce jeune homme, quoi qu'il pût en advenir, tu grandirais de cent coudées dans la postérité qui attend ton nom... et, j'ose le dire avec passion, tu grandirais dans mon amour.

Quelques heures plus tard, pendant que la maison de César s'emplissait de bruit, de clients, de solliciteurs, le dictateur et sa femme Calpurnie étaient assis dans le triclinium d'été qui venait de s'ouvrir aux premières effluves du renouveau.

Numitor était debout devant eux, et César lui disait avec douceur :

— Ce que tu nous racontes est inouï, mon fils. Quoi ! depuis plus de cinq années, elle a vécu près de toi, sachant t'imposer comme à tant d'autres une domination dont j'hésite encore à préjuger le caractère. Quoi ! elle t'a suivi à la prison Mamertine; elle a reçu de toi le nom d'épouse, tout en sachant te disputer d'une façon victorieuse sa chasteté de vestale ! Je te l'avais donnée pour esclave, et c'est toi qui as rampé devant elle; je l'avais condamnée à ton lit, et elle a pu dormir dans le sien, calme et fière, sans que ta fureur osât l'y troubler !... O Numitor, je ne le croirais pas si je te supposais capable de mentir au maître qui t'a aimé.

L'horrible et le sublime se livraient en ce moment une effroyable bataille sur la face abrupte de Numitor. Ce n'était plus le soldat tranquille et grossier, toujours prêt à donner la mort sans émoi, comme à la recevoir sans terreur. C'était bien encore la bête fauve, mais la bête fauve à la fois éclairée et déchirée par un rayon de pure lumière qui n'était plus d'elle-même. On voyait que ce malheureux sentait et comprenait ce qu'il n'était destiné ni à sentir ni à comprendre. Ses dents claquaient dans sa bouche énorme qui paraissait toute sanglante ; sa mâchoire osseuse frémissait; cependant de ses yeux injectés de sang s'échappait une vague expression de piété, d'amour, de respect et de tendresse; deux longues larmes roulaient sur ses joues brûlantes; et il murmurait d'une voix rauque et profondément troublée :

— Pourquoi est-ce que l'aigle romaine a un bec et des serres d'acier, si elle n'ose plus en faire usage ? Mais aussi pourquoi le délire ardent de l'extase s'il faut en anéantir l'objet ? Trois mots tombés de sa bouche fière m'enivraient plus que le vin; quand elle adressait devant moi une prière à l'Être immense qu'elle nommait le dieu inconnu, je tombais à genoux près d'elle, et il me semblait que j'allais partir pour un lieu de sublimes délices. Un soir que j'avais attiré chez moi les petits enfants du voisinage, et que je pleurais devant elle en les embrassant, elle me prit la main avec bonté, leva la sienne vers les cieux parsemés d'étoiles, et me dit d'une voix qui n'était pas de la terre :

— Nous en aurons de bien plus beaux, quand nous serons dans le grand royaume.

César et Calpurnie se regardaient avec stupeur. Bientôt la tête du dictateur se pencha; il serra la main de sa compagne, et il dit à demi-voix :

— Dans quel chemin est-ce que va le monde ?... et que verra-t-on sur la terre dans moins d'un siècle de ce jour ?...

Et il ajouta comme se répondant à lui-même :

— Des révélations étranges... des dominations nouvelles... un Dieu unique... un lointain royaume...

et des femmes qui prosternent la force en levant la main vers les cieux !

— Homme stupide ! cria Calpurnie avec aigreur, homme en démence, qui n'a pas compris que le dieu désigné par la femme était moins le dieu d'en haut que le dieu d'en bas. Elle te montrait les cieux, pauvre fou, afin que tu ne la visses pas regarder à travers la pierre du Tullianum.

— Oh ! non, dit Numitor avec un sentiment d'extase qu'il n'est pas possible d'exprimer, non ! le Tullianum est bien fermé ; et Beelissane n'est jamais là quand le prisonnier sort pour une heure des flancs de la terre qui le gardent bien.

— Où allais-tu ? dit César, à cette heure de la matinée, quand le procurateur du quartier t'a fait conduire en ma présence ?

— A la riche villa d'Arpinum que je tiens de ta libéralité ; l'aîné de mes frères qui l'habite y est en danger de mort.

— Quand devais-tu revenir ?

— Dans trois jours.

— A qui as-tu laissé la garde de la prison ?

— Au sage Ancus Labéon dont je suis sûr comme de moi-même.

— Eh bien ! reste avec moi cette journée. Ce soir nous irons ensemble à la prison Mamertine pour une œuvre dont j'aurai à t'entretenir... Désormais tu ne me quitteras plus. Demain, si je vais au Sénat, tu m'y accompagneras ; et bientôt, je l'espère, nous irons nous battre... et remporter de nouvelles victoires.

Le soir en effet, quelques heures après le coucher du soleil, César disait à Numitor :

— Va, précède-moi, sans prévenir personne; je te suis, mais j'irai seul, ne voulant pas être connu. Dès que tu seras arrivé, fais sortir le prisonnier du Tullianum, et préviens-le de mon arrivée.

Numitor s'inclina et sortit. La nuit était triste et sombre; de grandes rafales de vent fouettaient les murs des édifices ou s'engouffraient dans les rues étroites; bientôt, avant d'entrer dans la voie du forum de Mars, il put apercevoir à l'angle d'un carrefour un léger char attelé de deux chevaux qu'un esclave de haute stature tenait à la bride. Vingt pas plus loin, il rencontra un groupe d'esclaves et d'étrangers qui paraissaient préoccupés. Il se glissa le long des murailles et fut bientôt arrivé à l'extrémité de la voie qu'il avait suivie. Sur sa gauche remontait le Clivus de l'Asile; en face de lui se dressaient les murs nus et sinistres de la prison Mamertine, avec les deux escaliers de pierre qui enveloppaient sa porte funèbre.

Un homme toucha Numitor en passant; puis il se sauva en poussant un cri et en s'enveloppant le visage.

— Cassius! murmura le geôlier stupéfait, et il ajouta plus bas :

— Jupiter! que se passe-t-il ?

Et il se précipita vers les portes de la prison. Là,

un gémissement lugubre se fit entendre, un cri de désespoir et de mort. Numitor vit paraître et se dresser dans la nuit comme deux formes fantastiques : un homme de stature colossale dont la gorge ruisselait de sang ; puis un être frêle et pâle, une femme petite, maigre et irritée qui brandissait un fer aigu. Le colosse venait de tomber en travers de la porte en faisant entendre un bruit lugubre ; la femme était enlevée comme une plume par un nouveau venu qui criait :

— Au nom de Némésis ardente, ce que tu fais est déjà grand ; mais ce que nous avons à faire est sublime... Quitte ces lieux, et réserve-toi.

Numitor se rua comme un taureau furieux sur les portes de la prison ; il marcha sur le corps de Labéon, fit sauter la porte d'un coup d'épaule, et poussa un cri d'horreur au spectacle qui s'offrit à sa vue.

Le Tullianum était ouvert ; un spectre moins hideux encore que superbe achevait d'en sortir ; et ce spectre n'était autre que le vaincu d'Alésia, le Roi des cent rois, le fils de Celtill, le dernier né de l'ingrate Gaule, la fière victime des Époredorigh et des Virdumare. Six ans de cachot, six ans de tortures paraissaient n'avoir rien altéré de la majesté pure de sa face surnaturelle. Il était maigre à faire frémir ; ses cheveux longs et en désordre roulaient sur ses épaules décharnées; ses yeux creux, farouches et hâves n'avaient cependant rien perdu de leur force et de leur lumière; il n'avait de vêtements qu'un reste affreux de haillons en désordre ; quand il eut mis un pied sur le sol humide au milieu de cette scène d'horreur, il chancela un moment ; puis ayant aperçu Beelissane, il poussa un cri de joie et tomba sur les genoux. Pareil au tigre affamé qui s'est replié pour bondir, Numitor s'était précipité le fer à la main ; mais Beelissane avait fait un pas ; le Roi gaulois était debout, et la veuve de Dumnorigh était dans ses bras, le couvrant de son corps, pendant que le fer du geôlier venait voltiger sur leurs têtes. C'était le cœur du Roi des Gaules qu'il cherchait, ce fut le sein de Beelissane qu'il rencontra. L'intrépide créature avait espéré qu'une fois de plus elle ferait reculer Numitor ; et elle s'était jetée au-devant du fer avec une aveugle confiance. Le fer lui entra dans la poitrine jusqu'au manche, pendant que le Roi vaincu la ramenait doucement dans ses bras, et qu'elle relevait sur lui ses yeux qui ne demandaient sans doute qu'à le contempler une dernière fois.

Numitor se précipitait de nouveau, quand Beelissane le touchant du doigt lui dit avec l'effrayante autorité qu'elle avait acquise sur cet être grossier :

— Tourne-toi donc et regarde !

Obéissant comme un chien docile, Numitor se tourna et vit à la porte de la prison ouverte Jules César enveloppé d'une cape brune sur sa tunique blanche. Le dictateur était seul, les yeux hagards, les lèvres tremblantes, semblable au damné qui recule encore en face du supplice qui l'attend.

— Ils se sauvaient !... hurla Numitor d'une voix

rauque, et c'est par leur ordre sans doute qu'on a tué Labéon ; j'ai voulu frapper le traître : je crois que j'ai blessé sa complice ; et que les dieux en soient loués, si Calpurnie avait raison !

Beelissane avait ramené avec force sa main gauche sur sa blessure qui ruisselait de sang. D'un geste elle tenta de repousser le Roi gaulois qui paraissait plus triomphant en face de César abattu que sur le plateau de la Hergawbia des Arvernes.

— Ah ! pauvre femme !... cria le dictateur en faisant un pas vers la voyante des glaciers du Nord.

— Ah ! pauvre homme !... répartit l'Elfe sublime en riant avec amertume, tu crois donc que c'est moi qui meurs ?

Elle ne prononça pas un mot de plus ; mais quand elle releva ses deux mains inondées de sang, on eût dit qu'elle repoussait jusque dans la muraille et le Roi gaulois et le geôlier latin. Puis elle fit un pas majestueux, un pas de déesse offensée ; puis un pas de femme ardente, puis enfin un pas de furie ; et de la main droite elle arracha violemment la tunique brune qui enveloppait César. Le dictateur la laissait faire. Alors, ramenant une main frémissante à sa blessure qui saignait toujours, elle ramassa un flot de sang ; puis, se rapprochant de César, et le contemplant avec un regard mêlé d'horreur et de pitié, elle lui porta le doigt sur la gorge, et le retira vite, vite... comme si elle eût touché un fer rouge... puis elle murmura d'une voix étouffée :

— Là !

Et se retournant à demi, elle lui fit une tache sur la nuque et répéta de nouveau :

— Là !...

Puis le regardant bien en face, elle le marqua au flanc gauche, puis à la poitrine, puis à l'épaule, puis au défaut de la hanche droite ; puis là, et là-bas, et plus loin, et encore, et toujours... jusqu'à ce qu'elle lui eût imprimé sur le corps vingt-trois taches de sang vermeil, qui déjà le faisaient ressembler à un soldat criblé de blessures. Lui, l'homme intrépide et arrogant, ne bougeait pas plus qu'une statue, tant il lui semblait grand de se montrer docile aux fantaisies de cette mourante qu'il avait eu un moment la pensée de ramener dans la vie.

— Que fais-tu ? murmura-t il d'une voix douce et familière.

Et elle répondit avec fermeté :

— Ne t'étonne pas au moins que ce soit mon sang qui marque la place où va couler le tien. Il ne manquait à ma victoire que d'aller mourir dans les bras de celui que j'ai aimé ; il ne manque plus à ta défaite que d'aller traîner tes vingt-trois blessures au pied de la statue de Pompée !

Et Beelissane se recula lentement vers le Roi des cent rois, qui la reçut dans ses bras ; puis elle tomba morte sur le pavé de la prison, pendant que César, en proie à un horrible accès de furie, criait à son Numitor en désignant la bouche béante du Tullianum :

— Va... préviens les triumvirs capitaux... et achève!

Le lendemain, après une longue nuit de visions, de terreurs et d'insomnies, Jules César se débattait encore entre les bras de sa femme Calpurnie qui lui disait avec un effroi profond :

— Je te supplie de ne pas aller au Sénat. On dit, on assure, on démontre que c'est une conspiration des ennemis de ta puissance qui préparait la fuite du Roi des Gaules ; des avis me sont parvenus de toutes parts, et...

Calpurnie parlait encore que déjà la maison de César s'emplissait de visiteurs empressés.

— Ne te laisse pas entraîner !... cria de nouveau l'épouse éperdue.

César se redressa haut de cent coudées, dans toute la fierté de ses attitudes ; et dominé par une surexcitation prodigieuse, il s'écria :

— Pour les hommes de mon caractère, reculer, c'est mourir cent fois.

Et se portant avec force la main aux chairs pendantes et ridées qui lui tombaient de la gorge, il reprit en souriant d'une façon lugubre :

— Cette peau ne vaut pas la peine qu'on la défende ; mais elle attend tranquillement Brutus.

Les portes s'ouvraient avec fracas. Ce furent d'abord Antoine et Dolabella qui parurent, les amis vrais et sans malice, l'un colosse d'os et de chair ; l'autre frais, rose et pimpant, l'œil clair et le sourire au visage ; puis arrivèrent en même temps Cassius, homme lourd et charnu, mais d'une pâleur terreuse et sinistre ; puis Décimus Brutus, l'ancien lieutenant des guerres de la Gaule ; puis le pâle Métellus, puis les deux frères Casca ; et même, derrière tous les autres, un homme à la figure irrégulière et inquiète, craintive, railleuse, fatiguée, spirituelle cependant, laissant deviner un de ces caractères neutres et irrésolus qui tentent d'imposer aux partis la suprématie de leur personnalité brillante, mais ne les dominent un moment que pour devenir leurs victimes après avoir été leurs jouets (1).

— Par Jupiter ! cria Brutus avec force et en essayant de sourire, les amis de César ont mal fait de ne pas compter avec les visions de Calpurnie. Désormais, quand on préparera au Sénat des résolutions de nature à étonner le monde, on devra s'occuper avant tout de savoir si Calpurnie a bien dormi.

(1) Quelque dure que puisse paraître cette appréciation du caractère d'un rhéteur que la tradition universitaire a en quelque sorte sacré, c'est pour nous un devoir non moins sacré que de la maintenir dans tous ses points. La vie de Cicéron peut se raconter en quelques mots. Il renversa Catilina et manqua en devenir fou de jactance ; il fut maltraité par Clodius et manqua en devenir fou de terreur ; il plia devant Jules César et se courrouça contre Antoine ; puis s'étant jeté avec ivresse dans les bras de César Octave par pure terreur d'Antoine, il fut livré par César et tué par ordre d'Antoine, digne fin d'un personnage qui était le premier des hommes par l'élocution et en fut le dernier par le caractère.

Puis, s'approchant de nouveau, et tendant une main familière à l'homme qui avait été son bienfaiteur, il lui dit d'un ton brusque et froid sur lequel il était permis de se méprendre :

— Je suis ton ami le plus éprouvé ou le plus grand scélérat que jamais ait porté la terre. A ce double titre, ou donne-moi une marque de confiance, ou fais-moi étrangler au Tullianum.

— Tu ne nous fais pas l'injure, dit Cassius, de nous soupçonner de trahison : nous n'étions pas du complot qui a tenté de rendre un Roi vaincu à sa patrie frémissante. Si tu t'es défié de nous, punis-nous ; mais si tu nous aimes encore, permets que nous t'accompagnions au Sénat.

Métellus se glissa près de César et lui dit tout bas :

—Ils ont une peur effroyable qu'on ne les soupçonne ; à ce point, que si tu vas au Sénat avec eux, tu n'en sortiras pas sans qu'un diadème de roi ne brille à ton front divin.

— Avance donc... et parle-lui !... disait un sénateur en essayant d'entraîner l'homme à la face irrégulière que nous avons remarqué tout à l'heure.

— Non !... non !... non !... répondit à demi-voix et en se détournant Marcus Tullius Cicéron. Cette nuit, il a fait mettre à mort un roi vaincu ; ce matin vous voulez le couronner lui-même... Je n'ai pas confiance... Je me sauve !

Et le spirituel orateur disparut en effet, pendant que l'aîné des Casca s'approchait à son tour et disait :

— Suis-nous, maître, sans défiance, ton heure de gloire est venue : le Sénat est décidé : Antoine le sait comme nous.

César fit en effet un pas vers Antoine et lui dit à demi-voix :

— Que sais-tu ?

— Le complot de cette nuit a fait merveille, dit le colosse avec bonhomie. Chacun a peur d'être compromis dans cette affaire, qu'on disait avoir été préparée par les traîtres qui ont gardé le souvenir de Pompée. Le Sénat fera tout ce que nous voudrons.

Moins d'une heure après cette scène intérieure, une foule immense se pressait aux abords du théâtre de Pompée. Là aussi était le temple où alors se réunissait le Sénat. On apercevait à l'intérieur des groupes de patriciens qui, l'air sombre, les yeux hagards, hésitaient à se rapprocher du groupe principal qui enveloppait le dictateur. Tous ses amis les plus chers, les plus éprouvés, l'entouraient comme pour le porter en triomphe ; il y en avait qui se mettaient à ses genoux pour l'implorer ; d'autres levaient à lui des mains suppliantes ; on n'entendait que prières, cris de joie, actions de grâce, et des voix déjà hautes qui répétaient avec une affectation singulière :

— C'est un dieu qu'il faut au monde vaincu... un roi que veut Rome charmée.

Et César ne pouvait s'empêcher de porter çà et là

ses yeux inquiets, comme pour voir de quelle région allait descendre sur son front la couronne.

— Fais-moi une grâce, disait Métellus en embrassant les genoux de César, permets que ma sœur revienne de l'exil. A l'heure où ta puissance est sans bornes, que te fait la présence d'une pauvre femme qui t'a suivi dans tes guerres de Gaule, et qui ne t'a pas combattu à Dyrrachium, en compagnie de Labiénus ? Pitié pour ma sœur qui te prie par ma bouche, et prosterne à tes pieds son orgueil.

— Jamais !... dit César avec âpreté... Et si elle veut rentrer à Rome, qu'elle y rentre malgré moi !

Métellus se redressa intrépide ; et, portant ses deux mains sur les épaules du dictateur, il lui arracha pour ainsi dire sa tunique, en mettant à nu sa gorge tremblante et décharnée.

César se leva en poussant un cri d'effroi. Métellus lui porta un coup de couteau dans la gorge, pendant que Casca, placé derrière César, le frappait à la nuque d'un premier coup d'épée.

César se retourne avec horreur ; il prend l'épée de Casca à pleines mains et s'écrie :

— Misérable Casca, que fais-tu ?

— A moi mon frère !... crie l'assassin en levant son arme à deux mains.

Alors ce n'est plus une épée qui tombe sur le front du vainqueur d'Alésia, c'est une forêt d'épées qui l'environne ; un moment il se débat comme un forcené, criant, hurlant, se repliant, ou faisant pour se dégager des efforts prodigieux. Mais les rangs des meurtriers s'ouvrent ; le terrible Brutus s'avance, et il enfonce son épée dans l'aine du père qui l'avait comblé de biens. Alors César cesse de se défendre ; il reçoit les coups sans en paraître ému ; et jetant sur le fils de Servilie un regard d'amour et de commisération profonde, il s'écrie :

— Toi aussi... mon fils... toi... Brutus !... Et toi aussi !

César s'enveloppe la tête de sa toge, et il tombe. Alors ce sont des cris, des vociférations sans nom ; les épées s'acharnent à le percer ; les sénateurs se sauvent de toutes parts ; Antoine se débat au milieu de vingt conjurés qui l'enveloppent ; César se soulève une dernière fois ; sa toge tombe de sa face hagarde et sanglante ; il fait un pas, il chancelle au milieu des meurtriers qui s'écrient :

— Salut, roi des Romains, salut !...

Puis il recule de nouveau, et va se heurter le front au marbre de la statue de Pompée, et il tombe... juste à l'heure où les triumvirs capitaux, armés de leurs crocs de fer, arrachaient du Tullianum le cadavre chaud encore du Roi des cent rois.

Quelques heures plus tard à peine, la ville de Rome était comme frappée de vertige. Une stupeur immense se lisait sur tous les visages, pendant qu'un esclave de haute stature et une femme jeune encore quoique décharnée, s'arrêtaient devant les degrés sanglants de la prison Mamertine.

Sur ces degrés de renom sinistre étaient étendues deux victimes : un jeune homme à demi nu, qui portait encore au cou la trace du lacet terrible qui lui avait tranché la vie ; une jeune femme vêtue d'une longue stole brune tachée de sang du haut en bas, et dont le visage était à demi enveloppé par de longs cheveux dorés.

En face de ce spectacle plein d'horreur, l'esclave et sa compagne demeurèrent immobiles jusqu'à la nuit. Bientôt ils se trouvaient seuls ou à peu près, attentifs encore aux bruits effrayants qui enveloppaient la ville.

— Bathanat, dit une voix âpre et dure, bien connue de nos lecteurs, puisque nous n'avons pu les enlever vivants, au moins satisfaisons avec piété leur ombre déjà consolée. Fais avancer le char qui est à vingt pas. Déposes-y de tes mains ces deux victimes triomphantes ; demain nous les conduirons dans ma villa de Sabinie ; nous les brûlerons sur le même bûcher, et nous recueillerons leurs cendres. Quand je t'aurai rendu ce dépôt sacré, fier Gaulois, j'irai m'ouvrir les veines dans un bain tiède, n'ayant plus rien à faire au monde, maintenant que les objets de ma haine et de mon amour n'y sont plus... Bathanat, j'ai mis mon pied sur le front de César tombé... Bathanat, je n'ai pu sauver Beelissane... Bathanat, je puis mourir.

Quand le Gaulois qui avait au pied une chaîne d'esclave eut fait avancer le char que lui avait indiqué Métella, il monta sur les degrés des Gémonies, et bientôt il reparaissait, tenant entre ses bras géants les cadavres du roi gaulois et de la fille du roi Helvète. Un moment il les contempla avec un profond sentiment d'amour, et il murmura :

— Voyez comme ils semblent sourire... leur cœur ne bat plus, leur âme est contente, et ils marchent déjà paisibles à travers un lieu de délices, où ils ne retrouveront plus César.

— Brise ta chaîne, dit Métella, tu m'appartiens. Je t'ai payé quarante mille sesterces; et, de ma pleine autorité, je te rends libre, faisant pour toi avec bonheur ce que j'aurais voulu faire pour ta patrie.

Alors, comme un rayon de la lune sanglante venait de glisser à travers les nuages, dessinant avec dureté les fiers sommets du Capitole, Bathanat releva sa face arrogante ; et comme il tenait sur son bras gauche les deux corps morts, il porta son poing droit dans la direction de la montagne fatidique escaladée un jour par ses ancêtres, et il s'écria d'une voix vibrante :

— Oh ! ma patrie... ma patrie n'a pas besoin qu'on la rende libre... c'est un soin pieux dont elle se charge elle-même. Elle peut tomber, ma patrie... elle peut subir un moment l'étreinte des scélérats qui l'ont trompée; mais, pareille au milan blessé qui va cacher un moment dans les rochers et sa honte et sa blessure, ma patrie remonte dans les cieux de la gloire, pour y crier de nouveau ses enthousiasmes, et y mesurer une fois de plus le théâtre de ses grandeurs.

— Va, va, dit Métella en secouant la tête, une patrie qui tombe comme vient de tomber la tienne est morte à jamais et rayée du livre des nations.

— Tu le crois ! cria le Gaulois en faisant un dernier geste de colère ; mais j'atteste ici le Dieu, le grand Dieu de Beelissane, le Dieu qui lit lentement à travers les siècles répandus à ses pieds .. j'atteste que tu en juges mal.

Puis les yeux farouches du pauvre Gaulois se levèrent dans le crépuscule avec une indéfinissable expression d'amour ; sa vaste poitrine se souleva ; deux larmes roulèrent sur son rude visage, et il ajouta d'un ton à la fois tendre et superbe :

— Ma pauvre patrie... elle était bien lasse ; elle s'est couchée pour s'endormir... Mais les Gaulois s'éveillent toujours, quand il faut monter au Capitole... Si ce n'est toi, c'est l'avenir qui en verra l'événement.

FIN.

TABLE DES MATIÈRES

LIVRE PREMIER.

Chapitre Ier	1
Chapitre II	19
Chapitre III	37
Chapitre IV	56
Chapitre V	73

LIVRE DEUXIÈME.

Chapitre VI	91
Chapitre VII	108
Chapitre VIII	128
Chapitre IX	148
Chapitre X	165

LIVRE TROISIÈME.

Chapitre XI	185
Chapitre XII	208
Chapitre XIII	230
Chapitre XIV	249
Chapitre XV	266

LIVRE QUATRIÈME.

Chapitre XVI	285
Chapitre XVII	306
Chapitre XVIII	326
Chapitre XIX	353
Chapitre XX	376
Conclusion	413

Poitiers. — Typ. de A. Duras.

POITIERS
TYP. A. DUPRÉ
Rue Nationale.

www.ingramcontent.com/pod-product-compliance
Lightning Source LLC
Chambersburg PA
CBHW052228230426
43666CB00034B/1876